Le Temps, le désir et l'horreur

Essais sur le XIXe siècle

時間、欲望與恐懼

如何再現最真實的歷史樣貌
阿蘭・柯爾本的感官史講義

Alain Corbin
阿蘭・柯爾本————著　林佑軒、周桂音————譯

目錄

序言

本書中，阿蘭・柯爾本以歷史學家的角度，梳理「生物性的焦慮」與「歷久彌新的性行為風險」二大主題。他亦順手強調了另一議題：對移徙者（migrant）*散發的氣味之厭惡。他勾勒出一部生態關懷史，分析人們對工業危害的感知。他以幾頁的篇幅，為讀者帶來了民族史（ethno-histoire）。他邀請讀者走進一套以各種再現（représentation）為對象的研究；他用心鑽研社會想像（imaginaire social）。**一言以蔽之，這部文集看上去或許酷似由一位對各種風尚心嚮往之的雜學家倉促拼湊而成的一份雜集。

然而，早在八十年代初期，於一些往往僅在小圈子裡流通的文本中，柯爾本就已勾勒出廣泛的關注幅度——希望讀者的關注興趣也能與之比肩齊步。從那以後，他一再重申，一部異於象徵體系史（histoire du symbolique）的再現史（histoire des représentations）是必要的；從十九世紀的歷史學家那裡，他不斷索要一套更形嚴謹緻密的針對論述的分析，以此更加透徹地解開現實與想像的纏結；他持續宣揚一部針對周遭環境的感受史，提倡已逝情感的追尋。

為了掌握如此歷程，本文集維持原樣轉載了作者原本為不同對象所書寫的文章，並標明各文章的發表日期。我們避免對文章進行增刪。企圖讓一篇文章跟上時代而增刪它，其實反而會扭曲它，讓人難以在史學方法的長河中標定它的位置。秉持同樣的精神，我們亦不增補最新的參考文獻——如此的增補令人感到閱讀無比艱難。這部文集的文章宛如一系列散置中途的里程碑，出版它們令人更能在柯爾本這位留意舊日之細膩心理變化的歷史學家筆下一部部作品間，覺察到一以貫之的精神。

編者謹識

* 譯註：Migrant往往譯為「移民」。雖則「移民」亦包括「國內移民」，唯當今語境下，「移民」多指跨越國境者。本書談論的是從法國外省移徙至首都進行勞動的外鄉人，仍在法國國境內，茲譯為「移徙者」。

** 譯註：此為希臘裔法籍哲學家科內利烏斯·卡斯托里亞迪斯（Cornelius Castoriadis）提出的概念，粗略來說，是指社會成員共享的一套想像，此想像創造了該社會的制度與生活方式。

十九世紀的時光算術[1]

在十九世紀的法國，時光的步伐有無限多種，讓活動行程表亂成一團。在這個離我們仍然如此之近的時代，更換地方也等於更換時間。每座城市都以他們自己的日晷為準。面對如此的時間大雜燴，第一批鐵路公司要在他們的鐵路沿線強制規定以慢五分鐘的巴黎時間為準的時候，就遭遇到了困難；這短短五分鐘的時間差，意在為遊客避免掉他們稍稍遲到所導致的惱人後果。

散亂的時間運用讓混亂更上一層樓。有個指標尤其能反映此一亂象：用餐時間極度不一。在鄉村，用餐的次數與它們在一整天的分布乃是根據地點、傳統、職業、季節、社會身分或地位而有所不同。十八世紀末，法國皇家醫學院（Société royale de médecine）遣人繪製一部部醫學地貌書（topographie médicale），*這些人費盡辛苦，試圖畫出法國的民族學圖表，而以上述時間分布不均為對象的研究正構成該圖表的其中一項元素。以十年為一期的十九世紀農業調查，特別是一八五二年的那次調查就揭示了，要掌握歧異紛繁的大眾進食節奏，是有多麼困難。

法國大革命結束後不久，巴黎資產階級的dîner**緩緩從下午兩點滑移至傍晚六點，於是就把souper更後推；從此，souper就被擺到了深夜時分，舞會或戲劇之後。此一緩慢的時間推移造成了以叉子進食的午餐興起。這樣的午餐較為私密，隨著一個個十年過去，內容也愈來愈充實。[2]不過，外省的顯貴與巴黎的中產階級仍長久遵奉著古早的飲膳時間表。運用時間的不同方式日久年深積累著，於是在大城市，各種飲食習慣在時間上的不一致就維持了下來。用餐時間以及往往與之相繫相隨的飲食內容和餐桌禮儀，一同躋身文化鴻溝的行列，其精緻化成為了十九世紀初的重大歷史事件。

克勒茲省（Creuse）***的建築工人****既保留了庄腳人的飲食偏好，也維持了鄉下的用餐時間，巴黎的工人無比蔑視他們，如此的態度揭示了社會時間（temps sociaux）*****的落差，這樣的落差甚至是在勞工階級自己內部發生的。離鄉背井的外省移工是來攢錢的，這些錢讓他們能夠維持、甚至增加家產或是榮譽性的資本，還讓他們能盡善盡美地執行其群體的婚姻策略（stratégie

---

* 譯註：流行於十九世紀，乃是針對一地（通常是一座城市，如巴黎）醫療情勢的詳盡分析報告，整理出該地與其人口之資料、歷史、影響健康與衛生之因素等。

** 譯註：原本在法文中，dîner指午餐，souper指晚餐。其後，在法國，dîner的語義漸漸轉變為晚餐，原本的晚餐——souper，則改指宵夜。其他法語系國家多仍以dîner和souper指稱午餐與晚餐。

*** 譯註：法國新亞奎丹（Nouvelle-Aquitaine）大區的一個省份，位於法國本土中央。

**** 譯註：Maçon指敷砌材料（石、磚、水泥、灰泥、草料、木料等）以成建築的工人，有各種不同譯法，如「石匠」、「泥水匠」、「磚瓦匠」等，為求兼容並包，此處姑譯為「建築工人」。

***** 譯註：法國歷史學家多馬・意何許（Thomas Hirsch）在〈社會時間：綜觀此一概念〉（Le temps social : parcours d'une notion）一文中整理了社會時間的定義：「社會時間……我們將之理解為對時間的感知形式，這些感知形式既個人也集體，在歷史中、空間中，隨社會而有不同。」

matrimoniale）；在漫長的時光中，他們的抱負與家庭圖景不斷演進。同時，他們對巴黎的工人懷抱著充滿優越感的同情，後者日復一日揮霍錢財，遵奉享樂至上的時間表，這些都證明了這些巴黎工人只曉得過一天算一天，在風雲不測的時勢波濤裡悲劇地載浮載沉。[3]

時間長短的種種表現，因此與社會的種種表現合而為一；時光節奏的紛繁不一自然而然就與決定社會想像的各種分類方式協調一致。籠罩著聖日耳曼區（faubourg Saint-Germain）*的是時間的單調無味，如此一成不變的光陰反映的是聖日耳曼區為久遠的記憶所支配，懷念著舊制度（Ancien Régime）。**對這一方面，在統治階級的心中，好幾套系統彼此干涉擾動。首先，我們觀察到了一種本能的時間，這種本能的時間屬於必須配合大自然運轉的水手、牧人、農民。這些人在自己的體內感受到了周遭環境的指令，隱形的連結將他們與大千世界繫在一起，他們自動自發與氣象及生物節律共諧齊鳴；他們與自然環境共振，在社會金字塔的底層，他們確保了一套時間秩序穩定存續著，這套秩序似乎是永恆不變的，我們尚無法將之分析為一種文化事實（fait de culture）。浪漫主義者（romantique）熱切觀察人民，留心無生命之物與有生命之物的彼此聯繫，他們的追尋鞏固了上述對於庄腳人時間韻律的詮釋，如此的韻律被視作充滿意義的遺跡殘痕，訴說著遠古的過往。

在社會想像之中，與此一「本能時間」形成對比的，乃是社交以及「悠然沉潛」（*otium*）***的時間。此等時間裡，支配時間運用的，乃是社會儀節。在衰微的十八世紀，貴族階級愈來愈遠離宮廷社會（société de cour）及其細緻繁複的禮節，一種交際的生活方式在貴族圈中運作流轉，這樣的社交生活以彼此款待、交談、娛樂活動為基礎，以「界」（société）、****沙龍（salon）、「圈子」

（cercle）為活動場合。此乃廣為人知的貴族模式。然而，其他人透過模仿，將此模式據為己有，重新詮釋此模式，加上一些精巧的區別策略（stratégie de distinction），這樣的過程一級一級向下連鎖發生，於是，自貴族以降，一路到「庶民資產階級」（bourgeoisie populaire），[4]此模式都將逐漸成為規矩。很早以前，加布里耶．塔德（Gabriel Tarde）*****及隨後的諾博特．伊里亞思（Norbert Elias）******都曾引人關注過上述機制的複雜性。

正是如此的複雜性導致了統治階級的日常生活步調極度不一，小說就為此提供了佐證。紹琉公爵夫人（duchesse de Chaulieu）*******梳洗打扮長達幾個小時，然後還要進行拜訪、晚餐、看戲、

---

* 譯註：巴黎左岸一塊地區，原屬巴黎城郊，位於聖日耳曼德佩修道院（abbaye de Saint-Germain-des-Prés）以西，傷兵院（hôtel des Invalides）以東。法國大革命前夕，該區為貴族等上流社會聚居地，建有許多豪華園邸，今日亦仍為巴黎最時髦的地段。

** 譯註：法國歷史時期，一般指十六世紀末亨利四世即位、波旁王朝開始，一直到十八世紀末、十九世紀初法國大革命爆發、君主制廢除的這段期間。

*** 譯註：Otium為一拉丁文詞彙，意指人從公私忙活中暫時偷閒或永久退下，轉而以知識、藝術、創作陶冶自我的時間。

**** 譯註：亦譯為「團體」、「社會」。

***** 譯註：法國社會學家、社會心理學家、現代犯罪學的先行者。

****** 譯註：德國社會學家、作家，著有《文明的進程》（*Sur le processus de civilisation*）等書。

******* 譯註：巴爾札克小說系列作《人間喜劇》之人物。

舞會、音樂會，她這些繁重的忙活就顯得遠較聚集在柯夢小姐（Mlle Cormon）*素樸沙龍裡的阿朗松（Alençon）**「上流社會」生活步調更令人筋疲力竭。更別提在瓦洛涅（Valognes）***兩位杜夫德黎斯小姐（demoiselles Touffedelys）家中那暮氣沉沉的遲緩了。[5]小說在這方面證實了：關乎時間的行為實踐，其種種社會表現乃是與空間的圖像緊密相連。

歷史學家比較少強調的，是移地度假（villégiature）****漸漸傳開來成為風俗時，古典時代的「悠然沉潛」這樣的模式占據的分量。共和國晚期與帝國初期的古羅馬貴族提供的生活藝術（art de vivre）對十八世紀、然後十九世紀的菁英階級影響深遠；如此的影響力首先作用於英國，然後及於歐陸。政治家、作家西塞羅在圖斯克魯姆，*****詩人賀拉斯在薩賓（Sabine），******政治家、作家小普林尼在毗鄰奧斯提亞（Ostie）的勞倫通（Laurentes），*******上述諸位的生活方式在喬治時代（一七一四年至一八三〇年）的英國鞏固了、豐富了誕生於上個世紀的「退休」這個流行風尚。在啟蒙時代的法國，同樣的生活模式也深深影響了各地學院院士所展現的令人心嚮往之的幸福生活圖景。[6]若不將對這種乞靈於古羅馬人「高尚端莊地悠然沉潛」（*otium cum dignitate*）的如此嚮往考慮進來，我們就無法解釋十九世紀法國資產階級的志向為什麼這麼小；當時的法國資產階級對在工業、商業打拚發展或多或少表現出鄙夷之情，他們嚮往著賺不了多少錢卻能為他們獲取威望與愉快消遣的政府職位，這自然是來自拉丁文化深遠的流傳影響。省長，行政或司法官員，教授——我們以脫離時代脈絡的眼光，盡情嘲笑過他們對古典作家的痴迷——甚至還有一大部分的企業主，比起積累資本的豪奢，都顯得更嚮往自古羅馬名流的自我工藝（technologies de soi）********的實踐。

然而，也絕不可否認另一種時間模式帶來的競爭。此種時間模式稱為「資產階級模式」，在此種模式中，工作毫不猶豫吞吃了時間。不久前，德國社會學家、經濟學家維爾納・宋巴特（Werner Sombart）為如此的行為準則給出了定義。在德國社會學家、哲學家諾博特・伊里亞思的眼中，[7]這樣的行事準則表露了將規範內化的機制、文明進程（procès de civilisation）的完成。個人期待著透過把時間完全奉獻給勞動，以求在社會上擁有更好的聲譽、維持或改善他在社會這個大雜燴裡的

---

* 譯註：巴爾札克小說系列作《人間喜劇》之人物。

** 譯註：法國西北部市鎮。

*** 譯註：法國西北部市鎮，近英吉利海峽。

**** 譯註：Villégiature特指前往名勝、景點、山間、鄉間、海濱等地度假的行為，茲譯為「移地度假」。

***** 譯註：位於義大利東部的古羅馬城鎮，今餘遺跡。古羅馬時代為羅馬名流的聚居處，西塞羅在此有一別墅。

****** 譯註：位於今日的義大利中部地區。

******* 譯註：古羅馬海濱城鎮，位於羅馬的西南方。

******** 譯註：傅柯將「自我工藝」(technologie de soi)定義為「對於下列事物的思索：生活模式、生命選項、行為舉止、為自己訂定目的與手段的方式」。參見米歇爾・傅柯（Michel Foucault）於法蘭西公學（Collège de France）「思想體系史」（Histoire des systèmes de pensée）教席之一九八一年講稿。https://www.college-de-france.fr/media/michel-foucault/UPL59777239195930051_AN_81_foucault.pdf

地位；他尤其盼望能以此獲得更高的自尊。否則，我們又如何理解那一位詹姆斯・德・羅斯柴爾德（James de Rothschild，著名猶太銀行家族羅斯柴爾德家族巴黎分支創始人）的行為舉止，如何理解這位在那個時代數一數二富有的人將他的人生徹底奉獻給工作呢？

儘管圖景與實踐行為一直維持著多元樣貌，社會對於時間的規範卻隨著一個個十年過去，愈來愈嚴格。互相依賴的網絡愈來愈密集，這就約束了個人；經濟成長與社會生活的迫切需要；電信系統的設置——這一切最終導致了種種參考物的標準化。確實，這在法國顯得來得特別晚。要等到一八九一年才出現一道法律，將首都時間加諸國土全境。要到一九一一年，法國才正式採用格林威治子午線（méridien de Greenwich）。然而，一九一二年時，卻也是在巴黎，一場國際會議召開了，訂立了全球時間。跟隨著當代歐洲文化史、思想史學家史蒂芬・柯恩（Stephen Kern）的腳步[8]來思索這個全新的步調統一，為過去、現在與未來的圖景所帶來的調整，會是有益的。這個新的統一讓個人的一個個日子歸併入大社會日常事件所打造的時間線變得容易。此外，上述時間、空間種種參考基準的擴大，也讓日常步調逐漸失去了神聖色彩。在這點上，法蘭西第三共和反教會的政策以及針對教堂鐘聲及宗教儀式隊列的抵抗，加速了法國大革命期間已大幅開展的進程。

在整個十九世紀，對於個人時間的劃分與控制不斷進展。不久前，工作時間仍不連續、充滿縫隙，如今卻變得密集、緊湊。工作時間如此的膨脹帶著複雜的規訓策略的意涵，其中蘊含多樣的目的，米歇爾・傅柯不久前才將之指認出來。

在這方面，寄宿學校（internat）雨後春筍般出現，就顯得至為關鍵。在家長的同意下，這種教學模式為眾人接受、認可，其建基於嚴格的時間規範，而如此的嚴格規範乃是嚴格身體規訓的開展不可或缺的條件。此一模式乃是受舊制度時代的教學法、修道院的規矩，以及拿破崙時代的高中軍事訓練所啟發，其首先以男孩為對象，之後，女孩也為此一模式納入，於一八四八年的兵荒馬亂後，輪到女孩於一間間寄宿學校裡擠搡著。

從此以後，對他人時間的嚴格管理就在監獄、醫院、縫紉工廠（ouvroir）、寄宿工廠（usine-internat）以及收容所等機構的管理者心頭縈迴不去。在康城（Caen）*的仁慈救主精神病院（Le Bon Sauveur）之中，時間的劃分與控制以關鍵要素之姿，融入院內開展的療法。[9] 法國醫生、院士、瘋人院院長吉哈·德·楷攸（Girard de Cailleux）開出的處方箋饒富意義、很能窺出端倪，這些處方箋要求精神病患定時排便，這就是此種規訓意圖的成果。[10]

工作時間的長短與時間分配也受到立法規範了，首先是童工與女性勞工的工時，接著，全體勞工的工時都受法律轄制。如此的法律規定首先被恰當地表述為慈善行動的一環，接著則被表述為勞工訴求的成果。這樣的立法規範也不妨解讀為個人與家庭時間運用之齊一化、規範化進程之一步。在這方面來說，一八四一年三月二十一日的這道法律至關緊要：該法律將童工的每日工時限制在八個小時，並禁止童工在夜間工作。這道貫徹狀況不佳的法律開啟了一道進程，其中有以下幾座里程

* 譯註：法國西北部城市，地近英吉利海峽。

碑：一八四八年三月二日的一道敕令（décret）將巴黎的每人每日工廠工時限制在十個小時，外省的每人每日工廠工時則限制在十一個小時；接著，在一八九〇年、一八九一年的五月一日勞工示威遊行，「三個八小時」（trois-huit）*的訴求提出了。

上述改變所掙來的好處仍屬微薄，隨之而來的卻是：工廠的規定愈來愈明確，充滿縫隙、處處洞孔的工作時間也遭到嚴厲打擊。法國歷史學家侯朗德．彤佩（Rolande Trempé）[11]闡明了卡爾莫礦業公司（Compagnie de Carmaux）的工程師如何在三個世代的工人輪替之間，逐漸征服、控制住原先由來自庄腳的煤礦工人所決定的亂無章法的工作時間。整個控制的過程走完的時候，工人們爬出梯子透透氣、喝一杯、弄弄乾草、收收莊稼的自由就全都一去不復返了。

當我們閱讀法國政治家馬當．拿竇（Martin Nadaud）的回憶錄，[12]我們能清楚發現：七月王朝（Monarchie de Juillet）時期的巴黎建築工人在工作時間之中仍不時去賣酒的地方佇留，工作時也常常停下來喝個學徒遞過來的小酒。勞動的步調與沉浸菸酒的步調無拘無束地兩相結合。在許多作坊，身邊有個男孩或一個勞動力可供使喚的技術工人自由自在，想幹嘛就幹嘛；這名技術工人享有計件收費的工匠所擁有的相對時間自由。

按工作時間計算薪水的制度逐漸傳布開來，以及十九世紀末工廠規定的嚴格程度，此兩者蝕損了前述工作時間的彈性；一道斬釘截鐵的時間疆界企圖將工作與休閒分割開來；還有，愈來愈分明的時間劃分徹底改變了勞動時間的面貌；期待著休閒，完成工作的快樂就受到了限縮。農業勞動者的時間表隨著一個個十年過去，也同樣愈來愈嚴格；原本，對於習慣了令人筋疲力竭但不時有休息時間的勞動人來說，勞動是隨和友善好相處的夥伴，如今，勞動卻轉變為一種連續不斷的、受到監視的、生產力被計算的工作，就好像與人競爭的機器，它們的生產力可以清楚計算那樣。

在小資產階級之中，一個家庭的女主人迷醉於自己行使於女傭的權力，她為女傭規定的作息時刻表之精準，是大戶人家成群的僕傭聞所未聞的。女傭對女主人的監視、守護也迫使女主人遵守悄然潛入的種種時間規範。一八八零年以後，日常家務時刻表的精準程度直逼精神官能症（névrose），與之共伴相隨的是對灰塵永無休止的搜索；對灰塵如此的查找，乃是源於法國化學家、微生物學家路易．巴斯德（Louis Pasteur）的學說大獲成功。[13]

還更能揭示規訓時間的用心的，是施加於娼妓的規範。在巴黎，決意要在公娼館（maison de tolérance）以外執業的公娼（fille soumise）只獲准於晚間七點至午夜十一點間於街頭拉客。她們一邊得避免擾亂白天的純潔，一邊還得避免在深夜放蕩的黑影裡徘徊不去；她們僅僅擁有短暫的時段來賣弄風騷，如此的時段乃是謹遵她們潛在客戶的工作與睡眠時間。

害怕時間空白，恆常擔憂這些空白時間蘊含的風險，此二者刺激了規範化的念想。填滿時間成為了心心念念的迫切之務。我們從中看見了挫敗青春情欲的唯一方法。根據醫生與教育者的說法，個人時間的無上象徵、為自戀歡愉而留的禁斷罅隙、以日漸蔫弱的風險為代價的——自慰，帶來了針對時間的空白所開展的不懈監控以及永恆對抗。我們不妨如此思考：時間劃分與身體規訓愈來愈

---

* 譯註：即「工作八小時，休閒八小時，寢息八小時」。

嚴格，反倒竟激發了一種行為的增加，而漫長豐繁的文獻證實了這種行為令人顛倒妄想。一座座寄宿學校裡，教育者憂懼著睡眠的時間、那屬於放縱夢境的部分；這些教育者力求以死亡為睡眠的榜樣，讓睡醒成為死後的復活、成為一種迸現，這種迸現排拒那過於溫香綿軟的半夢半醒前來曲意逢迎。總的來說，這麼做是合宜的：追捕並消滅懶洋洋的狀態以及嚐享的歡愉那令人舒心的步調。資產階級那慢慢啜飲苦艾酒的儀節比趕著要回去上工的工人在吧臺上囫圇飲下的小酒還引人擔憂。醫生呢，他們受古典時代科學定下的規矩所啟發，將生育力與配偶間性交的猛烈與簡短程度連結在一起。

填滿時間，對勞動階級來說，是控制住大眾的動物本能，讓這樣的本能不再迸現；相反地，對於有閒階級（classe de loisir）來說，填滿時間，是提防多愁善感、提防無聊煩厭、提防憂鬱消沉，更還有，提防那些每天折磨著丈夫們的婦女病，這些婦女病讓家庭生活臣服於暈眩、偏頭痛、婦女月經週期的節奏。

一套模稜兩可卻不屈不撓的規訓計畫挑起了資產階級女性時間的矛盾之處。因為私密儀式的地位提昇，也因為家的情感變得濃厚，資產階級女性獻身給家戶裡的私生活，她們被描繪為慵懶疲倦的閱讀愛好者或是親切殷勤的母親，凝止在丈夫的期待之中；[14]她豐饒又洋溢著母性肥腴的多產肉身啟發了藝術家；然而，她們並不無所事事，因為她們有以下的事要做：慈善訪問、所謂「娛樂」的忙活、照顧花園、打理千頭萬緒的瑣事、照料寵物、以鋼琴訴衷情——這一切種種既證實、又否證了女性時間的百無一用及其時間步調的直線性。

至於那些負責指導各式各樣的殘疾者或病人——他們湧向一座座海水浴場——如何行動的醫生呢，也心心念念要將自由時間的縫隙塞滿。那日後往往會成為慵懶的移地度假行為，在很長的一段時間裡都仍是經過精密安排的療法。從非常早的早起開始，一項項具體無比的指令規範著行為舉止，填滿每一分鐘。

十九世紀末，占用工人自由時間的欲望日益勃發。對休閒的界定益發嚴格，再加上勞工曾經引以為傲的專業技能如今遭到否定與剝奪，這就導致了不適：從此以後，更為長久地沉溺在酒精之中是可以的。此時，策略迥然翻轉了。很是弔詭：一方面，針對小酒吧的監視放鬆了，意在限制妓院內歡愉的快感與時間長度的泛濫規章撤銷了，民眾之間尋求娛樂消遣的欲望也增長了，世界博覽會（Exposition universelle，又譯萬國博覽會）的歷史乃其佐證；與此同時，教育的意圖更廣泛地開展了。為了充實勞工的自由時間，為了消解惡的誘惑、或僅僅為了伏靖「無所事事」（*farniente*）的欲念，無休無止地教導乃是合宜之舉。成人課程、圖書館以及民眾大學（université populaire）*幾乎在同一時間創立或發展；接著，推展公共閱讀的種種機構、博物館的教學參訪、蘊含教育意義的自然散步踏查，也紛紛亮相登場，就等這道德至上的社會不再因為偏好增設軍人之家（foyer du soldat）而施加壓力。從此以後，揮霍時間就以酒精攝取為象徵，打擊時間揮霍的戰鬥在各處各地都組織起來了。

* 譯註：約等同於臺灣的社區大學。

然而，個人生活的步調愈來愈緊密服膺於自我約制的束縛。光陰的虛耗令人產生了罪惡感。矛盾地，有閒階級的女性並不滿足於充當丈夫的招牌看板；她們感受到她們有必要證明其生命的每一分鐘都是有用處的，就好像對她們來說，要做的正是與她們在社會的大雜燴中打拚的丈夫那寶貴又審慎規劃的時間相互媲美。在這一方面，於社會金字塔底層那深深的所在，規範的內化無疑落實得更為清晰明瞭。在鄉村，女性知道她們必須一直找到個什麼事情做；在城市，美好年代（Belle Époque）*的女性工人如果花上長久的時間閱讀連載小說——她們在公共交通車（omnibus）上急匆匆地將這些小說狼吞虎嚥完畢——就會覺得自己好像犯了錯。[15]在這一塊也是一樣的，愉快的滿足在這些女性工人的眼中，仍專屬於資產階級女性……或者妓女。

針對每日行程表的核實激起了時間、性與金錢的偏執運算，如此的算術正是十九世紀的特色；此乃文明進程悲劇性的成果，它急遽且深刻地改變了自我的行為，強迫人必須計算各種損失與浪費，擴大了儲蓄的範疇，而儲蓄業已躍為至高無上的美德。針對獲得與損失做紀錄，最初的意圖是掌控時間。資產階級之中，記帳的行為——這是一種屬於女性的行為——日漸普及，記帳本有時成為祝賀新婚的禮物。[16]記帳本空白的頁面意味著每日、每月、每年的紀要，以及透過記帳的方式，對家庭時間之流動的量度。至於男人之間，一道關乎性交的驚世算術流露了下述情感：對於狼虎般吞吃男人的女人的恐懼，對失去男子氣概的擔憂，以及對於身衰體弱那揮之不去的害怕。米什萊（Jules Michelet）小心翼翼將他全年的性交次數加總起來；福樓拜（Gustave Flaubert）以及雨果（Victor Hugo）計算著自己的性高潮次數，如有需要，更將之公布出來；還有龔古爾兄弟（frères

Goncourt），更別忘了嚴苛的皮耶・拉斛思（Pierre Larousse）——這位拉斛思在他的詞典裡，試圖建立男人與女人性高潮平均能力的量化關係。上述這幾位先生證明了這種心心念念要紀錄、要反覆思量日常時間的衝動。救贖本身愈來愈成為一宗會計問題。接近十九世紀中的時候，根據法國歷史學家克勞德・薩法（Claude Savart）的說法，[17]虔誠天主教徒的靈性生活（vie spirituelle）必不可少的，就是對於彌撒的仔細紀錄與每日數算。彼世的時光呢，也以前所未有的精確度來計量了。此前，沒有哪一個世紀像十九世紀這樣把煉獄（purgatoire）**看得如此重要；人們加緊關注摯愛的逝者之靈魂在這座廣袤無邊的天國接待室裡停留的時間長短，這解釋了為何亡者崇拜的地位提昇，還延長了家庭時光的計算。

儲蓄與填滿時間的資產階級美德——如是的美德自十八世紀末伊始，已為班傑明・富蘭克林所定義與數算——在日記（journal intime）此一個人時間的偉大紀錄者之內，變本加厲、四處滋生。撰寫日記的大多是女性；撰寫日記的行為，我們曉得，是為了幫一天或是一個週期做出自我總結，盼望能抑止身心衰弱。[18]然而，我們迄今仍小看了此一書寫需求在社會中的傳布。寫日記遠非羞怯的人、病人、有同性戀傾向的人——緊密的、鄉村的家庭生活把這些人悶到窒息——所獨有。很明

* 譯註：法國歷史時期，指十九世紀末至第一次世界大戰爆發前。此時期的法國與歐洲在經濟、社會、科技各個面向都空前進步。

** 譯註：天主教信仰中，煉獄乃人死後悔罪、贖罪，以待升天之所。

顯地，在當時，寫日記在資產階級女性之間，乃是幾乎人人為之的實踐。在資產階級中，教育者有時會規定小女孩必須寫日記，意在讓這些教育者能夠更精細地審查她們的意識，並幫助這些教育者規訓這些稚女的行為舉止。在馬賽，伊莎貝樂·斐希涅（Isabelle Fraissinet）自十二歲起，就被強迫每天都要做這件煩死人的事，而這位聖日耳曼區的女孩——感人卻平凡的卡侯琳·布哈姆（Caroline Brame）則自動自發記錄著私密時光，無論外在世界如何，她都八風吹不動。[19]對浪漫的女孩來說，相冊（album）*往往也成為日記的替代品；蕾歐珀玎·雨果（Léopoldine Hugo）在她的相冊裡記下了她的時間安排、她與人的邂逅、她的情思、她的多愁善感。差不多在同一時候，行事曆（agenda）也逐漸廣泛使用；而行事曆呢，也與帳本、日記和相冊一樣，值得歷史學家關注。

時不時，空蕩蕩的時間仍引人強烈地迷醉幻思；波特萊爾筆下那朝露般稍縱即逝的漫遊者（flâneur）提供了佐證。漫遊者鍾愛在實施納稅選舉制的王朝（monarchie censitaire）**期間建造的一座座大拱廊那如夢似幻的內裡揮霍時光。漫遊者將迅速消失，兩種人淹沒了他：行色匆匆、專注思考自己私人利益的行人，[20]或是穿得講究無比、宛如參與節慶的看客，這些看客走在林蔭道上，模仿著資產階級散步的古老儀節。

評價一天各個時辰、一年各個季節的社會系統，其歷史幾乎都還未勾勒出來。此處有幾條零散的線索：比起十九世紀末，在波旁復辟以及七月王朝時期，人們恐懼陰影恐懼得多了。燃氣與其後的電力逐漸改變了城市之夜的用途與步調；燃氣與電力保障了安全，讓新的路徑成為可能，激起了各樣展露身體的方式，誘出了種種姿勢，這些姿勢讓人忘卻昔日由「被一道迸射而出的意外光線所掀開的遮蔽物」所激發的幻想。資產階級的女性愈來愈敢於占據各大「上流街區」（beaux quartiers）的公共空間，她們不再害怕於日落後的咖啡館露天雅座拋頭露面。上流社會的夜生活與公共空間的行為實踐同時轉向了。

不過，整個十九世紀，人們倒是持續憂懼著陽光的熾烈。如此的擔憂源於紛繁不一的動機：醫生與保健專家再三叮囑，充血與纖維變粗的危險；為了要讓自己顯得卓越不群，就必須避免把皮膚曬成勞動者的黃褐色——這些我們都已知之甚詳。然而，除此之外，此一時代的男男女女似乎也熱烈推崇涼爽、推崇微風，厭惡皮膚的燒灼感。在整個波旁復辟以及七月王朝時期，拉芒什海峽（la Manche，又譯英吉利海峽，即歐陸與英國之間的海峽）的海灘上，第一批海水浴客逃離了酷熱難當的城市，到此尋訪清涼的海風與冷冽的浪濤。

這就解釋了，為什麼早晨、日暮時分與夜晚會有如此的吸引力——長久以來，它們一直是最受青睞的散步時段。英國藝術家威廉·吉爾平（William Gilpin）於十八世紀末所闡發的「如畫的」（pittoresque）美學準則，以及隨後的浪漫主義所表現的月下風景，都讓上述這個針對一天四個時刻的評價系統更加根深柢固；十八世紀的藝術，尤其是約瑟夫·韋爾內（Claude Joseph Vernet）的

* 譯註：album通常譯為「相冊」，然而蒐羅的不只相片，還有郵票、小張繪畫、素描、明信片等等。

** 譯註：此指法國歷史上的波旁復辟（Restauration）以及七月王朝（Monarchie de Juillet）時期。此時期的法國保留了法國大革命時代的遺緒——納稅選舉制（suffrage censitaire，納稅超過一定門檻方有選舉權的選舉制度）。

作品，其實已經廣泛帶有這樣的特徵。

尚待研究的，是導致人們背離這最初的評價系統的緩慢偏移。這樣的偏移引領人——即使是隔了層幕子——去品味夏日正午鄉野裡的散步、草上午餐、睡眠。另一主題也猶須鑽研：人們漸漸無法忍受冷水，這讓十二、三度的海水浸浴（bain à la lame）遭到摒棄。

緩慢的轉變也展露在對四季的評價方式上；它是學校裡教寫字時數一數二的重要主題。在寫字教育這一點上，我們能夠很輕易地追蹤各種成規往社會金字塔底層傳布的過程。春天讓人想起黃金時代*或一座座逝去的樂園；長久以來，春天構成了幸福時光的典範。春天的強勁競爭對手是秋天，秋天乃是移地度假、愉快的狩獵、積累收穫的莊稼的傳統節令，秋天成為浪漫主義懷舊愁思的首選場景。冬天呢，一場場風暴轟然發作，雪花瑩然潔白，熱愛崇高感（sublime）的人鍾情冬天；一般說來，在情感上的排名，冬天高於夏天。夏天呢，對於為白日的熾熱與過度刺亮的陽光所折磨、無處躲藏的人來說，夏天長久以來就是個討厭的季節。不過，夏天將漸漸成為最受歡迎的季節；目前，我們還沒辦法為此一體感（cénesthésie）變化的每個階段推定出精確的時間。

* 譯註：古希臘詩人赫西俄德（Hésiode）在其教訓詩《工作與時日》（*Les Travaux et les Jours*）中提出了人類共將經歷的五個時代：黃金時代、白銀時代、青銅時代、英雄時代、黑鐵時代。

織品的偉大時代[1]

我們一再述說：十九世紀時，「織品的文明」（civilisation du linge）[2]嫣然盛放，如此的文明乃是第一起工業革命——紡織業革命的成果。

接著要確定的，是此一衣物文明的成長步調。顯然，此步調似非線性，也並未同時影響不同的社會族群（catégorie sociale）。*我們已經曉得，居家織物（linge de maison，桌巾、浴巾、床單等）傳開來的速度比貼身衣物（linge de corps）還快；這就是為什麼，在城市還是在鄉村都一樣，織品洗滌漂白（blanchissage）乃是重中之重。就這樣，從十九世紀初開始，餐桌織品（linge de table，桌巾、餐巾等）大量出現在勞哈概（Lauragais）地區與奧德庇里牛斯（Pyrénées audoises）地區**的婚前協議書（contrat de mariage）裡。[3]正是在此時，在索爾特地方（pays de Sault），***人們開始以半打（demi-douzaine）為單位來計算床單，而不再以三或五為單位，宛如用三與五來計算床單是上個世紀的做法。

女性之間，儲蓄與囤積（thésaurisation）的行為突飛猛進，伴隨著鄉村的蒸蒸日上、日益繁榮。在這個太快被冠以「傳統」之名的社會，物資缺乏的幽靈消逝了，暴力緩和了；慢慢地，人們逐漸不再需要擔憂最低限度的生存問題。這就讓家庭所採取的策略得以更為細緻。[4]榮譽資本

（capital d'honneur）的打造，對步步高升有益的象徵財貨（bien symbolique）的獲取，比昔日更引人渴求。在這一點上，填滿織品的衣櫥躍入更大的一項進程裡：個人與家庭的志向擺脫約束，獲得解放。作為嫁妝行囊的衣物織品（trousseau）愈來愈受到關照，代表著人們對自我的關照正在提昇，也回應了自社會金字塔的頂層逐級傳播而下的意欲離俗不群的意圖，亦跟隨著新的衛生標準對社會的緩慢滲透；這些嶄新的衛生規範讓傳統社會的身體文化起了重大變革。

若要正確衡量並為新需求的擴展以及行為的改變精確地推定年代，增加對公證書（acte notarié）的系統性研究會很有用。法國歷史學家妮蔻・佩樂亢（Nicole Pellegrin）、瑪希—黛黑斯・拉侯克（Marie-Thérèse Larroque），還有阿禾蕾特・施威茲（Arlette Schweitz）以法國都蘭（Touraine）地區為對象的論文，[5]她們都成功走上了一條已為現代歷史學家標出路向的道路。

貼身衣物的地位提昇發生得較晚；並且，在不同的社會背景裡，貼身衣物晉升的時代也不同。從法蘭西第二帝國（Second Empire）開始，女用內衣漸漸複雜、精緻了起來。在這個時期，女襯褲（pantalon féminin）在大、小資產階級之中，已廣獲青睞。[6]然而，要等到十九世紀的最後四分

---

* 譯註：Catégorie sociale指社會中擁有相同屬性的人群，未必有階級排序之別，茲棄「社會階層」之譯法，譯為「社會族群」。

** 譯註：此二地區皆位於今日法國的西南部。

*** 譯註：位於今日法國西南部的奧德省（Aude）。

之一個世紀，女性工人才紮紮實實採納了穿內衣的慣習。在利穆讚山區周遭，男用四角褲在一八九零至一九零零年代以前沒怎麼流行起來。[7]在庇里牛斯地區，貼身衣物要到十九世紀行將終了時才普及開來，比居家織物慢了七十五年。[8]就是在這個時代，法國作家、劇作家儒勒・荷納爾（Jules Renard）的鄰居——庄腳女人哈果特（Ragotte），拒絕一切會妨礙她享受光著大腿行走的快感的事物。[9]半世紀以後，遇上仍不識貼身衣物為何物的鄉村年老女性也並非罕有的事。然而，這些只不過是零碎的記述，菲利普・佩侯（Philippe Perrot）遺憾貼身衣物的歷史仍模糊而有待撥雲見月，自有其道理。

習俗的興起，伴隨了、刺激了紡織業突飛猛進。於此方面，幾項重大現象浮現了。首先，人們漸漸不在自己家裡製作亞麻布與麻布了。在這一點上，下列原因解釋了不同地區間的差異：收入變化的對比、與全國市場結合的程度、不均等的人員移徙強度，以及人類學所說的種種傳統「結構」的牢固程度。法國社會學家、經濟學家、政治家菲德喜克・勒普雷（Frédéric Le Play）哀惋著這種家庭布料作坊江河日下；昔日，在勒普雷還是青少年時，科地區（pays de Caux）*的人們仍頻密地在家裡製作亞麻布與麻布。不過，勒普雷也情感洋溢地寫道，一八六五年時，拉弗當（Lavedan）**地區的祖系家庭（famille souche）中，家庭製布的慣習仍持續存在。[10]

研究起來比較困難的，是從紡紗（filage）與紡織（tissage）往刺繡（broderie）及針織（tricot）逐漸轉變的時間過程。一開始，棉布流行、小件日用織物逐漸工業化，這兩個因素已與亞麻布與麻布的居家生產針鋒相對。其後，年輕女性識字率提高，小學開始教授針線功夫，「刺繡字母板」（marquette）***問世了，伴隨著衣物織品的嫁妝急遽膨脹，對美感的關注與照顧也急遽上升，這一切都讓刺繡的慣俗深深紮根。此乃一歷史現象，值得我們為其勾勒出時間進程，並描畫出精確的地理分布。阿涅絲・芬（Agnès Fine）認為，一九零零年左右，刺繡布料在社會上開始擴散流傳；她的說法讓我們思考，在奧德庇里牛斯地區，工業生產的布料倏然湧入——阿涅絲・芬說，這些大量生產的布料「暴烈地終止了女孩們長久以來為她們的麻布親身投入紡紗的慣俗」；[11]之後，刺繡擴散流傳，重新連結起業已消逝的時代。從工業布料湧入到刺繡流行起來，中間有一段相當長的時間差。

在德塞夫勒省（Deux-Sèvres）****的小市鎮布耶—婁黑茨（Bouillé-Loretz），還有下諾曼第（Basse-Normandie）大區*****的市鎮埃賽（Essay），刺繡的學習顯得相當早就實施了。[12]當地所有高中二年級的女孩都在她們的嫁妝上落了款。******因此，「刺繡流布風傳」與「家族至上或嫁

* 譯註：法國北部的一個傳統地區，位於諾曼第，濱拉芒什海峽。

** 譯註：法國一峽谷地區，位於庇里牛斯山。

*** 譯註：一種擁有字母圖案的刺繡樣板。

**** 譯註：法國西部省份。

***** 譯註：法國西北部大區，濱拉芒什海峽。

****** 譯註：根據作者將於下徵引的蘇珊・達丟—莒蒙〈織品嫁妝與「大洗濯」〉一文，當時的女孩會為自己的織品嫁

妝制度占據主流」之間，並沒有緊密的關係。

織品產業及織品買賣的研究才剛剛起步。我們對十九世紀的布料商人一無所知，對美好年代前夕出現的白色織品商店（maison de blanc）也所知甚微。精緻織品（lingerie fine）較為幸運，已有了自己的歷史，儘管因為用詞錯雜散亂的緣故，精緻織品史的梳理確實變得困難。在這一點上，經濟史、社會史學家尚・樂・堯安科（Jean Le Yaouanq）研究的巴黎的例子就充滿意義。[13]織品買賣在波旁復辟時期仍屬於奢侈品的交易，僅限於一小群菁英圈；從商鋪的開設地點即可窺知端倪：最聲名烜赫的商店都坐落在和平路（Rue de la Paix）*上。

商會於一八四七年完成的產業調查強調了織品產業的增長。當時，巴黎的十二個區總共有一千九百六十六間織品企業。其中，大多數都是小企業，因為其平均營業額為一萬三千法郎。在關乎衣物的營業活動之階序中，織品業當時是遠遠低於成衣業的。當時，只有百分之十六的老闆雇用超過十名工人。織品業在巴黎的空間分布日後也不會有什麼變動：百分之四十一點四的企業落腳在日後的第一區與第二區；許多老闆也選擇了未來的第四區與第三區。織品業是市中心的營業活動，一直到十九世紀末都仍維持如此。

一八六零年的調查揭示了衣物相關產業的工業家圈子裡，織品業的地位截然提昇了。確實，一八四七年以來，織品企業的數量下降了；新的巴黎市界內，只剩下一千零九十六家。然而，這個數字還必須另外加上兩百八十四家「襯衫商」（chemisier）。此一數量的減少表示有集中的現象。確實如此，因為平均營業額幾乎是原先的三倍：如今已高達三萬七千法郎。織品企業之間，最卓爾不群的乃是巴黎第一、二區織品—襯衫商那耀眼的財富。這邊的營業額遠遠高過平均。

一八八零年左右，織品商號擁有「服飾妝容」（habillement-toilette）[14]部門企業的百分之二十從業人口。當時，織品商號仍落腳在巴黎市中心、塞納河右岸，儘管它們也略略擴張至東邊（巴黎第六區）以及昔日的左岸城區。此一恆常不變的情況其實隱蔽了一項漸進的、意味深長的改變。在法蘭西第二帝國以前，織品商號散落在一座座孤立的區域，這些區域商業輻輳、充滿活力、屬於平民大眾。一八七零至一八八零這十年開始，許多織品業老闆選擇以昂貴的租金租下人煙繁密的通衢大道兩側的商鋪。在聖安托萬路（rue Saint-Antoine）與里沃利路（Rue de Rivoli）**上，織品商號多起來了。在這座「金饌流淌之城」[15]的中心，織品商行前所未有地賣弄招搖，代表的是織品的社會地位上升。這正是法國作家左拉意圖指出的——左拉於其小說《婦女樂園》（*Au bonheur des dames*）裡，以一頁頁洋溢著激情的文字來述說「婦女樂園」這座百貨的織品部門。

然而，與左拉的作品給人的推想相左，百貨公司並沒有扼殺小型織品商鋪。***正相反。長久

妝繡上自己姓名的起首字母。

* 譯註：橫跨巴黎一、二區的一條路，為高級商鋪、珠寶等奢侈品店、高級飯店雲集之處。

** 譯註：此兩條相連的大道橫跨巴黎第一、四區，連接巴士底廣場與協和廣場，為巴黎市中心的東西向幹道，機關、博物館、高級商鋪與旅館雲集兩側。

*** 譯註：左拉的《婦女樂園》這部自然主義小說的一大主題正是商業戰爭：新興的大百貨與小商號的殘酷競爭。小說以大百貨扼殺了小商號、奪得全面勝利告終。

以來，小織品店在百貨巨人的陰影下欣欣向榮。確實，小商鋪有時會為經濟情勢不佳所害，但並不是為其威名遠播的百貨鄰居的權力意志所害。一系列的問題尚宜解決：

一、在外省的城市，織品業是否也享有同等的地位提昇？[16]

二、織品的銷售通路是怎麼組織的？在這方面，法國歷史、地理與人口學家阿貝・夏特朗（Abel Chatelain）以康塔爾省（Cantal）*的遷移者商業行為的轉變為探討對象的研究[17]相當值得關注。第一次世界大戰前夕，這些康塔爾省的流動人口就已經開著他們的小卡車在鄉下來回奔走；然而，對此一巡迴買賣的擴張步調，我們所知甚少。

三、郵購（vente par correspondance）是在哪個時間點徹底革命了織品買賣？

四、研究廣告內容，必將甚有斬獲。在白色季節（saison du blanc）**促銷季所開展的有組織的宣傳活動，對精緻織品的促銷——與如此的促銷共伴相隨的，是美好年代的海報上歷歷在目的女體頌揚——都構成歷史事實，值得納入考量。

織品製造、買賣、使用都突飛猛進，這令保養維護織品的方法也產生了變化。幸運地，織品洗滌漂白的歷史已相當為人所知。織品洗滌漂白的對象主要是居家織物。正如瑪希—瑟昔樂・許缶（Marie-Cécile Riffault）所指出的，洗滌漂白的目的確實正是讓一樣堅固的、能忍受洗滌劑的織品重回最初的潔白狀態。洗滌（lavage）則比洗滌漂白還來得柔和，洗滌將隨著貼身衣物較晚的擴散流行而突飛猛進、廣受歡迎。[18]在這方面，一系列重大現象逐漸浮現。

——一八〇〇至一九五〇年，洗滌漸漸取代了洗滌漂白。數十年間，知識、規矩與方法都漸漸簡化了。二十世紀上半葉，家家戶戶開始使用彩色織品，其後又發生了機械化，這都更刺激了久已開展的進程。技術史（histoire des techniques）揭示了上述的緩慢替代。

——一八〇三至一八四〇年，蒸氣、尤其是化學，徹底變革了居家織品洗滌漂白。這樣的創新回應了一群學者、工程師、經濟學家的意圖，這群人坐擁與當權者溝通的管道，心心念念渴望著推展應用科學（science appliquée）。法國化學家沙普塔（Jean-Antoine Chaptal）於一八〇二至一八〇四年間任法國內政部長；在其推動下，人們開始在洗滌漂白產業中使用蒸氣。不過確實，儘管宣傳得很用力，也經過無數次的公開示範，在當時，推廣蒸氣的意圖仍然未獲成功。至少，這樣的意圖牽連甚廣。在致力頌揚蒸氣運用的文獻，尤其是法國化學家卡迭・德缶（Antoine-Alexis Cadet de Vaux）的作品裡，顯現出了：對減少木材消耗的念茲在茲、改變家務步調的意願，以及使嶄新的標舉自我的方式成為可能的渴望。瑪希—瑟昔樂・許缶指出，[19]正是在卡迭・德缶的一部作品裡——似乎是史上頭一遭——開展了「追求『更潔白』」的主題。對慈善人士來說，推廣蒸氣也回應了貧苦者那「免費洗滌漂白」的崇高夢想。當時，洗滌漂白就與糧食和居所一樣，被認為是個人基

* 譯註：法國省份，位於法國中央偏南。

** 譯註：更通行的說法是「白色月份」（mois du blanc）。「白色月份」即一月，乃是十九世紀時由巴黎樂蓬馬歇百貨公司（Le Bon Marché）開啟風氣的居家織品促銷季，後沿襲成俗至今。

本需求；勞動契約就是其證明。

氯化物（chlorures）的使用，此刻看來遠比蒸氣的使用帶來了更多結果。由於氯潔淨了公共空間，人們冀望用氯來漂白織物。[20]一七八四年開始，法國化學家克勞德·路易·貝托萊（Claude Louis Berthollet）在布料漂白工業掀起了革命。不久之後，輪到織品的洗滌漂白遭遇變革了：天然蘇打——草木灰*蘊含的蘇打鹽類——為人造蘇打所取代。漂白水（eau de Javel）與「晶鹽」（cristaux）**輕輕鬆鬆就傳播開來，尤其因為使用此二者時，原本的動作舉止、容器及傳統的器材，都不必變動。

然而，在不同的社會環境中，織品洗滌漂白的歷史也開展得各自不同。約在一九〇〇年以前，許多鄉村地區都還有法國人類學家蘇珊·達丟—莒蒙（Suzanne Tardieu-Dumont）所描述的大洗濯。[21]如此的大洗濯乃是一年一度或一季一次，其背後的涵義是：乾淨織品有其豐沛儲備，髒污織品則會長期貯存；它意味著定期求助於專業人員，也意味著傳統時程表獲得維持。在法國的中央（Centre）***各地方，人們喚作「水氣」（buée）的行為****長達好幾天。織品分好類、先行去污之後，會進行「essanger」（又稱échanger）*****的動作，也就是預洗。織品洗滌的第一天，人們將待洗織物細心置入大洗衣盆。洗衣盆滿了的時候，洗衣婦們就在上面蓋好一方白布，然後在布上鋪開一層篩好的草木灰。此時進入了「澆灌」（coulage）的步驟。在選定地點的溼氣之中，婦女們以長柄勺不斷澆淋這巨大的洗衣盆。她們澆灌的水混合了蘇打，水穿過灰燼與織品，流到大洗衣盆的底部。

第二天，在河邊或洗衣池（lavoir），進行的是織品的皂洗（savonnage）、滌淨（rinçage）以及脫水（essorage）。******洗衣婦推著手推車，運送著沉重的織品；有時候，她會把這些織品全都疊在一起，以雙輪載貨馬車運送。她落腳在河邊，跪在木製護膝箱（garde-genoux）裡，為鋪平在她洗衣板上的織品抹上最後一次肥皂，隨而順著水流，大動作滌淨它；接著，她用搗衣杵用力搗除水分。其後，床單、毛巾與襯衫在草地上鋪開，或以小木柱牽起繩子，將之掛在繩上。再過幾天，負責織品維護保養的職業婦女（lingère）也投身其中，熨燙織品，或者如有需要，縫補已折好的織物。

隨著十九世紀的時光推進，如此的「大洗濯」也逐漸演變；目前，我們還無法精確推定各個改變發生在哪個時間。使用「晶鹽」蘇打與藍色染料；*******比在衣櫃裡以薰衣草薰香織物還要更早的，使用植物或人工產品來薰香織品[22]——隨著一個個十年過去，這些改變保證了更潔白的顏色

* 譯註：草木灰富含碳酸鉀，洗滌效果絕佳。

** 譯註：即蘇打（碳酸鈉）。

*** 譯註：法國昔日大區，位於法國中央偏北。

**** 譯註：此為當地用來稱呼織品洗滌的俗語。

***** 譯註：即在正式洗衣之前，先以水簡單去污。

****** 譯註：此處所謂的脫水，並非機器脫水，而是手工（如：借助搗衣杵）將水排除。

******* 譯註：因為光學的視覺效果，加入少量藍色染料可讓布或紙顯得更潔白。

與更美妙的氣味。尤其，清潔的種種標準加強了，提昇了織品洗滌的頻率。唯有富人能維持一年一洗或一季一洗。窮人呢，因為沒有足夠的織品儲備，萬一他們想顯得乾乾淨淨，他們很快就必須每星期漂白、或至少洗滌他們的織品。

鄉鎮政府致力於馴順水源，引為所用。湧泉（douix）、泉源（fontaine）、*水井、洗衣池形成的水之網漸漸成形。如此的水之網簡化了步驟手段，縮短了移動距離，提高了洗滌頻率。這種種創新發明在波旁復辟時期法國西北部的奧恩省（Orne）東部已昭昭可見；[23]一八四〇至一八七〇年間，它們擴展到了法國中央偏東的尼維爾地區（Nivernais）；[24]至於法國東部的夏堤雍內（Châtillonnais）則要到法蘭西第三共和之初，[25]才會迎來這些新事物。在法國歷史學家路易・貝傑宏（Louis Bergeron）的領導下，一群研究者致力於分析此一進程；其中，史學家尚—皮耶・古貝（Jean-Pierre Goubert）最近已為此一進程勾勒出了輪廓。[26]

——在研究者長期以來確實還沒能掌握的所在，「洗滌漂白與熨燙的忙活退入了家戶之中」；[27]此點也裏贊了一八〇〇至一九五〇年織品洗滌史的爬梳整理。一開始，亦即一八〇〇至一八四〇年間，位於小城鎮的城堡莊園與資產階級宅邸在這方面充當了實驗室。在這些地方，空間的餘裕讓它們的一樓能設置一間織品洗滌室（buanderie），它們的傭人房旁則能設立一間織品儲藏室（lingerie）。許多名流顯貴對學者的論述相當重視，心心念念要為他們雇用的婦女節省時間、減輕疲勞，於是，他們擔當的是中介者的角色。他們實驗新技術，並致力於說服左近從事織品洗燙的婦女。

十九世紀下半葉，洗滌漂白往家戶之內退縮的這個趨勢逐漸擴張到居於各城市中心的資產階級，接著又蔓延到此後擁有一名諸事全包的女傭可供使喚的小資產階級。鍍鋅鐵皮打造的、通常喚作「水循環煮衣桶」（lessiveuse à circulation d'eau）的家用煮衣桶流行開來，讓上述的演變成為可能。洗滌，或者洗滌漂白，就此加入了女傭的作息時間表，嵌進了家務一週週的循環裡。[28]最常見的情況是，人們只以家用煮衣桶處理小件織品。因為無力擁有晾衣場，人們將小件織品以外的織物託付給洗衣工。此外，女傭很少親自完成所有動作；最常見的情形是，為織物打上肥皂、動身去滌淨織物的，是洗衣婦。女傭做的就只有煮滾安放在爐灶上的煮衣桶裡的水，滾上幾個小時。織物滌淨了以後，就晾在繩子上，往往是掛在廚房裡。在狹小廚房的蒸溽熱氣中，女傭完成上述的任務，同時還一邊燉燒餐食或洗碗。往往正是在廚房，她在一塊隨便湊合著用的板子上摺疊並熨燙織物。

旨在施加規範的大量論調被拿來安排女傭的時間。摺疊、熨燙、縫補織品被認為是下午做的家事，宜於下午茶前完成。一八九六年出版的一本《僕役指南》（*Manuel des domestiques*）[29]建議：星期三皂洗及漂白，星期四熨燙，星期五縫補。我們知道，星期日與星期一的時候，在大眾階級，維持、養護織品的任務落在家庭主婦的身上。相反地，所有的女修會（congrégation）則在每週六發放一週所需的乾淨織物。[30]

必須強調的是：十九世紀的城市裡，大部分的洗滌漂白卻是由職業人員完成的。結構複雜、利

* 譯註：douix主要指天然湧流，fontaine除指天然泉水，亦指有水湧流而出的人造設施，如水龍頭、噴水造景等。

用蒸氣與機械的洗滌漂白產業逐漸成形。十九世紀初，在巴黎，人們隨處洗滌：[31]在一道道水流中拖拉著的小木桶裡洗，在水塘裡洗，尤其是在塞納河畔洗。洗衣婦跪在碼頭裝卸工人們的附近，她們嘹亮的嗓音震響了河岸。漸漸地，秩序形成了。這些警方憂心不已的勞動力集中到了一艘艘洗衣船（bateau-lavoir）*裡。一八四九年時，洗衣船共有九十四艘。然而，接近十九世紀中的時候，人們開始偏好公共洗衣房——一種受英國洗衣房啟發的、位於陸地上的洗衣場所。一八六九年時，洗衣船還有六十九艘；一八八六年時，就只剩二十二艘了。相反地，洗衣房此時已有四百二十二間，大多數坐落於庶民街區。

總共算起來，有三萬七千三百八十個[32]提供給小件日用織物的洗燙女工、「計件女工」（piéçarde）[33]以及家庭主婦的位子。巴黎的洗衣房幾乎都由私人經營。法蘭西第二帝國時期創立了公共洗衣房，以失敗作收。婦女們不滿意，所以不使用建在巴黎聖殿區（quartier du Temple）的帝國洗衣房，因為那邊的規矩太嚴格了。相反地，在許多小市鎮，市立洗衣房設立了，供家庭主婦使用。[34]

這些公共洗衣房裡威風八面地擺著洗衣盆、脫水器以及蒸氣機。在一座寬闊的大廳中設立著一個個「砲臺」（batterie），也就是一排排的包廂。每位婦女都有一具木製護膝箱，以免弄溼了自己；她們還有一個桶子，用來裝熱水與洗滌劑，另外還有一個小容器，用來加入藍色染料；**尤其，她們有兩個矮桶，一個用來擦洗織品，一個用來滌淨織品。每位婦女都有個指定好的位子。洗衣房的主人以其男性的權威，確實維持洗衣房的紀律。

「夜裡，織品接受澆灌；翌日早晨，織品回到洗衣婦女的手上，她們為織品抹上肥皂，滌淨織品，為織品上點藍色染料，最後將之脫水、乾燥。」[35]

一般來說，織品熨燙是在鋪子裡進行的。為了滿足他們這些巴黎的「慣常作法」的需求，許多市郊的洗衣業主讓人以工作坊的方式工作。勒普雷提到，[36]織品洗滌漂白成為了巴黎郊區市鎮克利希（Clichy）排名第一的產業。每位洗滌漂白業主有二十幾個巴黎市中心的家庭作為顧客。調查者拿來當作例子的這名業主家中有四名人手協助洗滌漂白的業務。除此之外，他也會請成群的女性工人輪流來幫忙。業主用來收集、發送織品的車輛的容量決定了其企業的執業能量。

每週三，夏天從早上五點開始，冬天則差不多早上八點開始，洗滌漂白的業主及其家庭成員前往巴黎，發送乾淨的織品、收集骯髒的織物。季節不同，他們回家的時間也不同，落在晚上八點到十一點之間。週四，他們為織品分類；接著，洗滌就開始了，整個家庭都投入，一路持續到週五早上。週五這一天，在好幾位洗燙女工的協助下，他們為織品進行皂洗。晚上，一名工人將織品送到乾衣場。夏天，乾衣場就是一塊租來作此用途的田野；冬天，乾衣場則是閣樓或熨燙室。週日，洗漂業主的家庭摺疊著織品，準備週一與週二要進行的熨燙。這個步驟除了洗漂業主自家的婦女成員外，還需要再用上四名女工。晚上，往往是夜已極深時，週三要送還給客戶的織品分好了類，然後

* 譯註：洗衣船是定錨河畔的大船，充當洗衣場，亦是洗衣工的交誼場所。

** 譯註：請參本書頁三十三，譯註六。

打包妥當。

二十世紀，織品洗漂的工作退進了家庭內部；與此同時，洗滌大眾化了，洗滌漂白也褪去了專業色彩。上述這一切發生以前，無論城市或鄉村，織品產業的勞工浩蕩一如繁星。在這點上，必須再一次小心翼翼地將製造、買賣與保養維持分開來。

尚・樂・堯安科發現，在十九世紀下半葉的巴黎，既有織品業主地位有上升的現象，這些業主的出身也日益多元。法蘭西第二帝國結束以前，織品業主無論男女，大部分皆出身紡織業。呢絨業（draperie）、「盧昂布」（rouennerie）*業、針織業（bonneterie）支持著織品業與襯衫業（chemiserie）。隨後，業主的出身變得歧異紛繁；這反映了，在巴黎的作坊與店鋪內，社會流動（mobilité sociale）的路徑變得複雜。地主、莊園城堡的大僕役，或還有退伍軍人，他們從此以後亦躋身織品業主之列，與那些出身自布料與衣物製造或買賣的老闆往來同行。一八七一年普法戰爭法國戰敗後不久，無數亞爾薩斯與洛林（Lorraine）的難民**落戶於巴黎的織品業。接下來，輪到猶太人進軍此一產業部門。然而，婚姻策略的成功與聯姻對象的高品質，這些都在在證明了織品業主社會階級有所晉升。

織品業女性工人數量的成長與織品業的突飛猛進共伴相隨。一八六〇年的巴黎，一千三百八十位織品業主雇用了七千〇三十二位員工，這些員工大多數是女性。這七千〇三十二位以外，還適合再加上於縫紉工廠裡工作的勞動力。在修女的領導與監視下，一群群女孩號稱是在做學徒，實際上則是獻身於織品製造與保養。正如先在修院作坊（fabrique-couvent）工作，之後則在寄宿工廠勞動的勞動力一樣，此一由少女組成的勞動力對薪酬高低以及就業市場都有舉足輕重的影響。

法蘭西第二帝國中期，也就是一八六〇年開始，巴黎織品業有三分之二的女性工人都在家裡工作。儘管因為縫紉機流行，「血汗體制」（sweating system）***開展起來了，上述女性工人在家工作的比例從一八八〇年到十九世紀末一直都差不多，沒什麼改變。

這些女性工人被關在不見天日的斗室內，她們的處境乃是該時代數一數二悲慘的。勒普雷對一位里爾的織品女工做了深入詳細的專題研究。[37]這位織品女工年方三十九；幾年前，她為一名製鎖工人所勾引。她的情人與她的家庭相繼拋棄了她，她以按件計酬的方式為一名精緻織品的企業主工作，這位企業主生產昂貴的嫁妝織物。來自監獄、修道院，還有縫紉工廠勞動力的競爭，讓里爾的薪資水準持續低落。這位織品女工要嘛「穿針引線」，要嘛組裝男仕襯衫，每天工作十小時，一天賺得一點七五法郎。失業的時期、疾病的侵襲，還有旅途移動的開支，將這筆理論上的薪酬又耗掉四分之一。

---

* 譯註：一種原產於法國盧昂（Rouen），以棉或羊毛製成的花布。

** 譯註：一八七一年普法戰爭法國戰敗，此二個法國東部與德國接壤之地區有一大部分遭割讓給德意志第二帝國，掀起了逃離此二地的難民潮。

*** 譯註：或稱「血汗工廠」，指極度利用勞動力、嚴酷剝削勞工的體制。

在五泉路（rue de Fives）上一幢建築的頂樓，這位年輕的女士與她七歲的兒子一起住在十平方公尺的房間裡。她還是有能力一天吃四餐，不過她沒錢飲用水以外的飲料。她把一個個星期日花在洗滌漂白、花在打掃她的房間、花在縫補她的織品上。冬天時，她還是有辦法用一個差勁的火爐，稍稍溫暖她這斜屋頂包夾的斗室。別人捐贈的物資（don en nature）讓她兒子有衣服可穿；然而，單親媽媽的身分讓她與各慈善機構的關係蒙上陰影。

鄉村的織品女工都實實在在經受著上述的悲慘處境。這些織品女工據說往往是「失身」（fauter）的女孩，原生家庭不再容忍她留在家中。因此，她只能落腳在市郊鄉鎮的小房子裡，並在索求她服務的客戶家中工作。[38]

十九世紀最後三分之一的時光，織品女工與女裁縫（couturière）的數量在鄉間大幅上升——這是「織品大行其道」與「對一個人外表的新標準在傳統社會中傳散開來」的另一跡象。在布耶妻黑茨，傳統女用頭巾（coiffe）漸漸衰微、帽子流行開來，讓織品女工與女裁縫失去了一部分客戶；在此之前，這樣的織品女工與女裁縫在當地算來有十幾位。此處，大多數的織品女工都是按日計酬的臨時工（journalier）之女、僕役之女或者小地主之女，她們偏好在乾爽的地方坐著工作；更何況，一九〇〇年左右，車輛愈來愈多，將織品與傳統女用頭巾直接送到女工居所的慣俗也就養成了。[39]

織品相關勞工在十九世紀末的鄉村大幅增加乃是一嶄新的、極易度量的現象；我們宜於避免將這些女性視作傳統社會的角色。伊芳・斐蒂耶針對法國市鎮米諾（Minot）此一群體的觀察，[40]就牽涉到一種新近的情形。

她，為了前往客戶的居所而早早起床；她，薪酬比不上強壯的洗衣婦；女裁縫的蒞臨昭示了嶄新的衣裝堂皇而至，她的到來呢，則不如女裁縫那麼令人迫不及待——她，這位嫻熟擺弄白色織物、心靈手巧的織品女工，她在市郊鄉鎮的地位是曖昧的。城市裡，人們再三說著那些針線女工就是不能不靠男人來活著；這是一個充滿刻板印象的斷言，也確實值得進行批判研究，因為此一刻板印象式的宣稱滿足了該時代的男性幻想。[41] 儘管如此，織品女工這樣的族群顯然無庸置疑地，乃是「風騷女工」（grisette）、*受包養的女子（fille entretenue）甚至正式的性工作者的人力來源。[42]

總的來說，跟洗衣婦的大軍相比，織品女工又顯得人單勢薄了。法蘭西第二帝國行將終了時，巴黎差不多有七萬名洗衣婦。[43] 一八六〇年，八千到一萬名洗衣婦在波爾多執業；當時，波爾多僅有十五萬居民。[44]

洗衣婦的角色在該時代的想像中縈迴不去。這些在城市裡永不疲倦地往來遊走的女工到處傳播流言。她們是強健的婦女，臂膀力大無窮，做慣了搬動重負的事，推著超載的手推車來來往往對她們來說也稀鬆平常，她們喜愛群聚；她們罷起工來迅雷不及掩耳，如有需要，掀起暴動也是疾如飆風。社會調查與小說創作鍾情於描繪洗衣場。在這點上，兩種視角針鋒相對。一種屬於男性的黑暗傳說強調的是洗衣場的言語與肉體暴力。法國小說家斯湯達以充滿憐憫之情的筆觸，召喚出了那位

---

* 譯註：Grisette指收入微薄、性情歡樂、自由戀愛交往的年輕職業女性。

在爛泥裡被一眾洗衣婦滾來滾去的、可憐的不休（Sansfin）大夫；[45]左拉則沾沾自喜地大書特書潔兒維絲（Gervaise）一敗塗地的窘況。[46]從斯湯達到左拉，男性作者們以微帶焦慮的筆觸描繪這一個個騷動成群的洗衣婦的喧鬧所在。民族學家把洗衣場當成謠言的一大製造中心；男人被排除在洗衣場外，在洗衣場附近的男人恐怕會遭到辱罵；有時候，萬一這男人疏忽了，沒有繞道而行，甚至還會被痛打一頓。另一套論述則是桃色浪漫的；從儒勒．卡多茲（Jules Cardoze）的小說[47]到歷史學家密雪樂．佩侯最近的作品，我們都可以領會這套論述。這套論述強調的是洗衣場裡自由自在開展的、由女性之間社交所誕生的歡悅。在此，婦女面對的僅有彼此。據說，她們敢於涉及別的地方禁止她們談論的主題。洗衣場乃是縱情發洩之處、集體信任之地、傳達祕密之所、女性身體相關的祕方流傳的所在；洗衣場也成為女性彼此團結互助的最好場域。洗衣婦的名聲從此毀譽參半，傳言她們幫人非法墮胎還兼賣一點淫，[48]也就全都不意外了。

在十九世紀末的巴黎，陸地上的洗衣場構成女性社交的重鎮；洗衣婦與家庭主婦在食堂相見，一邊喝杯咖啡，一邊天南地北聊是非。一排排洗衣桶、一堆堆溼答答的織品間，遊走著兜售廉價首飾的商人、算命先生、遊方賣唱歌手，以及各式各樣企圖從這些遠離家庭因而解放欲望的家庭主婦身上獲得好處的人。正如阿蘭．缶和所指出的，洗衣場成為了街坊與都市傳說的聖地，成為了「一張同類相親與友誼關係之網」。[49]正是此時，洗衣婦慶典（fête des blanchisseuses）*在巴黎取代了奄奄一息的巴黎嘉年華。

「織品的暴政」（tyrannie du linge）[50]在十九世紀達到了空前地步，從沒有哪個時代能與之比肩。「坐擁織品」成為念茲在茲的執著，於社會各界不斷擴散。對白色織品（blanc）的凝賞與擁有，白色織品施予人的魔魅之力，隨著十九世紀的時光推進而不斷擴大、流傳；也是在十九世紀，「聖母始胎無染原罪」的信理（dogme de l'Immaculée Conception）頒布了，**而聖母瑪利亞正是洗衣婦的主保聖人。

在這樣的視角中，至關緊要的乃是去思索：作為典範的聖布（linge sacré）為如此織品崇拜的興起所帶來的影響。我們曉得，法國天主教會深知虔奉教規、參與宗教活動的信徒之中，女性的比例愈來愈高，遂將牧養的重心轉向女性。「瑪利亞的孩子」（Enfants de Marie）、「瑪利亞的女僕」（Servantes de Marie）***以及所有受神父們之邀、加入神父們致力創建的新成立的善會（confrérie）的女孩，都相當熟稔祭衣室（sacristie）；「照管、擺弄精確定義下的聖布」此一任務儘管理論上一直禁止她們參與，她們卻習慣照料保養長白衣（aube），也習慣為小白衣（surplis）****上漿。天主教會將與聖體聖血（saintes espèces）*****有所接觸或可能會接觸的織品稱為聖布。聖布

* 譯註：在這一天，洗衣婦們精心裝飾洗衣場，縱情狂歡，並選出她們的「洗衣場女王」。

** 譯註：一八五四年十二月八日，天主教教宗庇護九世頒布了此一信理，認為聖母瑪利亞自始不受原罪玷染。

*** 譯註：此二者為女性組成的天主教團體。

**** 譯註：長白衣與小白衣為天主教神職人員參與聖禮與彌撒等儀典時所著衣袍。

***** 譯註：聖體聖血乃是聖體聖事中被祝聖的餅與酒。天主教臺灣地區主教團出版的《天主教教理：簡編和全部條文》引用特倫多大公會議聲明：「藉由餅與酒的被祝聖，餅的整個實體，被轉變成為我主基督身體的實體；酒

包括三張祭台布（nappe d'autel）、聖體布（corporal）以及聖餐桌上鋪著的一塊塊布（dominicale）。這些織品都必須是麻布或亞麻布。《聖經》中，麻與亞麻象徵著身體與靈魂的純潔。[51]一八一九年三月十八日，教廷聖禮部（Congrégation des rites）禁止將棉布用作聖布；同年五月十五日，教宗庇護八世（Pie VIII）也下了一道教令，正式禁止以棉布製作聖爵蓋布（pale，又稱聖蓋）、聖爵布（purificatoire）、領布（amict）以及長白衣。這樣的命令所涵蓋的範圍因而遠遠超過精確定義下的聖布。

誠然，一八八六年時，某些鄉村的教堂內仍看得見棉製的祭台布或棉製的聖體布。有時候，這些棉製的祭台布以「平庸的棉蕾絲邊，或甚至金色的剪紙花邊」[52]收邊。

在貝桑松（Besançon）*教區，人們當時以上膠的布（toile gommée）作為聖體布。雖說如此，亞麻布與麻布仍一步步攻城略地。聖布是由主教或其代表祝福過的，因此，除了用於舉行儀式，聖布不得作其他用途。把祭台布賣給舊貨商——偶爾有人會這麼做——已稱得上是褻聖（sacrilège，或稱褻瀆）。當聖布破舊不堪使用，聖爵蓋布、聖爵布以及聖體布都應該燒燬；聖體布上一般會以白線或紅線繡上一個小小的希臘十字（croix grecque）。**聖體布這種聖布會接觸到基督的聖體，不得有其他刺繡的圖樣。

出於對聖事（saints mystères）的尊重，用於聖事的織品必得極其潔淨。聖體布、聖爵布以及祭台布必須經由一位已領受聖秩的神職人員之手，依序在三次不同的水裡清洗。通常，這屬於副執事（sous-diacre）的職責，不然就由執事（diacre）或神父來擔當此事。「女性不得碰觸這些貴重的織品」被不厭其煩地三令五申。

儘管將近三個世紀以來，一場場主教會議（concile）與宗教會議（synode）***一再重申規定，某些主教卻仍然敢將保養照管這些聖布的職責交託給修女。然而，一八七〇至一八八〇年之間，儘管宗教熱情重揚，讓修女照料聖布這樣引致指責的做法卻漸漸消失了。正是如此，在凡爾賽教區，一八七九年起，聖佳蘭隱修會（ordre des Clarisses）****照料聖布的職責遭到撤銷。[53]

簡言之，亞麻布大行其道、紅線的刺繡、對乾淨程度與潔白無玷之要求，還有洗滌儀式之精確——這一切勾勒出了一整套標準，我們不妨認為這些標準促進、助長了對於標準的想像。織品嫁妝史的專家無疑有必要去研究這些構成基督貼身衣物以及教會織品的一塊塊布。

無庸置疑，對「潔白」的要求乃屬倫理史（histoire de l'éthique）之範疇。好幾位這方面的專家，包括他們之中，最近的一位——瑪希—芳索瓦茲．雷維（Marie-Françoise Lévy），都強調針線工夫在道德價值的傳遞這方面為人賦予的功能。[54]照料織物或在織物上刺繡填滿了人的時間，確保女性

的整個實體，被轉變成為祂寶血的實體。」

* 譯註：法國東部城市，地近法國、瑞士邊境。

** 譯註：四臂等長的十字，形如四則運算的加號。

*** 譯註：法文中，concile與synode同義，惟指稱特定會議時或會固定使用concile或synode，如梵蒂岡第二居大公會議為IIe concile œcuménique du Vatican，世界主教會議則為Synode des évêques。

**** 譯註：為天主教修女會，又名貧窮修女會，由亞西西的聖佳蘭（Claire d'Assise）創立。

的勞動不會中斷。聖體聖事（communion）*之後，織品嫁妝的製作取代了早前的針織學習，疏導了婚育年齡的「大女孩」對未來的種種綺想，同時將這位大女孩的身體約束在坐定不動之中。這位年輕的未婚妻全神貫注於複雜的針法，身子前俯，定睛於繡線之上，在父母柔情款款的目光中，為她溫順的幻夢做了證言；她讓人預見到她身為配偶的忠貞。

修女懂得在肉體與靈魂的教導中善用織品。對犯錯的女孩來說，「懺悔」與「照管布料的潔白」繫連在了一起。織品女工這個職業充滿了單親媽媽，或至少，大家是這麼說的；妓女要想在社會中爬升，就得一天天做著嚴酷繁重的針線活——這一切在在都指出了「針線工夫所需的莊重認真」與「恢復女性美德」之間形成的關係。從此，我們更能理解大眾小說裡浮現的針黹女學徒那形象裡的曖昧。[55]在她那兩爿斜屋頂包夾的閣樓斗室裡，她一天工作十或十二小時，獻身於製作有錢人的織品嫁妝；同時，她也有了另一面目——她也是一名「風騷女工」，注定要為厚顏無恥的單身男人所害，這男人很快就會拋棄她、拋棄他與她這場婚外之戀的結晶。

織品相關的清潔維護躋身於「乾淨又整齊」（propre en ordre）[56]的種種方法策略裡。修道院內從此每週都必須更換織品，對清潔的關照程度與掃除的精確程度空前地躋身於日常紀律之中。[57]「整理床鋪」（faire son lit）的要求擴散到全體社會。弄平皺巴巴的床單、驅除臭味與淫氣，這些可不只是保健學家常常一再重申的指令而已。一張整理得齊齊整整的床冰冷得很端莊，如此端莊的冰冷對抗著孤獨時情欲的浮濫，與修女致力施加於各女子寄宿學校的睡眠觀若合符節。仔細熨燙、鋪平的潔白床單包裹著睡眠，如此的睡眠可以輕易比擬為墳塋，快速的甦醒則能擬作死後的復活。[58]巴爾扎克就是藉著描繪早晨床鋪亂糟糟、床單皺巴巴，來為讀者勾勒出柯夢小姐長期的苦難——這位老小姐深為其未滿足的情欲所害。

十九世紀最後三分之一的時光，「針線箱」（boîte à ouvrage）**在女性的生命中變得更加重要。針線箱乃是女孩們知識、靈巧與美德的第一個象徵，「收到針線箱這個禮物」從此有了生命禮儀（rite de passage，亦稱「通過儀式」）的意涵，[59]如此的生命禮儀想必比依照刺繡字母板來刺繡更意味深長。做著針線工夫，還能一邊與童言童語的孩子們互動的這位母親，成為了已逝樂園裡備受偏愛的角色。織品與美德聯姻，讓男性的幻想經久不衰，躋身於勾引的策略之林。法蘭西第三共和國一代代的青少年或許對這樣的母性形象滿蘊懷舊之情，他們覺得《弗里茲夥伴》（*L'Ami Fritz*）***的那位未婚妻擁有扣人心弦的魅力，她是白色織品的女祭司，潔白的織品充滿愛意地摺疊在上了蠟的衣櫥裡。

---

* 譯註：作者此處應是指天主教徒生命中第一次的聖體聖事，也就是一生一次的「初領聖體禮」（première communion）。此天主教禮儀富有成年禮色彩，年輕女性在初領聖體禮後開始準備她們的織品嫁妝。

** 譯註：乃是一種大型針線盒，有提把與數個抽屜。

*** 譯註：由埃米勒・艾克曼（Émile Erckmann）與亞歷山大・夏特杭（Alexandre Chatrian）兩位法國作家以筆名艾克曼—夏特杭（Erckmann-Chatrian）共同創作的小說，以玩世不恭的老公子——弗里茲・寇布斯（Friz Kobus）為主角，領讀者一窺亞爾薩斯—洛林地區的風土民情。

個人主義、乃至於自戀的情感不斷擴散流傳，織品也躋身範圍不斷擴大的自我象徵之林。寄宿學校的寄宿生有義務提交繡有其姓名起首字母的織品。尤其，未婚妻為自己的織品嫁妝落款這樣的程序漸漸普及開來。阿涅絲．芬與伊芳．斐蒂耶都指出了在「被給出去」（filée）*前夕的女孩的身體，與所有圍繞著織品嫁妝製作而開展的行為之間形成的類比。在法國西南部，織品嫁妝終身為妻子一人擁有。妻子守寡或再嫁的時候，也會帶著她的織品嫁妝一起走。織品嫁妝不會移轉給別人。另外，也最好避免磨耗它。「存著織品嫁妝」躋身一系列對抗自我身心衰弱的方法之林；向自我的衰弱宣戰乃是這個對時間流逝念茲在茲的十九世紀的一大經典特色。新婚的床單日漸磨損，就好像粗糙的皮膚一般，象徵了生命力下滑。對死亡的憂懼促進了囤積的行為。衣櫥裡完好如初的織品嫁妝展現了久遠以前的欲望，證明了青少女時代的諸般夢想經久仍存。在這樣的角度下，庄腳女性的織品嫁妝刺繡對應的是資產階級女孩的日記書寫。再說，日記此一自我書寫也為織品留了一席之地。卡侯琳．布哈姆這位聖日耳曼區的溫婉貴族女孩，就對日記傾吐她對她那些年輕手帕交坐擁的奢華織品嫁妝所生的驚豔之情。60

更寬泛地說，貼身衣物乃是人的第二皮膚，蒐羅了、保存了努力的影跡、欲望的殘痕、歡愉的足印、苦痛的遺恨，值得心態史（histoire des mentalités）學家投以更多關注；心態史學家往往只把貼身衣物看作一樣遮護裸體的東西。某些禁忌、某些慣俗顯示了，在新的私人衛生規則成為標準以前，傳統社會對個人與其襯衣的關係特別看重。巫師使用貼身衣物施邪法；某些庶民信仰（culte populaire）的信徒選擇貼身衣物作為還願時奉獻之物（*ex-voto*）；洗衣婦小心翼翼，就怕干犯了與貼身衣物相關的禁忌。如此沾滿了肉身氣味的織物在種種情欲方面的策略裡也有其角色。小說反映了這樣的關聯：巴爾貝．多爾維利筆下的附魔者——女貴族珍．勒阿度韋（Jeanne Le Hardouey）將她的襯衣寄給可怕的居岡十字修道院院長（abbé de La Croix-Jugan），盼望能勾引他。**

十九世紀最後三分之一的時光裡建立起來的性學（sexologie）肯認並指出織品的情色意義。法國心理學家阿爾弗雷德．比奈（Alfred Binet）、德國精神醫學家、性學先驅阿爾貝．莫爾（Albert Moll）以及德國—奧地利精神醫學家理察．克拉夫特—埃賓（Richard von Krafft-Ebing）將各種戀物癖（fétichisme）做了系統性的整理，勾勒出它們的全部臨床癥狀（tableau clinique），這些專家非常重視女性貼身衣物。他們提到，如果性伴侶的裸體上沒有——至少局部——覆蓋著一件織物，某些男人是沒辦法性交的。對其他一些人——他們人數較多——來說，擁有他們渴欲的女人的織物能為他們帶來無比滿足。克拉夫特—埃賓提到了一個年輕的小夥子，單單是看見了白色物品、尤其織品，就足以使他勃起。

「接觸、摩擦這些物品為他帶來了無上滿足。十歲時，他開始看著漿挺的白色織品手淫。」[61]

當時，整個西歐都橫行著盜竊女性貼身衣物的賊。早在一八三八年，迪亞茲醫生（docteur

---

* 譯註：filer這個動詞同時有「紡織」、「動物吐絲或結網」、「給予」的意思。

** 譯註：典出巴爾貝．多爾維利出版於一八五四年的連載小說《附魔者》（*L'Ensorcelée*）。

Diez）就已描述過這樣一個年輕男性的案例：「他無法抵抗撕破女用織品的衝動。當他撕著女用織物，他毫無例外地射了精。」[62]

一八七六年七月五日，一名四十五歲的鞋匠偷竊女性貼身衣物，遭當場以現行犯逮獲。「人們在他家找到，」克拉夫特—埃賓寫道，「三百件女性衣飾，尤以女襯衣、女襯褲、睡帽為最[63]……」這悲慘的傢伙從十三歲起就開始偷竊女用織品了。

圍裙呢，它的顏色與用料令人想起貼身衣物，讓人輕而易舉預見了親密感，它激起了一種特殊的戀物癖。在十九世紀這個女僕之愛的世紀，像左拉筆下的楚不摟（Trublot）[64]這樣勾引小女僕的人，成為了小說與輕喜劇（vaudeville）的角色；與此同時，某些病態的人最多就只偷竊圍裙。*法國精神醫學家瓦倫當．馬農（Valentin Magnan）描述了此一戀物癖在一名年輕男性身上出現的最早症狀：「十五歲時，他看見了一件正在晾乾的、潔白得耀眼的圍裙飄蕩空中；他靠近，拿走了圍裙，把圍裙繫在自己的腰間，然後走遠，到一叢樹籬後手淫。」[65]

然而，這些跟手絹小偷的大軍相比，都微不足道；克拉夫特—埃賓肯定道，手絹小偷幾乎跟戀鞋癖者一樣多。一名年輕的麵包師傅承認，他從他中意的一個個女孩那裡偷了六十到八十條手絹。古斯塔夫．馬歇（Gustave Macé）這位警長仔細描述了這些在各大百貨公司人群裡上下其手的戀手絹癖者的行徑。[66]一名裁縫在其中一間百貨——白色織品的聖殿——被以現行犯活逮，他的房間裡起出了超過三百件手絹，上頭繡著各自不同的姓名起首字母。[67]一八九〇年八月，一個戀物癖者在維也納遭到逮捕。他的居所起出了四百四十六條女士的手絹。他已經為同樣的罪行鋃鐺入獄了三次。讓他心蕩神馳、予他媲美性交的愉悅感的，主要並不是這些手絹飄散的女性芬芳，而是「女用精緻織品獨有的氣味」。[68]

對歷史學家來說，重要的正是這些觀察以令人受寵若驚的方式大量積累。衣著日趨複雜，貼身衣物愈穿愈多，脫衣服的阻礙也愈來愈多，還有，阻礙人凝視欣賞裸露的女體的種種禁忌——這一切為「對女用貼身衣物大發幻想」的偏執創造了有利情勢。床上的進攻策略、情欲的姿勢花樣，好比說，摟抱的各種形態，當時跟今日比起來，更常在一張張床單、潮水一般的大量女用精緻織品之間完成，這促進了：在興奮與歡愉的啟動裡，對織品的潔白顏色的看重。有些男人缺乏自信，對自己的身體並不自豪，[69]害怕在漫長的等待後，女體猝不及防剝除了她一層又一層的包裹，轟然乍現她那完整的、潔白的裸露之姿，而他，他會遭此徹底擊潰。

織品的魅力以另一種方式行使發揮：洗衣婦的身體，尤其是熨燙女工的身體，助長了各種幻想。年輕的針線女工手指靈巧，懂得細膩嫻熟地操弄織品，形成了女人味的一個溫柔卻曖昧的形象；熨燙女工呢，在熨燙工房的蒸溽之中，則必須局部袒裸胸膛，釋放出情色的能量。在資產階級男性眼中，此一情色能量乃從所有聽天由命、隨順服從的女體散發而出。法國藝術家艾德加．竇加的作品對這一點就有所表露；藝術史學家尤妮思．利普頓（Eunice Lipton）以這個角度，分析了竇加之作。[70]

---

* 譯註：作者之所以說「只偷竊圍裙」，乃是與楚不摟比較得來的結果：後者專門勾引女僕。

洗衣婦有個特權，就是觀覽銘刻於織品上的、那些洩露內情的遺痕。由此，她深深知曉種種祕密。村子裡，洗衣婦坐落在謠言的樞紐上。她是第一個發現——至少，她要宣稱是她第一個發現的很簡單——青春期乍然來到、勾引者斬獲勝利、祕密決鬥的鮮血、死亡的種種預兆。洗衣婦的特權讓她的身價水漲船高；與此同時，人們愈來愈有羞恥害臊的心了，新婚之夜的種種儀式——特別是「由一群青少年檢查新娘是不是處女」的這種風俗——日漸消失。[71]

比起歡愉，織品無疑更喚起、揭示痛苦。在這方面，當時人們所稱呼的「包紮用的織品」(linge de pansement）的歷史是猶待爬梳的。確實如此，正是在十九世紀，人們漸漸不用碎舊布（charpie）來包紮傷口了，繃帶（bande）以及之後的無菌紗布（compresse aseptisée）堂皇登場。

十九世紀的最初幾個十年，人們大量使用碎舊布來包紮。一八一五年，碎舊布嚴重短缺；當年，人們消耗了超過三十噸的碎舊布。[72]不過，人們往往要把同一塊碎舊布用上好幾次；在華格姆戰役（bataille de Wagram）*之後，有了一擔（quintal）**又一擔的碎舊布要洗滌、再洗滌。碎舊布是老舊布料的片段，由亞麻或麻的纖維組成。棉反倒不能用於包紮傷口，就跟棉不能拿來製作聖布差不多。

在各醫院的地窖深處，碎舊布堆疊在一座座木桶裡，在裡頭日漸腐爛，然後被拿來包紮傷口，把傷口搞得化膿。正因如此，法國七月革命***後不久，受傷的革命者控訴修女毒害他們。在那一週，巴黎的女性將時間全都花在製作碎舊布與包紮用的織品上。棉的突飛猛進與紙業的競爭在當時導致了麻布與亞麻布的嚴重短缺，這將會激發出創新。

接著，紗布與繃帶漸漸開始用於包紮，人們也洗滌它們，不過，容我再說一次，在治療方法的演進之中，這一頁的歷史尚不為人所曉。女性月事用的填充布料（garniture périodique，衛生棉的前身）——當時，這樣的月事填料由「塞滿碎舊布或棉布的老舊織品片段」[73]所組成——以及分娩時使用的織品，當然還有裹屍布，都在「織品與痛苦所締結的關係」此一歷史的章節裡據有一席之地；這章之中，月事織品、分娩織品、裹屍布的旁邊，當然還有上述尚待書寫的，治療方法的那一頁歷史。

研究織品的女性歷史學家致力於將她們的研究銘刻在一個特定的女性文化追尋之中。如此的計畫值得我們停佇其上，簡要研究一下她們勾勒出的路徑。

我們應當注意到，白色織品的魅力呼應著一般來說對女性外表的打造提出了標準的各經典作品。尤其是，十九世紀最後三分之一的時光裡，象徵主義者的影響力日盛，他們對雪或象牙一般的女體念念不忘。[74]

傳統社會之中，織品的照料保養鞏固了女性與周遭環境的關係，特別是女性與火和水的關係。

---

* 譯註：此戰役發生於一八〇九年七月五至六日，在這場傷亡慘重的戰役中，拿破崙率領法軍擊敗了奧地利帝國。

** 譯註：為法國的計量單位，依時代的不同，約合一百公斤或一百磅。

*** 譯註：七月革命發生於一八三〇年七月二十七、二十八、二十九日，故亦稱「榮耀三日」（Trois Glorieuses）。

同樣地，圍繞著織品開展的種種行為實踐，成為了女性手邊擁有的一切時光標記的其中一員。從嬰兒洗禮帽（bonnet de baptême）一路到裹屍布，中間還有織品嫁妝的製作，織品的使用記錄了生命各個重大階段。洗滌的日程安排若非配合女性的步調，就是配合季節的遞嬗。十九世紀末，白色季節促銷季在城市裡恢復了織品此一昭示節令的功能。我們曉得，當時，女性在打造家庭記憶這方面的角色更為吃重。[75]女性守護著衣櫥，此後，她在裡頭保存相冊或明信片收納冊，甚至還有她插在一堆堆織品間的零碎信件。這些新做法鞏固了織品嫁妝一項傳統的功能。在女性責任的翼護下，永恆的大件織品與發黃的張張相片一樣，傲然面對著垃圾周期（cycle du déchet）的空前加速，[76]推遲著世代間的裂痕。

對十九世紀的女性來說，織品是一種歡愉，因此是一種欲望的對象。阿涅絲·芬提到，庇里牛斯地區的女性從青少女時期開始，就對織品投注情感與創造力。[77]這是因為，嫁妝用的織品對她們來說，首先意味的是性；嫁妝織品令人想起衣櫥與床；在鄉村，人們稱此為「臥室」。女性與男性不同，女性懂得欣賞織品各種美好品質；女性鍾愛溫柔地撫摸織品，摸出布料的精緻，景仰刺繡的細膩。當搜刮劫掠的機會伴隨著革命而來，婦女們便蜂擁衝向織品。

藉著織品狂熱此一屬於女性的崇拜，母親與女兒之間締結了一層備受優待的關係。奧德庇里牛斯地區的鄉村女性與普瓦捷（Poitiers）鄉下的庄腳婦女一樣，都從女兒進入青春期或初領聖體*後開始負責女兒的織品嫁妝，她們以乳製品與家禽換來床單和白襯衣。織品嫁妝是婦女的任務，它應該來自女性的儉省儲蓄作為。

在以大家庭（famille élargie）為主的地區，囤積織品躋身於婚姻的機制之中。在這些地方，沒有婚姻是不帶著織品嫁妝的。缺乏織品嫁妝的女孩是不完整的；就算是最窮的女孩，也會求助於儀式性的募捐，獲取亞麻織品與麻織品。這些地方與其他地方一樣，織品嫁妝就像未經人事的女孩，必須潔白又嶄新，不能「被使用過」（étrenné）。

最後，是不是需要說一說，織品相關的勞動就與食物的製備一樣，甚至在洗衣場外，組織了女性的社交生活？紡、織，還有愈來愈頻繁的刺繡、縫補、洗滌、摺疊、各種前置作業，如此多的勞務往往是好幾個人共同完成。在這方面，庄腳人晚飯後群聚閒談的房間與織品儲藏室或資產階級的客廳相較，亦有其一席之地；資產階級女性正是在客廳裡為這「一千種小東西」（mille riens）[78]忙活著，這些織品勞作將用於慈善拍賣；因為，在資產階級中，擺弄針線布料必須同時證實又否證女性時間的百無一用。在鄉間晚飯後的閒談之所、在資產階級的客廳裡都一樣，婦女們彼此暢談漫聊，促成一樁樁婚姻，編製又散播謠言。民族史著迷於鄉下聚會的大房間，然而，這門史學亦必須儘快投身研究貴族與資產階級；上述這些「新做法、新慣俗的製造中心」裡創制著種種規則，民族史必須把握住這些規則的演變和重新詮釋。

二十世紀的法國人見證了織品江河日下，洗滌漂白衰微，織品嫁妝的要求日漸消亡；接著，他

＊ 譯註：見本書頁四十六，譯註一。

們見證了，人們對貼身衣物的態度愈來愈大膽不羈，貼身衣物逐漸簡化為其最簡單的表現形式。針對外貌，人們有了新規矩，裸露獲得了允許；令人意外地，人們控制住了各種衝動（pulsion），於是就不必求助於看不見的衣衫；[79]與此同時，各種女性獨有的社交形式日漸消失。鄉村之中，衣櫥再也無人聞問；裡頭那一張張床單，昔日人們愛意盈滿，一針一線刺繡其上，如今卻孤獨地發霉——這一切都表露了自我形象（image de soi）的重大變革。生命的步調、男性欲望的形象樣貌、女性幻夢的演變——這一切全都一起有了改變。織品的歷史反映了女性羞恥（pudeur）與矜重（sagesse）的種種社會印象的演變。在十九世紀，男人是織品的觀看者，男人深深著迷於織品，卻又被排除在外；在男人眼前，織品協助維持了性角色的二元對立；在此二元對立中，織品是意義數一數二深長的一大象徵。男人用他的汗、血、精液、菸草來玷染織品；織品無所不在、源源不絕，女人以她既靈敏又強而有力的雙手照料保養、擺弄運用著織品，人們夢想著如此的女人，她沒有被社會的大雜燴割出累累的傷痕。

波旁復辟時期*的外省**劇場騷動[1]

皇室重新掌權之後，曾於街頭頻仍上演的衝突場景隨即消逝，[2]日常生活不再充滿戲劇性，而高層施加的監視日益高壓。[3]此時，戲劇表演藉由豐富的身體語言與浪漫派的表現主義，為那些受到壓抑的熊熊烈火，提供了發洩的形式。關於這點，長久以來，已有諸多明證。

然而，相關文獻的研究對象，幾乎全數皆為首都巴黎之劇院。[4]這場自街頭退至劇場的撤離行動，發生時機與「隱私」概念的發展屬於同一時期。巴黎劇場數量繁多，儘管觀眾的身分背景確實是史無前例的分歧，但巴黎城內劇場的數量能自然而然將觀眾分配至不同場所；[5]於是劇院內的衝突程度便有一部分因此得以緩和。反之，位於外省大城的劇場，經常是該城唯一一座劇場，[6]於是地方上的爭端便在此引起騷動，觀眾席上發生的一點點小爭論，都在觀眾不得不當面對質的情況之下升溫，越演越烈。城市裡的社會現場在劇場內重新建構，而人們往往認為劇場不值一提，因為並

* 譯註：波旁復辟時期指波旁王朝（Maison de Bourbon，一七九二年因法國大革命而被推翻）再度統治法國的時期，始於一八一四年拿破崙一世退位，結束於一八三〇年發生的七月革命。由於拿破崙一世曾於一八一五年三月至六月期間再度奪權（史稱「百日王朝」），因此該時期亦被切分為「第一次波旁復辟」和「第二次波旁復辟」。

** 譯註：法國之「外省」（province）指的是巴黎以外的所有法國地區。

未出現任何關鍵性的勝負。劇場是社會的縮影，是個得天獨厚的觀測所，各色各樣的文化態度與政治行動，在此形成了錯綜複雜的觀察對象。

觀眾身分背景的多樣性

若要試著詳細描述外省劇院的觀眾群，這幾乎是一項令人灰心的企圖，因為各地方的狀況是如此不同。場內觀眾的樣貌同時反映了該城市人口的社會職業結構、該城居民各個階層的文化水準、該地區的節慶傳統、以及該地的主要社交形式。除此之外，由於劇場設備不足，因此觀眾族群勢必因為演出季節的不同、以及演出日為週間或週末之不同而有所變化。

提出這些限制條件之後，我們還是可以辨識出幾種主要特徵。經過漫長的外省考察之旅、巡視完四十五間戲院之後，總督察長（l'inspecteur général）於一八一八年的書面報告中表示「上流社會」對戲劇的粗劣品質感到失望，不再蒞臨這些劇院，並且「創造了屬於他們的其他娛樂」。[7]波旁復辟時期的憲兵隊與警察關於劇場的報告[8]中，從未提到劇場中有貴族階級。這樣的迴避毫不令人訝異，相較於巴黎，這現象在外省似乎更加普遍。總督察長顯然十分緬懷舊制度，依他看來，有教養的觀眾亦隨著舊制度消失了；一言以蔽之，往昔於觀眾席正廳以他們的品味影響全場的「行家」們，如今蕩然無存，只留下一片不容小覷的空虛沉重。如今觀眾不再受到有學問的菁英控制，觀眾的同質性遠遠不若先前那般整齊，而這成了問題的焦點。[9]

在那些設有大學與軍營駐地的城市中，學生或軍官們在劇院裡構成許多人數眾多且立場一致的團體。一八一七年，土魯斯（Toulouse）城內有八百名註冊大學的學生，其中便有一百五十九人是劇場的付費會員。[10]這些學生擠滿觀眾席正廳。在艾克斯（Aix）的劇院中，法學院學生的座位位於二樓包廂。*劇院傳統使他們得以享受某些特權，他們能夠自由進出後臺，可以就座於前舞臺擺設的長凳上，他們亦被准許不需脫帽。蒙彼利埃（Montpellier）的醫學院學生是劇場常客，而在普瓦捷似乎亦是如此。

至於利摩日（Limoges）和索米爾（Saumur）這些城市，是騎兵學校的軍官們就座於二樓包廂。在利摩日這座瓷器之城，那些「平民百姓」擠在三樓或四樓包廂，而「城裡的年輕人」則是在正廳看戲。[11]曾在安堤布（Antibes）劇院演出的演員維克多．傑魯，和觀眾中的一些軍官締結了友誼。[12]反之，官吏幾乎不曾造訪劇院，除了那些負責到場維持秩序的人之外。若造訪劇場，他們可能捲入該處的政治騷亂而遭受牽連。一八一九年，史特拉斯堡（Strasbourg）的市長禁止該市的官員前往觀賞歌劇《西西里晚禱》（*Vêpres siciliennes*）**的演出。[13]

在多數外省劇院中，蒞臨觀賞的觀眾如今最大宗的成員是大商人、小商人，尤其是年輕的商

* 譯註：法國大革命之前，二樓包廂多屬貴族階層。

** 譯註：該劇描述一二八二年西西里國王起義反抗安茹王朝的故事。

人，以及店裡的伙計、推銷員、一般職員。[14]由於他們的同質性不若學生或軍官那樣一致，較難全面影響觀眾，但在那些沒有大型學院或營地的城市中，他們還是經常能夠左右觀眾的態度。

總督察長於一八一八年寫道，在馬賽，「由商人組成的觀眾人數高達六百或七百人，他們甚至在戲劇演出時亦忙於經商買賣，將包廂、正廳與休息室都化為無止無休的交易場所，當他們對上演之作不甚滿意時尤其如此。」[15]若干警察報告指出，推銷員出現於劇院內部，包括土魯斯劇院（一八二二年）、安古蘭（Angoulême）劇院（一八二六年）、波爾多劇院與亞維農劇院（一八二九年）。一八二三年，兩名麵粉業者在博韋（Beauvais）劇院因態度不佳而引起衝突。一八二五年在盧昂以及南特，煽動衝突爆發的都是商人之子。自波旁復辟時期之初，盧昂的藝術戲院便有商人前來看戲，這現象在四十年後激發福樓拜寫出他筆下的諷刺作品。[16]

然而，若認為平民觀眾會將劇場這去處交給資產階級或小資產階級，轉而撤退至其他表演場所[17]的話，那就錯了。居住於城市中心的「各行各業的人」、工匠、手工業的工人，這些大量人口正如那些經商的小資產階級人口一樣，決定了這場正在進行嬗變的觀眾結構變化。若您猜想這些平民在無論任何情況之下都屈居於四樓或五樓包廂，那更是誇張了些。因此，相較於巴黎，外省觀眾之間的社會階級區隔顯得較不嚴格。直到七月王朝*或第二帝國，**新建的戲院才得以在我們已著墨討論許久的觀劇空間之中，實現這樣階級分明的社會區隔。而在波旁復辟時期，不同背景的觀眾經常雜處一室，尤其當南部劇院缺少長椅，導致正廳觀眾必須站著看戲的時候。

「觀眾席正廳曾經擁有極佳的聲譽，此區觀眾因此自以為有頭有臉，」艾克斯劇院一名觀眾於一八一八年寫道，「然而真相卻是，今日構成這些觀眾的人們使得正廳如今缺乏素質，而到了星期日，更是毫無教養。往日構成這些觀眾的是宮廷人士、地主、富商，總之都是些受過教育的人；如今，除了二十多名老常客之外，週日只看得見一些搬運工或勞工，他們抵達劇場時，多半已酒酣耳熱。」[18]

木工業者暨作家、眾議員亞吉寇爾．貝迪區告訴我們波爾多劇院的勞工觀眾是懷抱何等熱情前往劇場；坐在第一排的他則是身穿工作服、頭戴狩獵帽，絲毫不顯突兀。[19] 一八二五年攻擊劇院負責人的住家，向其陳情抗議的示威者，正是一群勞工。隔年，一名白鐵工人策劃了一場劇院週日騷亂。在土魯斯劇場，運河畔的「閒雲野鶴之輩」與搬運工有時亦會加入觀眾席正廳的學生族群。佩皮尼昂（Perpignan）劇院的正廳觀眾則為「青年工匠」[20]。反之，南特劇院的「勞工伙計」則是擠在四樓與五樓包廂。[21]

* 譯註：七月王朝（Monarchie de Juillet）是波旁復辟時期之後的法國政體，始於一八三〇年的七月革命，結束於一八四八年的二月革命。

** 譯註：法蘭西第二帝國（Second Empire）由拿破崙三世創立，年代介於法蘭西第二共和國與法蘭西第三共和國之間，是法國最後一個君主制政權。

城郊工業區的工廠工人至少週日會光顧劇場，但頻率較低。尼姆（Nîmes）、利摩日與中西部的劇院皆有這類工人前來看戲的相關紀錄。這些工人的光顧引起一般觀眾與當局的擔憂。一八二六年五月二十八日，夏朗德省（Charente）省長決定屈服於安古蘭劇院觀眾的要求，因為他發現工人們來了。[22]一八二五年五月，由於博爾貝克（Bolbec）、達爾內塔勒（Darnétal）、埃爾伯夫（Elbeuf）、盧維埃（Louviers）這些附近城鎮的紡織工人極有可能蜂湧闖入盧昂藝術劇院，因此使得那些負責維持該劇院場內秩序的官員們陷入恐慌。[23]

至於那些前來看戲的娼妓們，她們通常退居於四樓與五樓包廂，例如在都蘭省（Touraine）便是如此。[24]在南部的劇院中，她們有時會進駐正廳前方的樂池，並因此引起騷動。娼妓們現身劇院，挑起了思想較傳統的觀眾們的激憤抗議；[25]不再打算忍受如此龍蛇雜處情境的學生族群，亦感到非常不滿。[26]

捍衛觀眾權益

儘管觀眾既多元而分歧，但當他們意圖維護自身權益、或是運用他們的權力來影響甚至支配臺上正在演出的演員時，便會緊密團結起來。在多起騷動過程中，意見一致的觀眾便如此集體挑釁劇院負責人或劇團成員。

一八一八年二月八日，土魯斯劇院二樓和三樓包廂的軍官與「資產階級」觀眾[27]煽動正廳觀眾群起反對劇院高層將歌劇《蒂朵》（*Didon*）排除於會員優惠之外。獲勝的是觀眾。一段時日之後，難得如此意見一致的學生族群與軍官們，一同試圖解除劇院負責人的職務；「他們不僅喝倒采，甚至還往演員身上丟擲大堆乾草」。[28]這些搗亂分子威脅要燒掉戲院。八名學生遭到逮捕，數日後獲釋。

一八二四年十二月，法學院與醫學院的學生們連續數日對演出節目喝倒采，企圖藉此迫使劇院負責人調降會員的月費。劇場不得不求助於維安人員，進行了九次逮捕行動。十二月二十日星期二，學生們試圖禁止觀眾進入劇院；幾名軍官與資產階級觀眾亦加入他們的行動，他們接著前往包圍劇場負責人的住宅，使負責人與其妻子遭受一場驚人的喧囂混亂。[29]

隔年十二月，南特劇院的觀眾公開表明他們對於節目負責人的不滿，認為演出主題不夠多元。經過暴力的騷亂之後，這名不幸的負責人被帶至監獄。[30]在波爾多劇院，觀眾向劇場管理單位堅持己見的這類行為，成為一種真正的傳統。一八二五年，對演員極度不滿的觀眾們，要求開除負責人；四月二十日，小劇院（le Petit Théâtre）爆發一連串騷動；「砸毀劇院內部陳設之後，這些反抗分子前往大劇院（le Grand Théâtre），並砸碎了負責人所住公寓的窗玻璃」。[31]到了隔天，市立警衛隊必須騎乘馬匹大舉出動，才得以驅散一群新聚集的抗議群眾。省長急忙澄清：「這些騷亂毫無任何政治意圖。」[32]一八二四年在亞維農、一八二七年在聖奧梅爾（Saint-Omer），均曾發生觀眾以滿腹的敵意挑釁劇院高層的相似事件。

觀眾對演員們施壓的最佳時機，是「首度登台」的時刻。外省地區的鬧事團體採取的形式不同於巴黎，[33]他們的行動很快便會演變為攻擊行為。對這些觀眾而言，這經常是為了教訓某一名他們認為太過盛氣凌人的演員，展現他們的權威。關於這類事件，一八二六年九月二十五日波爾多大劇院演出《阿瑞斯提普斯》（*Aristippe*）時發生的衝突，相當具有代表性。當時，幾近滿座的廳內，觀眾群起挑釁演員黎拔霍（Libaros）。非常不滿的黎拔霍離開舞臺時，大聲說出了康布羅納的那個字。*群情激憤之下，警長將黎拔霍抓至監獄。這樣的處置方式無法滿足觀眾，他們要求黎拔霍下跪道歉。這名不幸的演員被強押至舞臺上，但他拒絕道歉，反而撞倒警察與軍人，從後台離開劇院。黎拔霍的逃亡使場內觀眾的憤慨加倍爆發，「椅子被扔到舞臺上與樂池內；長凳、用來照明走道和包廂的油燈、舞臺上的腳燈、音樂家們的樂譜架、以及許多瓷磚與玻璃窗都被砸毀，碎片被扔至舞臺上與樂池內」。[34]黎拔霍再度被捕。三年後在同一間劇院，新一季演出的開幕式，再度爆發衝突。觀眾公開宣示他們對演員們的不滿。六月二十八日，混亂到達頂點：「觀眾將包廂裡的裝飾毀損扯掉，弄斷欄杆與長凳，並將毀損物品扔擲至正廳。」[35]

一八二八年五月二十日，法學院學生成群結黨對付演員勒布杭（Le Brun），當時他在土魯斯劇院首度登台，觀眾怪罪他兩度「以有失禮儀的方式離開舞臺」。[36]這批年輕人於清晨召開會議，悉心籌劃當晚的行動，他們大舉湧入正廳，「人數大約五百人」。勒布杭極為痛苦，拒絕登台。警察眼見這場騷動規模浩大，決定清空正廳的人潮。學生極度不滿，「在許多校外人士的支援之下」，試圖強行進入劇院，並推擠十四名禁止他們進入的憲警。肢體衝突進而爆發，有人拋擲石塊，警方一名視察員頭部遭到重擊，警長亦因此受傷。當時省長人在劇院內，他要求一隊駐軍前來協助。該小隊加入現場憲警，並將人群驅散。翌日，省長堅持要演員勒布杭向觀眾致歉。

曾專心研讀諾曼第地區報紙的吉恩─皮埃爾．夏林，在其盧昂相關研究中指出，藝術劇院之騷動經常發生於「首度登台」演出之時。[37]一八二八年十二月二十九日，衝突演變為暴動，警方逮捕了二十多人。一八二九年五月，一場試圖抵制某女演員的騷動，演變為非常嚴重的混亂：「觀眾紛紛將帽子往空中扔，有人擲出一把打開的摺疊刀，刀子飛越場內，刺傷一名觀眾。一些女士陷入昏厥，其餘女士則於驚恐尖叫之中逃離現場。」[38]

當然，「首度登台」亦是一名演員（經常為女演員）的支持者以及反對者正面交鋒的時刻，有時亦成為真正的公然鬥毆。此種情況過於常見，無法一一列舉。我們在此僅指出波爾多自一八二五年至一八二九年之間，每一年都發生這類騷亂。在大劇院、法蘭西劇院（le Théâtre français）與綜藝劇院（Variétés），演出期間的騷動是由商家伙計或販子引發，他們在波爾多是主宰劇場情勢的人。波爾多各個劇院經常不斷發生的騷亂，看來並無政治因素。由這類肇事團體引發的衝突在其他城市亦有紀錄，如南特（一八一九年、一八二〇年、一八二二年、一八二五年）、盧昂（一八二四年）、土魯斯（一八二五年）、奧爾良（Orléans）（一八二五年）、史特拉斯堡（一八二五年）、波

＊譯註：le mot de Cambronne，傳聞拿破崙手下的康布羅納將軍（Pierre Cambronne）曾於滑鐵盧戰役中說出「狗屎」一語，因此「康布羅納的那個字」成為該髒話之委婉代替用語。

城（Pau）（一八二六年）或蒙彼利埃（一八二七年）。歷史學家亨利・孔達敏曾指出，梅茲（Metz）城內幾乎每年都發生這類事件。[39]

一八二四年五月十一日，佩皮尼昂城內劇院發生的狀況，說明正廳的騷動不一定總是足以擾亂全體觀眾的安寧。當夜，「一名新進演員首度登台之時，正廳觀眾分裂為兩個陣營，以拳頭相互鬥毆。然而，樂池區、包廂區以及廳內其他區域的觀眾仍舊繼續看戲」。[40]

儘管較為少見且不涉及政治，但觀眾亦會團結一致，奮力對抗那些挑釁他們的警察或憲警。群聚的觀眾拒絕接受持有武器者擅闖劇院內部。我們在此僅舉一例：一八二四年十一月，特魯瓦市（Troyes）警長和兩名觀眾發生激烈的爭吵，警長希望能驅逐這兩人，因此要求一名憲警援助。「這名憲警的出現觸怒了場內觀眾，氣氛趨於火爆，警長請求四至五名憲警與兩名警官前來支援。群眾的激憤之情因此到達頂點：正廳觀眾攀爬至包廂抗議一名觀眾被帶走。」[41]見情勢演變急轉直下，警長與憲警於是決定在他們並未獲勝的情況下離開現場。

為控制全場而進行的抗爭

昔日有一群通曉戲劇的菁英分子，將其品味傳達給一群有學識教養的觀眾。如今這些行家消失之後，各種不同的團體因此得以嘗試以強硬的方式，對所有觀眾發揮他們的影響力。有鑑於他們的組織方式、團結度、尤其是持久性，這些團體無法被認為是「暫時性的」，[42]他們的首要目標都是在劇院發生騷動時證明他們的存在，並界定他們的主體性。正廳成為人們醞釀共同語言與表情動作的場所。他們將自己的意見與主張強加於所有人身上，並經常制止對手奪取場內的控制權。他們亦起身捍衛一些他們認為是自身權益、但敵對陣營認為是特權的慣常舉止。

這些外省城市的大型劇院企圖將城內的社交活動集中於同一處，因此對演出劇碼強行施壓的行為，顯得意義深遠。我們可以認為，在此獲得成功者，反映了他們得以在全體「心靈」上施加控制。我們因此得以理解對立觀眾之間的衝突何以如此眾多、如此激烈。我們無法識辨出所有事件的政治動機，但不可僅僅將之視為單純的聚眾鬧事。

歷史學家菲利浦．阿利埃斯（Philippe Ariès）[43]明智地指出波旁復辟時期的青年人在都市中社會地位的提高，以及學生族群在該過程中所扮演的決定性角色。關於這點，阿利埃斯指的主要是巴黎，但外省的情形更能證明他的分析。劇場顯然有利於將青年這個概念具體化。學生族群多半無法融入城市，他們當中有些來自非常遙遠地區的小資產階級或小地主之家，家庭收入有限。[44]他們仰賴家裡給予的金錢拮据度日，還得面對城裡那些生活優渥的青年們羞辱人的炫耀舉止。反之，進入劇場之後，大學生們處於優勢地位。儘管礙於當時法令，但對學生族群而言，共同謀議甚至聯合結盟，都是輕而易舉之事。無論是出席課堂、抑或在咖啡館或城市近郊舉行會議，都有助他們醞釀各式各樣的騷動。他們之間的團結一致，能使所有人遵守這些祕密聚會所作出的決定。[45]學生們是最容易匿名的群體，他們因此更勇於實際參與行動，除非被維安人員逮捕，否則他們幾乎不會遭到報復。此外，大學生能夠對劇院高層施加最為有效的勒索：他們能夠強迫戲劇停演，對劇場的管理單位而言，這將是最慘重的災難。一八一八年，艾克斯的大學生們便極為熟練地這樣威脅劇院；同年蒙彼利埃的大學生亦非常嫻熟地以此要脅，甚至表示將會離開城市。[46]

一八一七年，大學與法學院校陷入混亂的這一年，土魯斯的學生們希望能夠奪回他們曾經於劇院享有的尊榮禮遇，因此召開許多集會，商議內容主要是如何迫使劇院負責人讓知名演員塔爾瑪（François-Joseph Talma）前來此地演出、並使會費降價。為了對抗這些初來乍到、在土魯斯毫無知名度、而且在城裡沒有靠山的年輕人，省長建議任用國民衛隊（la garde nationale）。[47]隔年，艾克斯的大學生亦集結商議，他們提名了一些理事與委員，接著決議他們應當對演出採取的態度。[48]一八一九年，普瓦捷的大學生決定迫使劇院負責人接受他們的意見，並決議阻止一齣不受他們青睞的劇碼演出。[49]

一八一八年二月十五日於普羅旺斯艾克斯，就座於二樓包廂的法學院學生們，抱怨他們自兩年前便不斷忍受正廳觀眾「這群愚民」喝倒采的噓聲。[50]雙方的肢體衝突持續數日。學生們要求劇院認可他們繼續維持目前已有的權益：看戲不需脫帽、就座於二樓包廂、能夠坐在「前舞臺左右兩側」的座位、能夠出入後台。反之，他們拒絕認同對方所謂的「正廳觀眾的權益」。正廳觀眾責難這些年輕人態度放肆。一八二一年，學生們聯合起來捍衛他們的特權，而市長堅決將之取消，他決定撤除前舞臺兩側座位，並封閉通往後台的門扉。這起騷動規模驚人，劇場附近商家陷入驚恐，決定暫停營業。[51]

一八二四年五月十四日於土魯斯，四百名大學生在城內青年支持之下，群起反對正廳的一百二十名「閒雲野鶴之輩」，亦即由工匠、腳夫與轎夫組成的平民觀眾。學生們儘管人數眾多，但還是謹慎地放棄交手，對方「雖然人數較少，但全部孔武有力，並以木塊作為武器，使得他們的拳頭格外具有傷害力」。[52]此事引起省長憂慮，因此決定暫時關閉劇院。四年之後，馬賽的第二間劇院開幕時，正廳的勞工、腳夫與工匠紛紛辱罵二樓包廂那些對演員喝倒采的學生們。雙方互相扔擲馬鈴薯，以及椅子。維護秩序的部隊決定將二樓包廂的所有觀眾驅出劇院，同時卻禁止正廳觀眾離場；事實上，他們憂心若雙方陣營在外面相遇，「街上會發生極度不幸的事件」。[53]

一八二五年四月二十二日，蒙彼利埃城的憲警隊長宣告：全城上下所有人都反對醫學院學生。[54]郊區居民甚至計畫前往劇場教訓這些年輕人。[55]一八二七年，則是兩組青年陣營之間起了衝突。幾次「首度登台」演出期間，學生族群與城裡的年輕人們彼此對立，爆發激烈衝突。兩組敵對人馬，集結於廣場上。「使情勢更趨複雜的，」省長寫道，「是城郊民眾似乎企圖加入這起紛爭（……）我們若不多加留意，他們可能會對學生們極為不利。」[56]

軍官們的態度則表現得相當不同，當劇院內有多名士兵之時，軍官因此自認能夠主掌劇場。軍官們的首要考量，是讓人承認他們的地位。他們盼望躋身上流社會，而上流社會既對軍官們感到不滿，同時又對他們代表的誘惑所能引起的危險極為當心。軍官絕不允許任何人有失尊重，無論他們面對的是喝倒采的年輕人、抑或是「愚民」們的冒犯，他們都以同樣的方式反駁對方——也就是提議決鬥。為了決鬥，他們必須在人群之中挑選並指定對手。

一八二六年六月二十三日，利摩日劇場的演出結束時，正廳的小資產階級觀眾、以及擠在三樓尤其是四樓包廂的平民觀眾，意見一致地向軍官們發出噓聲。他們指責軍官在中場休息時間背對正廳坐在包廂欄杆上。事態極度騷亂，導致必須關閉劇院，而二樓包廂的女士們早已逃之夭夭。這場喧亂引發三起決鬥，數百名經常光顧劇場的工廠工人得知對決地點之後，紛紛前往現場，決心若軍官將其對手重傷致死，便要將軍官碎屍萬段。利摩日百姓反軍國主義的傳統，在極為久遠的過去，便已埋下根源。[57]

一八二三年七月於博韋城，資產階級與駐兵軍官之間爆發的對立衝突越演越烈，因此必須關閉劇場、舞廳，甚至其他公共場所。極度痛恨軍隊的民眾手持棍棒，群聚於大街小巷以及市政廳廣場。一名受制於嚴格禁閉令的軍官，開槍射穿自己的腦袋，因為他無法赴約去和一名公然向他挑戰的年輕人決鬥。[58]同一年，貝雲城（Bayonne）劇場的正廳觀眾與坐在二樓包廂的官兵們互相辱罵。劇場負責人憂心這場爭執程度加劇，因此直接讓演出落幕。[59]一八二七年二月四日於普瓦捷，二樓包廂一名官兵將其外套懸吊於正廳上方，數名學生因此闖入包廂，引起一場決鬥。[60]

此類衝突甚多，已至不勝枚舉。關於蒙彼利埃城的情形，埃羅省省長於一八二五年四月八日寫道：「對立的一方是城內駐兵，另一方則是同仇敵愾的全城民眾。」一八二九年八月一個星期日晚間，索米爾劇院的正廳觀眾與二樓包廂的騎兵學校軍官爆發肢體衝突，中尉們與少尉們闖進他們對手的地盤，劇場被迫關閉。[61]亨利．孔達敏則指出，梅茲城內資產階級與軍事技術學校軍官們之間的衝突，在當時不斷擾亂戲劇演出。[62]

為求詳盡，且讓我們再補充一點：處於敵對陣營的工匠們的衝突鬥毆，其中最具代表性的一場混戰，發生於一八二七年十月九日的南特劇院，因為該處預計上演《工匠協會》（*Les Compagnons du devoir*）。[63]

劇場內的政治騷動

既然當時的劇場是合法的、國家亦是合法政權，[64]而人們期望戲劇化的演出能夠解釋歷史，那麼，由政治理念與宗教信仰所直接引發的騷動接連不斷，是可以理解的事。實際上，這些混亂與我們先前敘述的騷動，是以相同的原則造成雙方分裂。不同信念的重大爭端，顯現了社會上的緊繃程度，並鞏固了各團體的團結力量。在發生騷動的這些城市當中，衝突的形式，會因社會結構組成的不同，而有所差異。

但我們必須承認，這類衝突事件的規模非比尋常。值此之際，劇場成為集會場所，人們在此發出最為驚人的挑釁、並測試敵對陣營的力量與決心。但我們得再度強調：這些事件如何發展，乃是由衝突雙方的組成結構來決定。這一點可透過幾個案例來理解。

艾克斯、馬賽與土魯斯等地的衝突屬於相同情況，皆是保皇派的大批觀眾與自由派的大學生之間的爭端：前者位於正廳，後者則集結於各層包廂、有時也就座於正廳左側。一八二三年三月十二日，艾克斯劇院內部爆發的爭端，很快便演變為激烈衝突。由「共和國的老兵們」支援協力的自由派學生，最後敗給保皇派的「百姓」而放下手中棍棒。據省長所言，維安人員不得不在石塊如雨點襲來的攻擊當中清空劇院。無論如何，他們又聚集於路上，並高喊「馬努葉爾*萬歲！」[65]

前一年於土魯斯（一八二二年七月十五日），局勢顯得對反政府陣營較為有利。此處的正廳亦分裂為二組敵對派別：左側的自由派集結了省長視為「假學生」的法學院學生、共濟會會員、商店伙計、以及為數眾多的麥穀商人與運河腳夫；正廳右側，則是省長稱為「多數觀眾」的群眾。劇院內正為慶祝聖亨利節（la Saint-Henri）而演出戲劇作品與大合唱時，節目不斷被觀眾的叫嚷打斷，廳內喊著「神聖聯盟（la Ligue）**萬歲！」、「君王立憲萬歲！」、「憲章萬歲！」，其中穿插著「打倒國王！」，最後引起鬥毆，武裝軍隊到場維持秩序。[66]市長表示，這些自從三月開始便不斷干擾演出進行的騷動，是由共濟會會員私下的「交易」所策劃的。[67]決鬥日益頻繁。自由派甚至會前往保皇派習慣聚會的餐館與咖啡館挑釁他們。[68]

一八二五年四月與五月，也就是查理十世（Charles X）的教堂加冕儀式之前不久，發生於盧昂兩間劇院內的衝突，根據文獻記載，似乎大為不同。在當局的眼中，劇場已成為醞釀一場貨真價實的造反陰謀的中心；「上流社會」對此甚感驚懼，並經常以此為討論話題。劇場集中了人們對於謀反的惶惶不安，這份恐懼極能代表波旁復辟時期的氛圍，而警察自己便構成了典型的範例。[69]無論如何，省長極為恐慌。我們必須說明，這裡的反政府分子包括各類商家的員工、達爾內塔勒鎮許多工廠的廠長與工頭、公證人與訴訟代理人的辦事員、「為數眾多的富裕年輕人、富商之子」，[70]這還沒算進那些工業家早已預告會送去看戲以增加混亂程度的工廠工人。[71]保皇派自上至下各個階級，包括貴族、富商、地主、法官、一般官員、甚至神職人員，都非常不滿。騷動程度使得高層在大主教建議之下禁止演出《偽君子》。***騷動儘管持續不久，但該事件在全國上下引起的反應卻不可小覷。

維護秩序的相關負責人，確實因為莫里哀這齣戲而不得安寧。在查理十世統治之下，關於政治的種種影射與「應用實踐」，不斷吸引反政府人士的目光。對戲劇本身的狂熱尚未席捲劇場內人們的心，論戰焦點已轉至宗教範疇。一八二六年五月，安古蘭的自由派藉由大肆喧鬧以及暴力手段，強迫上演《偽君子》。[72]同一年，克萊蒙—費朗城（Clermont-Ferrand）劇院正廳的觀眾在包廂觀眾支持之下，在演出結束時，成功讓莫里哀的半身像在舞臺上被戴上花冠。[73]隔年在尼姆城則發生了相反的情形，由反對該劇的陣營獲得勝利——戲一開演，他們便丟擲「石塊（雖然確實只是小石頭）來強逼」[74]演員們退下舞臺。這場騷動持續超過一小時，最後劇院負責人不得不中斷演出。這批由極端保皇黨構成的正廳觀眾多半為工廠工人，久久歡呼勝利之後，他們跳起法蘭多拉舞，****同時

---

* 譯註：自由派的法國議員賈克—安端・馬努葉爾（Jacques-Antoine Manuel），於一八二三年二月二十七日被逐出議會。

** 譯註：La Sainte-Ligue，十六世紀法國的天主教聯盟。

*** 譯註：《偽君子》（*Tartuffe*）是法國著名劇作家莫里哀（Molière）的喜劇作品，劇情對教會人士極為嘲諷。

**** 譯註：Farandole，普羅旺斯民間舞蹈。

包廂觀眾（資產階級的新教徒？）則低調地離開現場。民俗力量再一次激勵人們投入政治，它提供了一種大眾化的通俗歡樂典型，而保皇派便在此自然而然地利用了它。《偽君子》公演所造成的紛爭，甚至連極小的城市都遭受波及。歷史學家吉恩・維達蘭克便曾經記載，就在七月革命爆發之前不久，小鎮蓬奧代梅（Pont-Audemer）亦因演出該劇而引發衝突。[75]

以較為廣泛的角度來看，波旁復辟時期劇場動亂的相關文獻，顯示當時的波拿巴王朝擁護者與自由派構成一股有組織且大膽放肆的反對勢力，其人數已足以使當局擔憂。一八一九年於土魯斯，大批學生觀眾萬分熱烈地鼓掌回應「英雄注定遭受迫害」[76]一詞。一八二〇年於南特，根據省長的說法，二十多名年齡介於十六歲至二十四歲之間的波拿巴王朝擁護者，在劇場內建立了他們的蠻橫小圈子：「他們緊抓住所有對篡位政府有利的諷喻，並對所有表達相反意思的台詞表示反對。」[77]一八二二年，「上蒼經常派國王來進行報復」這句台詞引起極大的掌聲。「示威者人數過多，我們未能逮捕任何人。」[78]

除了法國南部普羅旺斯與朗格多克地區的部分劇院之外，劇場內占上風的多數觀眾，乃是站在反政府的一邊。我們尚可斗膽假設，若非維安人員嚴加戒備，他們應能經常強迫保皇派觀眾接受他們的意見，而這些支持政府的觀眾僅能自我防衛。

言詞、暴力與模擬

舞臺上演的戲劇與現實政治之間，有著緊密的關聯。吉恩．杜維諾德明智指出：實施納稅選舉制的王朝時期之政治生活，乃是戲劇性十足；而劇院正廳有時分為左右兩派，象徵性地再現了議會的右翼與左翼，這情形於中型城市亦是如此。政治家托馬．林德（Thomas Lindet）便如此描述厄爾省（l'Eure）貝爾奈城（Bernay）一場演出：「一側的觀眾全部帶著白色花束，另一側則全數帶著紅色花束。而淺粉紅色花束的那群人已經宣告：他們將會要求演奏亨利四世最喜愛的曲目。幾名蓄有鬍鬚的官兵則表示：他們想要砍掉幾個人的耳朵。」[79]劇院這個場域的遊戲性質使想像力充分發揮，身在其中的每個人因此得以將自己視為議會的發言者。面對戲劇作品的審查制度、以及高層對人民吹毛求疵的監視，反政府分子反擊的方式非常令人驚訝，他們反轉了演出內容的指涉意義，消弭了戲劇故事背景與當下重大政治議題之間的時空界線。往昔與現世、現實與幻想持續不斷地混雜在一起，使得角色互相混淆，無論演員或觀眾皆是如此。掌聲、噓聲、叫嚷、倒采、抑或故作賣弄的一聲咳嗽，依當下局勢的不同，都可能影響演員的表演、台詞的呈現、廳內對手的舉動、或是引起憲警出動。

真正發生鬥毆時，武器以棍棒為主，但這終究相當少見。實際上，最常見的暴力行為，是拋擲物件以及毀損設備。保持距離的戰鬥，得以降低風險。對心存不滿的觀眾而言，弄斷欄杆、壓壞譜架、破壞油燈，這類行為能證明他們的決意，而又不至於使他們冒上太大危險。砸毀椅子與長凳、扯爛包廂裝潢、撕毀扶手裝飾，都在在表示他們已將敵對陣營趕出其地盤、並打算提出進一步的挑戰書。象徵性的搗亂取代了傷害，增加了勝利陣營的光榮名譽。然而，仔細想想，勝利只是假象。若正廳觀眾偶然得以攀爬至包廂，那是因為包廂碰巧空著，不然就是因為高層要求而空無一人。一八二八年十二月二十八日，在盧昂的藝術劇院，贊同演出內容的正廳觀眾，挑釁樂池區那些喝倒采的年輕觀眾。根據憲兵上校所寫的內容，當這場演出結束時：「正廳觀眾闖入樂池區，而樂池區觀眾則躲進二樓包廂，朝對方丟擲椅子、凳子、甚至還有包廂門板的碎片，最後導致數人受傷，但傷勢不重。」[80]

人們的戲劇化舉止以及行動的遊戲性質，緩和了他們動手時的暴力。[81]看看他們丟向對手的都是哪些物品，便能明白這一點：番茄、蘋果、栗子、橄欖、柳橙、馬鈴薯、泥巴、乾草、木頭、家具殘骸。他們從未丟擲金屬器具，[82]亦幾乎從未丟擲石塊。令人生畏的暴力行為，是在街頭因為迫不得已才開始的。

衝突延伸至劇場之外

有時，劇場內的衝突的確可能超出界線，使得醞釀於劇場這安全空間的行動延伸至城內各地，因此挫敗了高層意圖抑制暴力的企圖。於是，劇場的發洩功能超出了原先的封閉空間，成為擬仿政治議題的震央，令人擔憂。由於劇場多半位於市中心，演出造成的紛擾，可輕而易舉入侵城內空間。後來第二帝國由此經驗學到教訓，避免在都市圈的中心建造新劇院，其理由可想而知。

此處亦同樣僅需舉幾個例子，即可重現此類事件。一八一七年十一月二十八日晚間，土魯斯劇院發生騷動，迫使省長不得不親自出動，而正廳的法學院學生們攜帶粗大棍棒闖入市政廳廣場（place du Capitole）以及鄰近街道，決心封鎖劇院。省長從容應對，認為這些年輕人只是想模仿他們在報紙上看見的德國學生的「壯舉」。[83]但是這群學生達成了他們的目的。一八二四年十二月一日，土魯斯劇院負責人的太太遭受觀眾挑釁，通往劇院的道路整晚都被這幫群眾封鎖。[84]

一八二五年四月二十一日，蒙彼利埃的喜劇廣場（place de la Comédie）聚集了三百至四百名群眾，多數是醫學院的學生。由於憲警與警長在劇院內逮捕了他們當中的一員，於是這群搗亂分子便追趕他們直到市府，並一路投擲石塊。經過混亂的一夜，共有三名維安人員受傷，七名年齡介於十九歲至二十四歲的學生被關進監獄，他們都不是城裡人。這些年輕人原本只打算使用言語辱罵來報復一位名為羅莎麗（Rosalie）的龍套演員對他們一名同學提起司法告訴。[85]

一八二五年四月十九日，盧昂藝術劇院散場之後，年輕觀眾群集於劇院前廣場與鄰近街道高唱讚美歌以抗議禁演《偽君子》，結果被騎馬警隊驅散。[86]

無論何種情況之下，企圖暫時占領市中心的行動，僅僅只是為了擴大劇場空間——這由於高層的善意而特許的空間。其目的與其說是建造浪漫派的街壘，毋寧應說，更近似我們今日的「示威」。這些行動時而取材自嘉年華的嘲弄音樂會（charivari），時而則是街頭角力，抑或是學生族群與市民之間自從中世紀時期便不斷對立的爭端；或許，這行動尤其表現了年輕人對於節慶氣氛的憧憬。當時城市的民俗慶典，多由神職人員控制並訂定規矩，在這情況之下，年輕人或有意或無意地渴望重現一種富有青春活力的、無關宗教的、屬於市民的節慶。[87]而且這些亂哄哄的出遊，最常發生的地點，是人們習慣於日暮時分享受聚會社交的南部城市。在這裡，夜間散步變得比其他地方更加重要，它是一場例行儀式，值得人們為了它而在儀式進行的場所大鬧特鬧。

於是，諸多見證便將如此的劇院形象深植於人心：永遠劇烈激盪，如一片總是瀕臨暴風的海洋；[88]此時的劇場觀眾，尚不是由一群同質的、著迷於個人利益的無名個體所組成。衝突其來有自，而騷動的原因能夠輕易理解。在此引起紛爭的，極少屬於美學問題。外省將製造風尚與獎賞人才的工作都交給了首都巴黎。爭議並非起於劇作的品質，[89]人們充其量只會對演員的表現有興趣。關於這一點，巴黎明星們的魅力毫無保留地風靡全國，尤其是塔爾瑪。

我們已經知道，藝術之中，隱藏著反轉劇作內容旨趣的實踐方式，而波旁復辟時期的劇場因此遍地烽火。值得注意的是，在不同族群紛紛試著維護或建立自身主體性的時刻，劇場有其特殊功能。在這熔爐之中，各種團結情誼醞釀成形、淬鍊試驗，在展露其正當性的同時，亦建立其階級結構。在規模較小的城市中，言論自由被政府箝制，劇場因此成為事件得以發生之地。許多社會儀式在此展演，建構了當地的歷史，成為人們的討論話題，使人相信密謀造反確實存在，並為一群滿腔熱血、苦於無法發揮英雄氣概的青年們提供了發洩衝動的管道。

一場戲劇化的表演，於焉展開。正式演出舞臺的背後，藏著另一齣不可見的戲。正廳觀眾成了召開會議的群眾，包廂的欄杆化作他們必須攻克的碉堡，憲警是等著讓他們打倒的敵軍，而喜劇廣場則是由魔術幻燈投影出來的奧斯特里茲。*

至於當局，他們看穿了這些動亂的真實性質，表現出令人詫異的寬大縱容。對他們而言，最重要的，是要讓劇場繼續維持封閉式空間的特性，讓這些取材於各種民俗慶典的模擬論戰關在裡面進行，而不同族群的學生、伙計、官兵、工匠與資產階級便在此展開一場又一場人性的交鋒。高層深諳這些騷動只是暫時的，而且或多或少夾帶幻想成分，他們唯一的憂慮，是城郊的居民捲入其中。鬧劇的角色，不應跨出舞臺一步。醞釀於劇場內的事件，絲毫不應與社會對立的深奧現實有所關聯，所有人馬都同意這一點。危險族群的闖入，往往比現場的警察更能使暴力的假象消失無蹤。

* 譯註：奧斯特里茲（Austerlitz）是位於波西米亞的村落，拿破崙於1805年12月2日於此地大勝，擊潰由俄羅斯帝國與神聖羅馬帝國組成的第三次反法同盟，並導致神聖羅馬帝國解體。該戰役又稱「三皇會戰」。

女傭之考古學，與資產階級之遐想[1]

女傭究竟擁有何等誘惑力，使得社會歷史學家為其如此痴迷？不到一年之間，三本重要著作，皆聚焦於該主題。[2]在近期一本目前唯有校內讀者方可閱覽的博士論文中，吉恩—皮埃爾・夏林選擇以相當程度的篇幅來討論這主題。[3]學界對女傭這主題產生興趣，這並非僅限於法國學者；一九七六年，美國歷史學家泰瑞莎・麥克布萊德便已向專家們指出研究當時家庭幫傭處境的重要性。[4]難道史學領域的讀者們已經厭倦大工廠與小作坊，而各種各樣的流浪者與邊緣人已經不受青睞？我們是否應該認為，如今這股女傭熱潮，僅僅只是因為，直到此時，我們都將她們遺忘在她們的小角落——廚房旁邊做粗活用的小間？如此解釋，似乎過於粗淺。若學界對於女傭如此關注，這是由於一批女性決定推動一場關於女傭的考古學，以求藉此像驅魔一樣驅逐那些打從孩提時期便深入內心的、令人無法忍受的紀律規範；而那些年屆高齡的資產階級男性，則是以一種由罪惡感所織就的懷舊情感，來談論他們青春歲月的殘篇斷簡。

十九世紀末，是另一個深受蠱惑的年代。直到德雷福事件*時期之前，家庭幫傭與僕人從未引起這麼多的討論。在文學理論家尚・波希（Jean Borie）稱為「單身漢文學」的作品中，女傭身影無所不在。她們進入了莊嚴民法的列舉範疇，成為了深具戲劇性的主題。精神分析的言論自身，滿是關於女性家傭的佐證。

然而，眾人如此頻繁談論的這群女子，卻被迫保持最全然的緘默。她們失去了身分，消融在雇用她們的家庭之中。皮埃爾・吉哈爾與居伊・提利耶認為，連結女傭與雇主一家的束縛，是一種近乎封建制度的關係。反正，她們也沒有時間述說自己的故事，在家務即將泰勒化的那個時代，她們的時間愈來愈被嚴格控管。

若資產階級的言談總孜孜不倦地反覆引證這主題，首先是因為女傭使他們心安，她們象徵了社會秩序的恆久穩定。女傭是細心周到的哨兵，她們守護雇主一家面對外來威脅。女傭與僕從們於是晉升為守護者，看管一套他們早已完美掌握的規範準則。若有需要，他們將會曉得提醒放肆隨便的主人遵守規則。這些宛如慈母的「鵜鶘女傭」是經常咕噥抱怨的貞潔淑女，她們肩負傳承傳授的重責大任，負責維護這一家不同世代之間的連結。當她們為這一家的父親闔上雙眼時，僅透過她們存在於此的事實，便能彰顯一件事：維持這個家庭、使之得以壯大興旺的種種價值，將能延續下去。

女傭的存在，是社會階級的明證。貶低女傭，一方面能夠確認小資產階級的權威，同時亦能合理化他們的權力；信賴女傭，運用一種微妙的家長作風，則可化解來自無產階級的威脅。忠心耿耿

---

* 譯註：德雷福事件（l'affaire Dreyfus）是一八九四年發生的一起冤案，猶太裔法國陸軍上尉亞弗・德雷福（Alfred Dreyfus）遭控出賣法國陸軍情報給德國，被軍事祕密法庭判罪並流放。該案於法國引發長達十數年的社會改造運動（一八九八年至一九一四年）。德雷福於一九〇六年獲得平反。

的女傭，是一場變形記的成果。她體現了經過調教的順從人民，因主子們的日常接觸而馴化。站在孩子身後看他們閱讀《傻大姊》，*是件令人心安的事。

僅僅如此，並無法完全解釋上述對於女傭這份異乎尋常的奇特著迷。時至今日，我們僅能隱約一窺她們在資產階級青年的成長過程中，所扮演的至關重要的角色。女傭在某一方面取代了冷漠而神祕的母親，打破了伊底帕斯三角關係的美妙和諧；女傭傳承給孩子的，是一種模糊錯亂的體能教養，這和他的背景相互衝突，今後將不斷縈繞這孩子的心頭。在他的襁褓時期，竭盡全力照料他最初需求的，是一名來自莫旺地區（Morvan）的保姆；當他患上痲疹或百日咳時，是一名女僕為他治療；帶他去公園玩遊戲的，亦是女傭。「自浴室門上的鑰匙孔，至女僕違犯禁令的祕密戀情，都向這孩子展示一種由性的觀點出發的女性形象。」[5]

女傭是孩子最初牙牙學語的祈求對象，她們滋養了孩子們的童年幻想。孩子眼見女傭生活在自己的家庭日常之中、再看她們在父親家屋之外生活，這使他們意識到他者的存在，進而體會社會的分裂對立，並發現束縛各種人際關係的鉸鍊是如何多樣化，而這將造成日後的一道裂縫，形成人稱維多利亞式的性欲雙重標準。

美好年代**對女傭如此魂牽夢縈的原因之一，是她們的矛盾性，因為人們猜想她們是危險的（或許這是他們如此著迷的主要原因）。女傭來自外地，她們那既礙人又笨重的身軀，透過她們的言談與氣味，將充滿異地氛圍的、異乎尋常的大地氣息，帶入資產階級文質彬彬的城市生活當中（安妮．馬當—富吉耶寫道：僅僅透過她們的職務，便足以辦到這一點）。人們將髒亂與惡臭丟給她們，若家庭是一具身體，她們肩負的便是腎臟的任務。她們使人不舒服，甚至讓人覺得噁心——這噁心是雇主所有關於器官的反感，更甚者，是所有關於排泄的厭惡。

女傭引人懷疑，她們是無產階級的特洛伊木馬，將街頭逐漸升溫的災禍引入家屋。醫師們反覆地說：梅毒螺旋體與科赫桿菌，***乃是透過女傭傳入上流家庭之中。注意家裡的女兒，女傭會把她變成同性戀！女傭還會引誘兒子墮落，或許還會生下一個私生子，搗亂一家的基因傳承。即使女傭並非全是罪犯（關於這主題，雷蒙．德．希蓋赫寫了本巨著），****但這些女傭（或家傭當中的謀反分子）知道如何以放縱的浪費來毀滅最穩固的財產。有需要的時候，她們會征服正在年華老去的未婚少爺的床笫，甚至篡奪新婚床，這些成為情婦的女傭們，藉此實踐她們暗地籌備的偉大復仇。

---

* 譯註：《傻大姊》（*Bécassine*）是一九〇五年開始連載的法國漫畫，描述一名村姑前往巴黎幫傭的故事，作者為作家賈克琳．里維埃（Jacqueline Rivière）與漫畫家約瑟夫．潘松（Joseph Pinchon）。漫畫改編電影之臺灣片名為《巴黎夢想日記》。

** 譯註：美好年代（La Belle Epoque）始於十九世紀末，結束於第一次世界大戰爆發，期間歐洲經濟與科技皆大為成長，上流階級視之為黃金時代。

*** 譯註：羅伯特．科赫（Robert Koch），德國醫師兼微生物學家，於一八八二年宣布發現肺結核之病原體——結核桿菌。

**** 譯註：布魯塞爾法官雷蒙．德．希蓋赫（Raymond de Ryckère）於一九〇八年出版《女傭罪犯：犯罪學專業研究》（*La servante criminelle : étude de criminologie professionnelle*, Paris, A. Maloine）。

懷舊感傷與焦慮不安，這兩種情感合而為一，加劇了當時所謂的僕役危機，甚至可能是引發這場危機的主因。一些具體現象，包括男性傭人以及奶媽的人數減少、計時清潔婦變得重要、僕人的忠誠度減低，都是這場危機顯而易見的事實。此外，教育的進步，得以消弭女傭與其女主人之間的鴻溝。一些尚在草擬階段的請願，加深了全面決裂的印象。人們有種預感：填滿辦公室的打字機，將會使廚房空無一人。然而，潔娜維耶芙・弗雷斯認為，美好年代這場僕役危機的名聲過度響亮，與其說它是實際的事實總結，不如說它只是一種真實情形的描述。關於這一點，弗雷斯並沒有錯。人們意識到出生率的下降，他們害怕年輕人道德敗壞、更畏懼女性的性解放，這些無法擺脫的恐懼，滋養了一連串的妄想，使得家庭與家務問題成為人們的主要擔憂。

研究僕役的歷史，因此成為一場賭注。或許正因如此，相關著作的研究方法便顯得極為重要。當所有言論都僅只來自神職人員、醫師、法院、小說，而研究對象卻完全保持緘默時，該如何透過這些言論來掌握歷史真相呢？幾本禮儀手冊、一些寫給雇主與家傭的虔誠著作、幾本法學論文、極為少數而且太晚著手的社會學調查、法院與工會出版的刊物，以及數不清的大量小說——尤其是這些小說。這就是前述三本著作的作者們的參考文獻。若他們早已知曉，這選擇將使他們遭受責難！然而，他們真的錯了嗎？

那些聲稱小說屬於想像、只能反映它自身、因此認為小說文類不值採信的說法，是過度簡化問題的態度，如今更是顯得過時。將社會史學研究局限於分門別類標籤的研究方式，現今已不再適宜。透過分析作品所呈現之事物、搜尋象徵體系與禮俗，這些著作證明它們得以對抗老派且良善的社會物理學，取得一席之地。許多歷史學家如保羅·布瓦（Paul Bois）、喬治·杜比（Georges Duby）、菲利浦·莒達（Philippe Joutard），以及其他所有曾經鑽研創世神話的學者，皆已向我們昭示：若是太快在實際舉止與社會性的想像之中劃出一道界線的話，是十分不牢靠的。況且，我們都心知肚明，警察報告、醫學病歷、或是一連串的統計（在此僅舉出一般認為最有效力的資料來源），亦不脫離幻想與臆測。

無論如何，密集分析所有言論，以求找出其一致性，這是至關必要的準備工作。這作業最能定義歷史學家這項新職業，而安妮·馬當—富吉耶欣然進行這項行動。皮埃爾·吉哈爾與居伊·提利耶則不然，他們儘管擁有驚人的十九世紀相關學識，並且懂得撰寫一本充滿創見的鉅著，但依我看來，他們這本書在認識論方面的思索卻不夠深入。他們對於小說文學有所保留，卻又大量援引小說，彷彿極不情願；他們採取並置方式，將不同的見證拼湊成一條「百納被」，讀者卻無法在眼前這些元素中，找出它們的脈絡。

整個十九世紀，女傭有兩種主要形象，我們可以認為她們一方面是行為舉止的參考範本，另一方面亦是一種摘要，甚至是使事物變形的稜鏡——能夠作為指引，卻也足以誤導觀者眼中的視野。女傭的命運有兩種極端：放棄自己的身體、抑或以肉體進行誘惑，她可以是虔誠的馬大，亦可是抹大拉的馬利亞，或同時兩者皆備。

拉馬丁筆下的潔娜維耶芙，*是「祭品的典型」，[6]她走上的道路，是經由苦痛與屈從通往救贖。這名忠誠的女傭接受上帝為她安排的際遇，毫不反抗、毫無怨懟，她將與上帝的選民一同就座於天堂的盛宴中央。皮埃爾・吉哈爾與居伊・提利耶引用的教會文獻，不厭其煩地描述馬大這名耶穌教徒。吉哈爾與提利耶以他們的淵博學識，揭發了教會為傭人們所展開的宗教活動是多麼頻繁，社會對於孤寂引起的悲劇遲鈍無感，唯有告解神父願意傾聽這些戴帽女性的抱怨。女傭的衛道使命，增強了社會墨守成規的保守主義。

這些屬於基督教價值的準則，我們能在小說文學中觀察它解體的過程，而它的瓦解，必然構成了僕役危機的重要面向。〈純樸之心〉**中的費莉西泰（Félicité）作為一種典型，先是明顯地脫離宗教、接著如化石般徹底僵硬，最後陷入荒謬。無所求的奉獻、完全的屈從、毫無超驗參考對象的貢獻，這一切終將導致癡呆，引發廚娘們的精神官能症、以及當時的精神醫師們所揭露的「感覺能力遲鈍」。幸好還有一些消遣，為主人們化解他們對於悲劇可能發生的恐懼。《傻大姊》（又是她）使得照本宣科的規範變得可以忍受。

教徒馬大逐漸消逝之際，抹大拉馬利亞的柔軟肌膚縈繞人們心頭。女傭具體化了：她的身體，攫住男性的欲望。她的青春體態，藏在一件唾手可得的圍裙之下，激發了戀物癖。她屈身於傭人房，卻贏得了自由。七樓***就此成為資產階級男性遐想的確切場域。窺淫癖的、充滿誘惑的空間，但同時亦是龍蛇雜處的犯罪空間，一種屬於無產階級的、混雜的人際關係在此醞釀，勾勒一幅既駭人又誘人的、女子在睡夢中身陷危機的畫面。女僕的誘惑成為小說的重要主題之一，它既反映了小資產階級未婚男子對於夫妻生活的困擾，同時亦反映了那些對婚姻厭倦的丈夫與滿臉青春痘的青少年心中，苦苦折磨他們的，對於買春的渴望。

一長串的男性言論，將幫傭與賣淫混為一談，難以釐清。一些量化研究的調查結果，不正表明幫傭人士是賣春行業最大的人力來源之一，且有許多女傭偶爾賣淫？如此大量的推論，能否建立一種範本？

這問題促使我們回頭探討女傭們以及妓女們的日常生活經驗。二者之間，顯然有諸多相似之處。她們都知曉自己從事的並非真正的專業工作，因而恥於承認自己的身分，並希望能逃離這番境遇。在十九世紀，多數修道會都將女傭與妓女列為拒絕往來戶，她們受到同樣的蔑視壓迫。她們都困在屬於資產階級的空間中，只能自行定義自己的身分，構思各種抗議形式，而又不能讓這些異議顯得古怪、甚至可笑。超現實主義者對於女傭如此感興趣，是意義深長的一件事。若十九世紀的立法機構總拒絕將娼妓視如家傭一般看待，那是因為他們深信，若他們改變立場，無論這決定是針對

---

* 譯註：指法國作家阿爾方斯・德・拉馬丁（Alphonse de Lamartine）於一八五一年出版的小說《潔娜維耶芙：一名女傭的故事》（*Geneviève, histoire d'une servante*）。

** 譯註：〈純樸之心〉（*Un cœur simple*）是法國作家福樓拜於一八七七年出版之《三故事》（*Trois Contes*）收錄之短篇小說。

*** 譯註：女傭通常居住於公寓頂樓的傭人房。

女傭抑或妓女，均會導致社會秩序與道德倫理的劇烈動盪。

為保姆與年輕女傭介紹工作的女性，亦經常擔任色情仲介的角色。雇主一家的女主人對應徵女傭者的訊問，和老鴇對即將入住青樓的女子的檢查，是相同的程序，儘管過程是相反的。而這兩種職業都同樣希望匿名，都很重視更改女孩們的名字，使得「卡門」或「瑪莉」對自己的身分認同只有職業層面，這又該怎麼解釋呢？我們也可以比較二者的行政登錄註冊手續，或她們的社會定位（如果我們偏好的話），這些程序隨著時代變遷而成形，並臻於完善。女傭與妓女的解悶之道是一樣的：對美食的執著、對甜酒與甜點的愛好、大量的黑話，彷彿她們能夠透過言詞來進行報復、把笑聲與嘲諷當作避風港。關於女傭口中的「死老猴」老闆或妓女口中的「蠢蛋嫖客」，這類兇惡的口語，都顯示她們無可抑制地需要發洩與得到補償。無法掙脫自身際遇的女傭，除了少數特例之外，和妓女一樣必須放棄婚姻與生育；她們同樣獻出了自己的身體。

在廚房這專屬女性的社交空間，女主人與女傭日日上演一場既是對唱亦是對決的二重奏。她們是家中的另外一組雙人伴侶，同樣身為女性的一致立場，與她們之間的階級對立，形成一種拉鋸。透過女僕日常生活的描述，潔娜維耶芙・弗雷斯向我們揭露女主人的苦惱：她們既渴望溝通，卻又害怕近身接觸。這樣的態度正好反映了她們同時既是順從聽話的妻子、又是蠻橫專制的資產階級，內心的痛苦掙扎。

所有曾經著手研究家傭歷史的作者，都對女傭之考古學深深著迷。然而，他們在這領域所發現的成果，乍看之下卻相互矛盾。根據皮埃爾．吉哈爾與居伊．提利耶的研究，自波旁復辟時期至美好年代，十九世紀資產階級主婦的形象變得模糊；十九世紀末的上流家庭年輕婦女，和當年她們的祖母相較之下，顯得不諳廚藝。安妮．馬當—富吉耶與潔娜維耶芙．弗雷斯的研究則提出相反意見，她們認為美好年代標示了社會上一批德高望重女士的出現；這些女性什麼都不放過，她們以訓練他人守規矩來讓自己守規矩；她們控管自己時間的方式，是強迫自己去控管女傭的時間。而當女傭消失之際，接替其位置的，自然而然便是家中的女主人，這些家庭主婦，手邊配備著一間自動化的廚房。加速這項進程的，是家政教育，馬當—富吉耶與弗雷斯恰如其分地強調這其中的曖昧矛盾。家政教育的創始者，確實特別著重清潔、整理與維護環境這類奴役枷鎖。巴斯德的研究*引發了人們對於灰塵的精神官能症，而學校則大力傳播這焦慮。

綜觀來看，這些作者之間的異議，或許只是表面。實施納稅選舉制的王朝時期，女性的歷史曾經發生決裂，這是無可否認的事。資產階級的家庭空間逐漸轉化為私密空間，這點無論從家具器皿或裝潢擺設都一目了然。家中某些特殊角落的汙垢禁止清理，接著女傭便不被准許在雇主屋內過夜。年輕的資產階級女性被理想化，她們先是沉緬夢想，接著注定成為母親。歷史學家伊芳．倪貝樂極為精闢地分析道，[7]自然主義者的言論將母親與保姆區別開來，亦分離了妻子與女主人的角色、藝術家與家庭主婦的角色。長期之間，壁毯、鋼琴與繪畫，使人忘了果醬。

* 譯註：此指法國微生物學家路易．巴斯德關於微生物、病菌、殺菌與疫苗接種等領域之相關研究。

安妮・馬當──富吉耶與潔娜維耶芙・弗雷斯並未說錯。這項悖論確實存在：在婦女擺脫束縛的同時，家政亦成為資產階級最操心的事情之一。老態龍鍾的優良自然主義解體了，它扮演的角色如今籠罩著一股不確定性，使得女性從此得以大膽行動，當時剛誕生的精神分析學派拚命宣傳的精神官能症亦隨之誕生。然而，解放並非近在眼前──很快地，原本自願任由命運引導的女性，轉而確信她們有義務必須履行。許許多多的道德團體、鼓勵生育的社團協會，乃至於女性主義組織自身，都勸導女性懷孕生子、照看家庭。在這些聯盟的共同行動之下，純潔飄逸的少女，轉而化作新的家庭主婦。過度監視女傭者，終究變得形似女傭。家庭主婦之考古學，因此較其乍看之下的第一印象更加複雜，大有出人意料之處。

皮埃爾・吉哈爾、居伊・提利耶、以及更為清楚明瞭的安妮・馬當──富吉耶與潔娜維耶芙・弗雷斯，都證明了現代女性的歷史，乃是透過往昔女傭的歷史，方有如今的面貌。但這並不是其著作的主要貢獻，因為關於這點，我們其實早已料到。這幾名歷史學家並未拒絕探究虛構作品，因此將社會關係的研究發展至最深入的層級：有機整體的層級。由於不同社會階級之間的距離、以及其對立程度之緊張，於是這些密閉在家庭空間中龍蛇雜處的身體，便同時迸發反感以及欲望。在這荒謬的劇場之中，遐想是如此深入滲透實際日常經驗，若企圖不顧一切區分真實與幻想，或許只是徒勞。

「哀悼的性別」，以及十九世紀女性史[1]

女性歷史的建構過程是一種反響，透過回應男性言論而來：儘管（女性）歷史學家們致力彰顯女性言說，情形依舊不變。公共檔案保管中心所集結的文獻，幾乎全由占據相當職務的男性執筆。至於女性主義者的奮戰實錄：相關證言包括大量為了教學目的而寫的、極具啟發性的著作；少數書簡；以及幾本日記。這些文獻儘管值得關注，但數量遠遠不足，絕對無法打破上述的不平衡現象。上述這些必須迂迴處理的證言、以及形象塑造過程中的性別不平等，光是以上現象，便足以假定一件事：我們有必要認識男性的思維方式。

若要研究女性的處境，首要的準備工作，是先分析這些出自教士、醫師、法官、警察、行政官員或文人的論述背後的動機。若僅只企圖找出一些過度簡化的策略、證明女性在公共舞臺確實缺席、強調女性被迫保持緘默，這樣是不夠的。較為恰當的方式，是辨認出那些決定男性語言與舉止的諸多恐懼與焦慮核心、以及種種決定其表現的體制。

關於這一點，若只堅持所謂「猶太基督教的厭女文化」這番老套，亦是過度簡化問題。若只是一再重複教會神父們的強烈斥責、欣然地引用早期基督教神學家特土良（Tertullien）的恐怖言論或天主教神學家聖奧古斯丁（saint Augustin）的冰冷告誡，使用這些久遠的資料，確實能夠說明它們導致的道德現實主義，以及該年代深受其影響的思維方式。然而，教父學的言論早已不再是個方便好用的鑄模，當作家薩德侯爵（Sade）筆下的茱麗葉像幽魂糾纏著新時代，*而這時代又同時被背道而馳的天使般空靈脫俗女性形象與「聖母始胎無染原罪」令人心安的聖像深深吸引，於是教父學的鑄模中，便置入了新的擔憂。幾十年間，人們對於女性的恐懼隨著時間增長。這不斷上升的恐懼，其頂峰的標誌，是現代風格的莊嚴斯芬克斯獅身人面像的凝視。[2]

不少權威性的成功案例，已透過一種中肯獨到的探究方式來指出這一點。瑪玎・塞嘉蘭便巧妙地破解十九世紀末民俗學家們的主觀判斷，指出他們如何受到資產階級女傭的形象影響，而扭曲了他們的觀察結果，並長期誤導法國鄉村歷史學家的研究。[3]

若不進行像這樣的前置分析，研究者面對的風險，是建構出令人難以理解的女性歷史，甚至落入男性言論設下的某些陷阱當中。以下僅舉三則主要取材自性史的例子，以幫助我們理解其危險。

女性史上，目前最完整的研究主題，或許是針對女性本質（la nature féminine）相關言論自十八世紀末草創、至後來的發展演變之諸多研究。儘管如此，我們或許可以責備某些學者雖然寫出極為傑出的相關書籍，[4]卻不夠重視男性醫師如何看待他們自身的性別。這些女性學者深信男性在性方面屈居劣勢，她們的學術見解因此深受影響。研究歇斯底里病患的皇家醫學協會（Société royale de médecine）成員便相信這樣的說法，[5]而這道焦慮造成了風行整個十九世紀的性交計算法：自吹自擂的青樓戰績記事，或只是焦慮計算夫妻交媾次數的紀錄。[6]男性對於性功能喪失的畏懼日益高漲，[7]並深切認為他們必須謹慎管理精液，因為他們對消耗與衰竭抱持諸多妄想。這一切使他們更加深信女性放縱無度而極具毀滅性，讓他們企圖驅魔。[8]若不考量男性這份感受，便會難以理解他們口中這些近乎妄想的言說。他們的言論教人恐懼那些慕男狂（nymphomane）、歇斯底里病患與女同性戀所表露的大地力量；他們大力譴責不孕女子或停經女性這些難以滿足的角色，完全無法用懷孕來平息或阻礙她們的放蕩。

極度強調童貞的重要、堅持女性必須由有所準備的男性來啟蒙、以及醫界要求丈夫負責管制女性的愉悅以避免她們不知節制，這些都是由同樣的焦慮所導致的。男性在性方面的擔憂，助長了社會打壓當時原本有提昇趨勢的女性愉悅，並阻擋了享樂主義的實踐，將快樂局限於貶黜的地獄之中，如此才能維持這場壓迫多數女性的性別秩序。

另一個例子與前例有關：米什萊、左拉、政治人物朱爾．西蒙（Jules Simon）以及政治人物兼記者查爾斯．伯努瓦（Charles Benost）都斷然表示：在十九世紀的城市中，女人，尤其是勞工階級的女子，是無法離開男人生活的。深諳工業史、女性史或性產業史的專家們，皆紛紛表示同意。在他們看來，該年代之社會習俗，確實證明上述說法的可靠性。

然而，我們永遠不可忘記，這是男性的陳腔濫調。對女人來說，能夠不和男人一起生活，意味她能夠自由掌握她的性事。這些記述者的專斷口吻，和十九世紀的男性焦慮與微妙色欲未免太過符合，不免引人猜疑。我敢肯定，這些帶有私人利害關係的觀點，或多或少扭曲了歷史學家所使用的

* 譯註：《茱麗葉，或喻邪惡的喜樂》（*Juliette*）出版於一七九七—一八〇一年。

參考文獻。歷史學家瑪莉喬．波奈特便證明了當時的醫師們建構的女同性戀形象，是非常不準確的。[9]兩名女子竟能在男性缺席之下耽於歡愉，甚至在其中一方並未採取男性姿態或扮演男性角色的情況下縱情享樂，這些醫師不能接受這樣的想法。史學家尚—皮耶．賈克指出，對當時的論述者而言，女同志的性關係只可能是一種狂亂、縱欲而毫無節制的關係，因為沒有男性來調節女性的欲望。[10]同樣的信念主導了一連串沒完沒了的、關於少女們「動手（manuélisation）」（意指手淫）的醫學討論，致使醫事人員時而對此採取極為殘酷的治療手段。

基於相同理由，或許亦應重新檢視「老小姐」在十九世紀社會中的確切處境。文學作品中所描寫的，是由於少了男性而枯黃削瘦的、不完全的女性形象。[11]單身女子所面臨的不幸，當真如此嚴酷嗎？史學家阿德琳．賓瑪不就以充分的論證，說明了寡婦的安泰生活，以及她們的回敬？[12]毛席斯．阿古隆不也在同樣的強烈擔憂驅使之下證明了，[13]相較於未婚人士一般給人的消沉印象（如同尚．波希的出色敘述），他們的實際社會生活其實並沒那麼不幸，而真實與偏見之間的距離日益加深？

我想舉出另一個由教士、醫師、警官等各式各樣的不同男性言說所設下的陷阱，作為關於這主題的總結。性交易的相關史料，皆是遵循基督教式的禁欲主義而寫成的。這些文獻以程度不一的明確態度，將妓女與髒污、惡臭、疾病、屍體連結在一起。這類的連帶系統建構了她們的形象，並且必然地描繪出這些女性注定早死的悲慘命運。和前面所說的一樣，這樣的描寫滿足了男性的企圖，藉此將女性性欲可能隱藏的所有縱樂狂歡，都歸類於性交易之下。放縱的女子必然得受貧窮操縱，她們必定深受不幸、被丟在大街上、面臨死亡威脅。某些女子「為她們的身體瘋狂」，[14]恐因此對男性性事造成極為危險的威脅，並為那些有德性的人妻建立一種駭人的榜樣；若妓女是因貪財而行動，那麼資產秩序與社會階級便可能因此陷入危險境地。一八七九年，娜娜非以悲劇收場不可。*

歷史學家或多或少任由自己陷入這套邏輯的陷阱，至少我是這樣認為的。我們在此並不企圖否認苦命妓女的存在，亦不打算吹捧那些勢必極為少數的、絢麗多彩的高級妓女。在此需要討論的，是盡可能確切地評估這些妓女的處境。相較於那些和她們同樣處於社會底層的，被迫在工廠或工作坊裡勞動、接著又得埋首家務的「良家婦女」，流鶯是否真的更加不幸？她們的預期壽命是否真的較短，抑或她們其實擁有和一般人相同的壽命，如同公衛學家帕宏杜夏特雷的觀測報告？[15]她們的社會功能是否真的如此負面，到了剝奪她們所有歡樂與滿足的地步？

在此，有兩種預先假定可能扭曲我們對於過去的看法，並使我們的觀點受制於主流偏見。這領域的歷史學家仍舊無法擺脫博愛精神，然而，選擇將重點放在研究庇護機構相關檔案的學者們（經常是女性學者），必定會過度放大研究對象的挫折、困境與苦難，因為他們檢驗的樣本，全部都是心生後悔、或遭受失敗的案例。[16]直到近日，仍有一股顯而易見的清教主義，沉重地籠罩著學界的研究。身兼教授的研究者仍經常必須以苦難或悔恨作為前提，才能夠討論墮落之事，或酒神式激情

---

* 譯註：《娜娜》(*Nana*)是左拉於一八七九年開始連載的小說，描述主角娜娜自擔任演員至出賣肉體、周旋於上流社會的紙醉金迷生活。娜娜最後走入家庭，卻染病死亡。

性衝動的滿足（如果我們寧可這樣說）。唯有抹大拉的馬利亞*的聖像，才足以緩解這類下流之事。史學家於是建立了一種痛苦主義，他們唯有在「醫院」、「疾病」、「出生率」、「死亡率」、「監獄」、「道路管理」或「罪」[17]等標題之下，才敢談論妓女，或以較為廣泛的方式談論性。「快感」一詞始終被逐於博士論文的目錄之外，[18]除非談的是味蕾的快感。關於這一點，我們僅能附和社會學家米歇爾・馬菲索利的責難：他批評現代社會歷史學者刻意迴避討論相關主題的酒神式縱樂功能。[19]

人們會說：但是，女性的羞恥心、基層裁縫女工的難以存活、娼妓的悲慘，這是十九世紀的真實啊！在此必須再度強調，我們並非要先行否認這些事實，而是希望學者們再度檢視它們，以避免任何誇大之處。這項研究調查極為必要，不只因為男性言說可能造成曲解，更因為歷史分析可能遭受雙重阻礙：一為既定典型的內化、二為戲劇舞臺的女性角色迅速增加。在社會的嚴格控制與嚴厲的禮俗強迫之下，經過劇場化的女性姿態，極易導致歷史學家盲目輕信、誤入歧途，如同昔日記述者否認的那樣。

這些演出內容顯然不加思考，若在今日登臺，只會顯得毫無效果。但當時基於需求，這些劇碼以高明的方式充分發揮影響力，其中的女性羞恥心展現得如此曖昧，在拒絕威脅的同時亦誘發威脅，甚至鼓吹這威脅，這一點如今已昭然若揭。脆弱亦是誘人，苦難顯得充滿挑逗，以巧妙的方式央求同情施捨。這些手法，全都指望引人憐憫。同情心是一種原動力，其形式與機制值得以系統性的歷史研究來檢視。

中肯的女性史，應發自內心以寬厚的角度出發，不應局限於僅是分析來自男性的執念、假定前提、恐懼，這些編織其源頭的因素。兩性各自的命運，不可分開研究，任何一方都是因為另一方而得以釐清面貌；雖說是偶然，但某些特別偏重男性的歷史，因此全然失去了可信力。

如今，我們應當將焦點關注於兩性之間的團結一致、互補連帶、以及微妙的角色分配問題；我們既應探討社會實踐的領域，亦應研究象徵的作用。現在，這已是顯而易見的事。這正是這場研討會各項討論所展現的精神，如同民族學家最成功的研究案例。

然而，雙方相互影響的蛻變作用亦值得關注。他人的形象表現，與自我的形象，二者相依相輔，無法單獨培養。無論如何，我們都無法否認這項事實：既然我們如今已經看清，關於女性過往的研究乃是根據男性說法而來，那麼不如就公然將男性帶回一場性別化的歷史研究範圍之中，使其分析能夠成對歸類。

這方面已有許多成功案例：安妮・馬當—富吉耶出色地闡明世紀末的資產階級女性如何依男性期待來建構自我。[20]瑪玎・塞嘉蘭嫻熟地描寫並闡述鄉村婦女的處境，因為在同樣的思索過程中，她亦用心去理解鄉村男性的處境。阿德琳・竇瑪曾經致力分析實施納稅選舉制的王朝時期巴黎資產階級幫傭的運作機制，最後卻出乎意料地揭露了一頁少人探究的歷史：已婚女性的真實處境。

* 譯註：抹大拉的馬利亞（Marie de Magdala）是《新約聖經》中的聖徒，自五九一年起被塑造為一名悔改而獲得救贖的性工作者，直到一九六九年才由羅馬天主教會為她平反，但該形象已深植人心。

這項程序，對於性史研究特別重要。十九世紀特有的不完善欲望關係之相關研究，若非同時關注男女兩性，將無法進行。妻子、姘婦或性伙伴的情感，無法獨立於男性欲望的表達形式或壓抑方式之外、無法與男性的滿足或失望分割。不停謾罵男性自私，並無法有所改善，唯有針對雙方關係展開全盤分析，才能闡明一八六〇年代至十九世紀末出現的、更融洽和睦且親密無間的，嶄新伴侶關係。

同樣地，娼妓史亦應轉換為性交易雙方的歷史。賣淫女子所誘發的欲望根源、她和性交對象所建立的關係、她致力修補社會網絡時的社會功能，這些都是值得探究的主題，尚待開拓的新領域。

至於我們已經反覆聽了無數次的主題：個人獨自的肉體歡愉，則應進行全面性的整體研究。對於男女兩性，手淫的快感皆源自隱而不宣的策略與和諧，指望遲來的性欲滿足。概括而言，我們應當更加清晰地辨識，在性行為的另一方缺席之下，用以彌補的欲望對象如何現形。關於這一點，史學家瑪麗—薇若妮克・高提耶（Marie–Véronique Gauthier）的作法似乎相當值得參考，[21]她用心辨識出男性社交圈與劇場情色元素當中「放肆玩笑」的起因與表達方式。

現今，在此般諸多思索發展之下，我們期望能就某個特殊主題來重新建立史料編纂方面的平衡：前面提及的不完善欲望關係所導致的男性病徵，以及，較為廣泛地說，十九世紀的男性痛苦之跡象，在我看來，似乎相當矛盾地被掩蓋了。這道沉默與主流的痛苦主義不甚符合，它嚴重阻礙女性史的研究。

關於女性欲求不滿之病徵與歇斯底里相關爭論，如今已有許多傑出著作。[22]史學家們開始熱愛研究欲求未能滿足之徵兆，而由欲求不滿所引發的痛苦，使得（男性）學者得以在不受牽連之下，談論「另一性」之欲望。十九世紀期間，歇斯底里症確實長期被認為是女性特有的病症，當時的臨床觀察報告似乎也印證了這一點。尚待查證的一點是，女性痛苦如此引人注目的展示方式，本身是否亦是一種病徵？這樣的展演或許符合期望，有時甚至是被指使的，而男性注視著她們的痛苦，他們的目光總深深著迷，這或許能夠治療男性的痛苦。[23]男性的痛苦較為隱密，因為較難以戲劇方式呈現。

我們在此觸及的，是關於情感表達的歷史。它較難著手，但不可或缺，而其中必有一些細微差異。十九世紀早期的男性日記，全是漫長的悲歎，每一頁都透露作者的苦惱。但這些在深夜房中悄悄寫下的自白，當下並非為了出版而寫，日記因此扮演了完完全全守口如瓶的密友角色。可以說，小說文學與詩反覆述說男性的痛苦，直到躲進永無可能的雌雄同體的夢裡。初體驗的難題、情感教育的啟蒙歷程、乃至對於「永不復焉（nevermore）」的苦惱，在在都使讀者感到厭倦。然而，虛構故事的迂迴繞道，在此是極為必要的。

在公共舞臺上，男性確實愈來愈少表達痛苦（這點我很堅持）。幾十年之間，在為人們的言行舉止提供榜樣的統治階級當中，男性的表情動作，漸趨高雅。格勒茲（Greuze）式的劇場效果迅速式微，淚水同時退居幕後。[24]攝影術要求被攝者保持男性的平靜、嚴肅、莊重，並力求只在拍攝演員肖像時，呈現戲劇化的姿態。[25]菲利普．佩侯表示，[26]抽菸「使人們談話時的熱烈興致變得極為罕見」，「抽菸者的姿態緩慢，充滿威嚴、極有分寸。」無論是遊手好閒者、或匆忙的路人，都避免表露內心深處折磨他們的痛苦。[27]意圖自殺者，從此不應妨礙他人。[28]發揮至極限的「自我控制」，變成一個人是否擁有好修養的判定標準。

身體健康而年輕力壯的男性，不再擁有能夠打動人心的病徵。十九世紀取消了反串儀式（rituels d'inversion），或許是男女形象如此嚴格二分的證據。

漸漸地，女性獨占了所有淚水、哀號、暈眩。她們種種神經質的表現、昏厥、暈倒，都證明醫界講述兩性差異的言論是多麼中肯。女性無法自我控制，這證明了她的脆弱，並引人憐憫。惻隱之心是一種模稜兩可的情感，將女性歸入那些由於不成熟或沒有防禦能力、因此備享恩惠的族群：兒童、病患、殘疾的乞丐、老人，不久之後甚至包括動物。[29]

男女之間這項今日已不復見的形象分類與行為分配，最重要的面向之一，是十九世紀的男性必須符合驍勇善戰的男性氣概榜樣，在百姓之中亦是如此，甚至可說在平民之中尤甚。百姓教育男孩的方式極為嚴厲，特別強調體罰。[30]手工業行會的鬥毆程度之粗暴、強健體格在鄉間享有的威望、巴黎營造業的工人們無所不在的惡毒暴力，[31]都顯示一件事：蠻力宰制一切。直到第二帝國期間，資產階級家庭皆偏好將女兒留在家裡，[32]而將兒子關進冰冷、汙黑而惡臭的寄宿學校，強迫他們接受嚴厲的體格管教。這份嚴厲，便塑造了男性的思維方式。

相關徵候是如此闕如，因此需要專注傾聽；我們或許會因此發現，在這充滿爭論的世紀，男性的痛苦是多麼龐大。這集體性的苦惱能夠解釋一些歷史上的現象，不可輕忽。自從歷史學家開始關心私人生活的相關記述，這「人世戲劇」難以言說的痛苦於焉湧現，男性的苦痛才較為清晰地顯露出來。一萬七千頁的阿米爾日記，[33]以及哲學家曼恩・德・比朗（Maine de Biran）既悲傷又幻滅的祕密告白，或許是最好的相關例證。這一點漸漸被清楚認識的同時，研究十九世紀經濟史的學家們，將男性的勞累視為經濟成長的原動力。[34]

社會動盪導致人心惶惶，社會處境的不明確與變化無常，造成一種新的焦慮感，[35]儘管其影響程度不宜過度高估。過去，一個人的出身，便是決定其隸屬階級的明確指標，如今漸漸不再如此，個人在這樣的社會中便必須思考，自己呈現了怎麼樣的形象。他人的目光引發擔憂，造成了新的痛苦，而焦慮又因為未完成感與不確定感而更加擴大，於此同時，標示社會地位的符號，變得錯綜複雜。一個人必須在社會階層中，為自己和配偶找到一席之地，這是一項沉重義務，儘管如此，它卻僅只落在男性的肩膀上。

戰場的駭人驚恐，屢屢發生於平民生活當中，社會的混亂，更加震撼人心。或許正因為如此，而部分造成了男性自殺率的異常上升，以及涂爾幹稱為個人主義式自殺與脫序型自殺*等現象的增

* 譯註：法國社會學家涂爾幹（Emile Durkheim）於《自殺論：社會學的研究》（*Le Suicide, étude de sociologie*, Paris, F. Alcan, 1897）中，將自殺分為四種基本類型：利己型（égoïste）、利他型（altruiste）、脫序型（anomique）與宿命型（fataliste）。本書作者所言之「個人主義式自殺（suicide individualiste）」，據測應屬「利己型自殺」之範疇。

加。男性在勞動時受到的傷害，使他極度需要家屋的溫暖，而妻子必須扮演護士的角色，溫柔而忠誠，絕不增添他的傷害。社會動盪程度的上升、「隱私」概念的驟然風行、以及女性屈居家中的現象，都是有關聯的。[36]

而病徵不僅如此，有些屬於前述之社會性歇斯底里化（hystérisation sociale）的範圍，此外，英國學者西奧多．澤爾丁亦指出十九世紀大量增加的憂鬱症，以及緊接而來的神經衰弱症與精神衰弱症，[37]這些病症的患者，一般認為以男性為主。我們亦可援用無性生活者與性匱乏者群聚的理論（les concepts de misère et de ghetto sexuels），[38]儘管史學家路易．舍瓦利耶會對此不大樂意。[39]男性晚婚的趨勢，以及較諸過往更加無法避免的家產承襲策略，妨礙了欲望的滿足。突然出現的單身漢文學，以及由劇烈升高的、對於妨害風化罪的驚恐，[40]還有熱沃當省（Gévaudan）農民的暴行，[41]以及工班工頭的強迫性交，和性產業的管理制，都見證了這樣的苦惱。在此，女性的不幸，乃是源自於男性的悲慘。

最後，我將以最能清楚指出兩性在史料編纂方面有多麼不對稱的證據來作結，這是極可能蒙蔽我們雙眼的現象。當優質書店的歷史書區滿是大量關於分娩與生育的著作時，十九世紀的一般士兵卻依舊毫無相關書籍，軍事史著作的研究主題僅有軍官、逃兵、反軍國主義者、以及後來第一次世界大戰的戰士們。[42]

人們難道已經遺忘第一帝國的殺戮蹂躪，忘了科維薩*的截肢手術、索爾費里諾**的屍堆、以及一八七〇年命喪戰場的十四萬名死者？[43]史學家們對這戰亂頻仍的十九世紀所展現出來的蔑視，究竟代表什麼？為何隱喻的「職場小兵」[44]能夠成為研究對象，而真正的戰場小兵卻無法成為研究主題？一言以蔽之，為何學者們有意識或下意識地拒絕研究處於主流的陽剛模範、拒絕探討加劇男性痛苦的劇場表現？

莫非，學者們害怕承認，十九世紀這些深深恐懼女性的男性們，早已被古代陽剛形象的重擔壓得喘不過氣？害怕發現這「哀悼之性別」[45]多麼不幸、多麼脆弱，而確切來說，他們痛苦的原因，大半是因為女性被迫旁觀、尤其被迫保持沉默。

---

* 譯註：尚—尼卡拉．科維薩（Jean-Nicolas Corvisart），拿破崙的御醫。

** 譯註：索爾費里諾戰役（Bataille de Solferino），發生於一八五九年六月二十四日。

十九世紀妓女的失敗教育[1]

十九世紀的妓女們，並不向我們談論她們自己。唉！這一行的女子既沒有留下日記，也沒有家人鄭重收藏的私人信件，而國家圖書館的手稿典藏部門亦毫無相關書目。總之，妓女不會書寫自己。我們對她們使用的語言，幾乎一無所知。儘管有來自娼妓團體的少數請願書，卻經常是由倡導廢除管理制*的運動人士口授書寫而成。因此，唯一能使我們間接認識她們的記述，是來自那些試圖以各式不同手段，在她們身上行使社會控制的人們。一道由妄想、焦慮與刻板印象交織而成的網絡捕獲了她們，並支配了人們對某些階級的看法——政治經濟學家斐吉耶認為艱苦、危險而墮落的階級。[2]某些記述者忘記社會流動的文化實踐至為明顯，他們將荒淫視為類似暴動之物，認為放蕩乃是一種來自人民的抗議方式，政治人物暨小說作者埃斯基羅便是其中一例。[3]

我們因此只能傾聽一連串來自警方、司法部門或醫界的言論，或較為單純的市政官員文書報告。然而，這領域的文字，因微妙的自我審查機制而顯得貧乏，較前一個世紀更加拘謹。和史學家艾瑞卡—瑪麗．貝納布最近剛建構的十八世紀性交易情景[4]相比，十九世紀的相關描寫，明顯殘缺不堪。舊制度的警察會密集追蹤那些酒色之徒，而在實施納稅選舉制的王朝時期，警察則反其道而行，他們以遮羞布掩蓋嫖客，使我們無從瞥見性交易雙方建立的關係之樣貌。在他們的報告書中，絲毫不見任何關於性行為的過程，相較於其他時期的警察，他們對於法院、父母或丈夫的權益，表現得非常隨便。從前，女方的家人會在事情超出控制時提出控告，如今他們的訴狀大量減少（實際上幾乎可說是完全消失），導致該時期妓女加入所屬賣淫團體的模式，變得難以蒐集相關資料。

於是只剩一些用以歸類這些女子的基本調查：年齡；入行之前從事的職業（無論她們說的職業是真是假）；居住地；人類學方面的特徵——身高、眼睛色彩、髮色；健康狀態；最重要的，是階級與種類。實施納稅選舉制的王朝時期的記述者，擅長區分各種類別，醫師與警察更是嫻熟此藝。身為醫師的帕宏—杜夏特雷，與曾經負責風化事務的退休警長貝侯，皆在性產業的現場像退休警察孔勒一樣，洞察入微地刻劃她們的樣貌，[5]而孔勒後來甚至致力於書寫竊賊、勒索犯、揮霍錢財者或是同性戀。人文科學於焉誕生，卻如往昔的自然科學一樣，貢獻給了系統分類學。關於性產業的研究素材，由於分類學方面的進展過度顯著，導致情感機制方面的描寫變得少之又少。此外，這些記述者告訴我們的「娼妓性格」極度簡化，沒有太多內容，或毋寧說，這些內容是如此明顯地刻板化，使我們不禁懷疑，重現於我們眼前的場景，是真實情形的哪一部分？

---

* 譯註：原先全面禁止賣淫的法國，於十九世紀初改採「管理主義」（le réglementarisme），設立一套原則上非法、但政府容許存在的公娼制度。管理制度下的公娼，受到警察與醫師嚴加控管。一八七四年，「廢除管理主義」運動自英國擴展至法國。（資料來源：王秋琪著，〈十九世紀法國公娼制度之初探〉，《中央大學人文學報》〔中央大學文學院，二〇一〇年四月，第四十二期〕，頁一〇七—一六四）

這些企圖描寫妓女心理分析的文獻，或許其實不僅如此。它們千篇一律地講述一套關於教育的言論，一再重複賣淫女子所有違背主流道德觀之處，同時卻又維護享樂主義，也就是同一套社會倫理隱而不宣的另一面。教育的失敗導致她們被傳授了某種肉體文化，因此必須對她們施行一種特殊的再教育。無論如何，他們提倡的再教育永遠無法完成任務，因為女性形象的兩種典型之間的距離著實過度遙遠：一端是賢良的妻子，另一端是低賤的妓女。儘管如此，在這兩極之間，有著抹大拉的馬利亞的身影，悔改的她依舊帶著罪的印記，唯有將她的聖像永久流傳，才能使她獲得救贖。

打從一開始，管理主義者的言論便表示，妓女抗拒所有奠定社會秩序的重要價值觀，在帕宏—杜夏特雷的著作中尤其如此。她的抗拒是自發的，或許她本性如此，或許因為她出身「下流」，而導致她生性放蕩。教會與學校盡全力反覆灌輸眾人的，正是這些價值觀。在這邏輯之下，妓女乃是透過虛無、透過失敗的教育來定義自身，她保留了非文化的原始狀態，如同教育體系尚未調教的未開化人民。

這樣的前提一旦訂立，該女子的描述便只能以單調乏味的方式開展，她完完全全只能扮演一種反面教材。正是這套毫不寬容的邏輯，使得我們認為其中的真實成分相當薄弱，因為這些再現歷史的描述所告訴我們的內容，與其說是關於研究對象本身，毋寧該說，是關於這些講述者所堅信之事：

成熟→不成熟：妓女就像孩童，仍需要教育。埃斯基羅認為她們處於一種未開發的粗野狀態，由於她們的「社會年齡」尚未成熟，因此理當可以將她們交付管理監督。醫師弗蘭索瓦・布魯塞（François Broussais）表示，管理監督單位應該反覆教導她們意識自我。

工作↓遊手好閒：妓女以懶散著稱，她們喜愛娛樂，她們在社會整體中象徵享樂主義。更糟的是，她們酷愛無所事事。她們抗拒限制作息時間，若想強制她們遵守固定的時間表，那是不可能的。

穩定↓不穩定：「這些女孩們，」巴爾札克寫道，「基本上是變化不定的。」在這方面，她們「比動物更無定性」。[6]她們熱愛跳舞、喜歡活動。她們活在無止無休的騷亂與喧囂之中，當她們現身公共場所時，這一點尤其可見。她們的這項特質，正合乎她們陰晴不定的脾氣，以及變化多端的情感，還有絮絮叨叨的個性。另一項意義深長的證據，是妓女們喜歡搬家。史學家認為這一點可以輕易解釋，因為她們備受監視，而她們身處的位置又充滿風險。無論如何，再教育的首要任務，是要使她們學會穩定。

秩序、節制↓無秩序、放縱：妓女總是屈服於「熱情」與「激昂」。除了界定她們身分的混亂性生活之外，她們的另一項特徵是熱愛美食，到了近乎貪食的地步，以及酷愛烈酒。她們的居住空間雜亂無章，衣著極不得體。她們總輕易被過度的憤怒沖昏頭。

深謀遠慮→缺乏遠見：妓女不知節省金錢，她們熱愛賭博。奢侈浪費的行徑，既表明了她們的慷慨性格，亦顯示她們將錢財花費在無用之物上的癖性。她們便是這樣將收入的一大部分拿來買花，或保養寵物。

自然的性行為→「違反自然」的行為：妓女幾乎全是「搞同性戀的女子」。

以上這些論調清楚明白、一成不變，而背後隱含的言外之意，是由上述場景演繹而來的結論：妓女是享樂行為與情色實踐的教育者，或毋寧說是啟蒙者，她們儘管是被社會排斥的人，卻對當時青年的肉體教育不可或缺。

關於這一點，妓女可以歸進那些來自百姓的、放棄自我的女性肉體行列，她們依序是：職業介紹所中任人秤斤論兩的「到府服務奶媽」；負責照顧幼童所有基本需求的保姆；住在七樓的、經常扮演青少年啟蒙角色的女傭；打零工清潔婦的青春肉體，對象是學生或未婚的店員；將來或許還會出現身兼情婦的女傭，以及忠心耿耿直至入土的老女僕。

這群女性的一致性不可忽視，而極端自由主義者早已察覺她們所扮演的重要角色，或至少發現了她們的明顯功能。資產階級和小資產階級的男性總不斷仰賴平民女性的肉身，若不將這一點納入考量，我們將無法理解他們在女性的兩種典型之間來來回回的心理機制與情感邏輯——他娶了一名處女，使她成為人妻人母，對她抱持著溫柔的情感；儘管如此，他仍須逃至娼妓的陰暗角落、或愛上女僕，因為這讓他想起青春歲月。

若沒有她們來傳承這樣的肉體教育，那麼兩性扮演的二元角色與性別倫理則無法維繫，而良家少女們亦不可能繼續維持她們那恍若沒有肉體的天使形象。這套教育，唯有仰賴一批人數甚多的女性放棄自我，方能實現。她們是馬大、或抹大拉的馬利亞，抑或身兼二者。犧牲克己與下流醜行，在此高明地合而為一。

十九世紀的妓女們在性啟蒙方面所扮演的至關重要角色，在此無需再度強調。同時我們也知道，她們亦推廣了享樂的行為，使人們認識一種無法抑制的性欲——這和醫生們的建議背道而馳，他們提倡新婚丈夫控制欲望，並威脅道：縱欲可能損害妻子身心。當男性在私人領域被過密的情感與繁文縟節悶得喘不過氣，而像福樓拜一樣在妓女身上尋得一種矛盾的友好感，又該如何解釋？妓院雖是「人世」的背面，卻是資產階級社交圈的一部分，時至今日，我們深知，若不研究這個場所，關於社交形式的歷史便會極為不完整；關於該時期男性感情概貌的歷史研究，或許亦將深受影響。人們將社會規範內化之後，心理機制如何進行補償？這問題的重要性，已愈來愈清晰明確。為此，我們必須更深入認識這些自由放任的場所，諾博特．伊里亞思曾經視為文明進步動力的這項爭論，因此得以移駕他方進行。

基於一種絕對體諒的觀點，我們在此著重指出，這時期的資產階級男性思維之兩難矛盾——我們並不打算指責他們偽善，因為歷史不是法庭審判。尚．波希指出，當時的男性在「尋求天使般處女的請願」與「青樓戰績報告」當中游移不定。[7]德裔美國歷史學家彼得．蓋伊（Peter Gay）亦曾暗示這一點。各種不同形式的性交易連結了平民與資產階級，米歇爾．馬菲索利亦表示，[8]先前已因為公共空間各種活動的衰退與「人世戲劇」的消失而遭受損害的社會網絡，因為性產業而重新縫合。許多衛道人士大力抨擊的，正是不同族群之間的接觸。在他們眼中，這樣的社會流動加劇了人們對階級制度的質疑，使得原先已經因為（他們認為過於嚴重的）社會動盪而飽受威脅的階級，更加岌岌可危。

在這情況之下，甚少有人提及從良妓女的教育。儘管她們最初的教育乃是一片虛無，但她們離開性產業之後的教化，依舊被稱為再教育，或重建工作，而後者帶動了一種保護策略，對象是面臨危險的年輕女子——一般認為，所有少女都面對著或多或少的危險。自社會金字塔的頂端至底層，女性青春期之後的這段時間，都被視為一條通往婚姻港灣的狹道，路上危機四伏。

關於迷途少女重建工作的貧乏論調，以及內容較為滔滔不絕的少女保護相關言論，都介於感化理論與教育理論之間。以實踐層面來說，必須強制這些女子穩定下來，逼她們工作、存錢，並遵守秩序、固定的時間作息、以及嚴謹的身體紀律。

悔過的妓女們首先會在監獄待一段時間，接著或許便進入以修道院為範本而組織的機構。她們被剪短頭髮，身穿棕色粗呢長袍，不准打扮。她們絕對禁止接觸男性，由修女負責監視，被強迫工作，並且必須出席彌撒。這裡極少論及學校，因為最好的情況，頂多是培養出一批僕人，或一批「悔改的抹大拉」，卑微的低階修女助手。

帕宏—杜夏特雷嚴厲抨擊實施納稅選舉制的王朝時期的感化機構，入住該處的女性死亡率極高，且月經週期紊亂。帕宏—杜夏特雷認為，這是由於她們心情絕望的緣故。二十世紀初，發生了善牧機構的醜聞，*該組織因剝削濫用青春女子的勞動力而遭受控訴。事實上，試圖以人口統計的科學方式對抗謾罵，並無太大作用。在這領域統計死亡率，意義不大。若將這類機構所收容的女性的命運，推論為所有「回歸人世」的妓女的下場，那將是極大謬誤。這些悔過的妓女們幾乎全部身患疾病、筋疲力竭、深陷絕望，她們不太可能代表所有人。

無論如何，帕宏—杜夏特雷是個宣揚慈善的理論家，他並未使用太過嚴厲的話語來譴責這樣的感化方式：神學教育在他看來毫不適宜，而布道教師的說教毫不符合需求，這些布道內容以入地獄之罪作為威脅，讓人心生恐懼，勸誘她們實踐苦行生活，甚至服從所有命令，包括不合理的命令。帕宏—杜夏特雷批評這些機構將統率的重任交給絲毫不懂性事的修女，他亦表示，這些女子被交付的針線工作，對她們曾經習於日常勞苦的身體而言，並不足以消耗體力。相較之下，帕宏—杜夏特雷稱許的是女性慈善家的參與。她們或為已婚婦女、或為寡婦，總之已經身為人母，這些婦女至少知道如何與被收容的女子溝通。帕宏—杜夏特雷尤其主張肉體勞動，讓床鋪僅剩睡眠的作用。他特別推薦使用步行滾輪，他曾親身試驗。他大力鼓吹將這些女子送往農地服勞役，總之，他期望她們從事的，是能幫助她們回歸社會的工作。

* 譯註：一九〇三年，南錫（Nancy）的善牧機構（l'institution du Bon Pasteur）被控告逼迫其收容之女性無償進行刺繡工作。

他的建議並未獲得採用，而試圖進行道德改造的感化教育，雖然聲稱是使人回歸社會之路，卻始終是個脫離社會的封閉場所，這裡採行的體能訓練頂多只能讓她們進入生產線的底層，這情形持續了整個十九世紀。[9]二十世紀初，這些女子最激烈的暴動，並非發生於公娼妓院，而是實施再教育的機構。

管理制度下的警察、醫師、法官與市政官員對於救贖這些女子的薄弱熱忱，或許是出於懷疑。此外，他們的淡漠亦能在基督教禁欲主義的道德現實主義、以及必要之惡的學說中，找到理論依據。帕宏—杜夏特雷以他一向清晰的洞察力，指出感化教育在體制之中，必定有其限制。公娼們可不能在一夕之間全部離開性產業，否則世界將被欲望淹沒。在迫不得已之下，這份動物性必須在一定的局限範圍內繼續局部存在，儘管體現這份動物性的凡夫俗子將被怪罪，但若它完全消失，卻可能使社會整體陷入不安。在那已然久遠的年代，性產業與少女保護是不可分割的兩個概念，正如大城市市中心的淨化工作，都交由郊區的可憎垃圾場來執行一樣。若少女們的教育成功的話，意味這教育在別的地方是失敗的。這樣說吧：所有關於教育的中肯歷史，都應該同時是教育失敗的歷史。十九世紀的男性們，擔憂宛如雙聯畫（diptyque）的妓女肖像與良家婦女肖像相互混淆，唯有在兩者形象明顯對立時，他們方能安心。在這樣的時代，當教育牽涉女性的純潔與墮落時，其成功與失敗更是一體兩面。

十九世紀妓女與「毫無價值的廣大精力[1]」[2]

性產業或許自古代開始，便已傳承許多避孕祕訣，而讓人驚奇的是，這些祕密始終朦朧隱晦。這是性學歷史的意象之一：神祕的液體灌洗、有魔力的護身符、墮胎藥草、置入陰道的海綿，由放肆從容的講述者們隨處提及（例如諷刺詩人馬蒂蘭・雷尼耶於一六〇九年描述的場景[3]），一般而言，已經足以說服史學家們相信這些祕密手段早已歷史悠久。尚—路易・弗隆德罕、安格斯・麥克拉倫與彼得・蓋伊皆曾表示他們相信，妓女控制生育的方式既久遠又有效。[4]當大眾紛紛開始避孕的時代來臨，繼貴族階級之後，平民如今亦只需從這些原本專屬專業人士的、既古老又令人擔憂的藥方祕笈當中汲取經驗。公娼與老鴇在不知不覺之中，推廣了一套無風險性愛的技藝。

十九世紀是不是推廣避孕方法的重要時期，因為它是性產業的黃金時代？所有揭露這些「致命祕密」在地下多麼廣為流傳的人士，都令我們不得不去思考這個問題。

一、拮据的避孕手法

關於十九世紀妓女所使用的避孕模式，我們能夠知道什麼呢？有可能列出這些避孕方式的清單、並推估可能的流傳範圍嗎？我首先想解答的，是這兩個問題。

歷史學家在這領域上遇到的問題，是人們的刻意迴避。單單只是「羞恥」這原因，是不足以解釋這現象的。關於性產業的言論，乃是出自男性。妓女們不寫回憶錄，亦不發聲高喊她們的不幸、更別說她們的喜樂；這方面的見證，得等到二十世紀的戰間期。男性作者們酷愛書寫的日記或私人書信，這些自我表露的文字，妓女不會書寫。向我們詳細描述「公家性產業」的，只有幾名困窘的嫖客、幾名饒舌的警察、以及許許多多希望能夠改善社會的醫師們。來自嫖客的文獻，對我們在此關切的主題著墨不多。嫖客先是迫不及待等著享受，事後又趕著逃走，拋下女子和她那神祕的清潔儀式，在他眼中，那只是他滿心期待的歡樂遊戲的精美前奏。避孕的手續，並不會進入他的關係範疇。作家尼歐・塔克希爾告訴我們：[5]在高級妓院中，等待女子清潔完畢私處時，男士從從容容，抽一支正是時候的菸。至於警察，他們關心的是公共衛生，他們的任務是維持街道秩序、管理青樓、強制妓女去做健康檢查，至於她們的私密盥洗，他們毫無興趣。此外，他們若談論相關話題，必定會引人猜疑他們的廉正。

於是只剩下醫師、曾經就讀醫科的學生、以及占多數比例的妓院常客。他們傾向遺忘這令人懊惱的年代，總避免回想那些猥褻的回憶。掌握話語權的，是執業醫師。當時的醫學受到臨床解剖研究方式的影響，非常擅於描述器官狀態，對於疾病病徵的檢測、觀察與記錄亦極為嫻熟。然而，性行為無法留下解剖學方面的痕跡，直到十九世紀中左右，當時的醫學皆予以忽視。唯有閱讀帕宏—杜夏特雷的龐然巨著，才能透過其中許多完整實例的豐富文獻，來進一步理解當時巴黎妓女們的子宮、外陰部或肛門狀態。[6]然而，我們對她們的私密盥洗，以及性交時所採用的體位，依舊一無所知。當時的醫師都是臨床解剖專家，他們追尋的是疾病的跡象、以及它在內臟蔓延的過程，他們是研究屍體與死亡的專家，並不重視活生生的肉體、以及不會在肌肉中留下絲毫可偵測痕跡之事物：撫觸、激烈動作、乃至色欲的高張。

無論如何，儘管這些醫師精通迴避猥褻詞彙的技藝（在這方面，他們有拉丁術語），但他們害怕教唆荒淫，也害怕區區一點好意都遭人非難。直到第二帝國時期為止，他們都拒絕公開談論所有涉及私人行為的話題，手淫除外。醫師查爾・隆德是個特例，他從一八二七年開始要求強制公娼進行一套極為仔細的私處清潔工作。[7]

然而，醫師們提供許多資訊，使願意重視的人們能夠知曉，控制他們觀點的，是哪些必要因素。甚至在並未探討避孕問題的狀況下，所有專家皆證實，妓女們較易不孕，或「不會受孕」。一些醫師致力估量該現象，但其中最學識淵博且最具洞察力的帕宏—杜夏特雷認為，他的同僚們對此所作出的推論，有誇大的傾向。他強制自己以「數據方式」進行調查之後，做出以下結論：妓女們（幾乎全數正值生育年齡）的受孕率介於百分之十七至百分之二十之間，而非他的醫界同僚們經常重複強調的百分之六。[8]帕宏—杜夏特雷提出的數據無法用其他研究來比較或驗證，因為完全沒有類似的相關資料。但是在我看來，帕宏—杜夏特雷的調查方式相當可靠，他的執行方式足夠審慎，因此他的說法值得信任——至少，就他選擇研究的有限樣本（一八一七年至一八三二年之間，在巴黎執業的公娼）而言，應該是沒有錯誤的。

妓女受孕率較低的因素，文獻多有列舉，但我們必須謹慎面對。這些文獻記述者眼中種種原因，極可能被一種主觀的判斷所誤導：荒淫，原則上似乎便與生殖相互衝突。荒淫是人類的特性，因為動物不懂放蕩。思想家孟德斯鳩曾經提醒我們：縱欲違反自然法則。[9]自然若遭違犯，則無法孕育生命。於是這道哲學上的偏見，便強加給人們這樣的印象：相較於良家婦女，妓女較無能力受孕。這項公認的道理，在當時是有科學理論依據的：十九世紀前半葉，在學者得以確切描寫並使人信服排卵機制之前，人們普遍相信由古羅馬醫學暨哲學家蓋倫（Claude Galien）所流傳下來的理論，根深柢固地認為生殖任務必須透過女方的肉欲參與，方能成功。急於下定論的醫師們，因此得以輕易解釋妓女們的「不受孕」。賣春女子經常性冷感，並不具備所謂有利於「受精」的精神條件，除非是獻身給她們的「心上人」。帕宏—杜夏特雷因此作出以下結論，和一般定見有一點細微的差別：

一切似乎都證明，妓女們的受孕能力，比我們至今所相信的更強；一般認為，若要成功受孕，應具備各種齊全條件，也就是說，這需要同時結合她的意願以及無拘的態度，而這樣的神智狀態與精神狀態，相異於她們所從事職業的慣常實踐。[10]

當妓女們「從良」並只愛一名男性之後，「接下來便順利懷孕，她們總非常幸福」。[11]由於人們普遍相信這精神上的「生育控制」總是有效，因此不需進一步探究，不至於去調查模糊隱晦的避孕手段。

美國歷史學家茱蒂絲．沃克維茲指出，英國醫師亦堅信同樣理論，認為女性若和過多對象做愛，「將導致她無法完整製造對受精不可或缺的分泌物」。[12]奇怪的是，這類說詞竟然直到十九世紀尾聲依舊存在於醫界。一八八七年，在思想進步的達提格醫師的知名著作中，仍能看見如是言論：我們原先以為不孕的娼妓們，一旦被迫「透過隱居遁世或正規婚姻，以有益身心的方式來節制欲望」，[13]即可恢復生殖能力。

然而，在醫師們眼中，低受孕率還有其他原因。對娼妓淫穢性事的荒誕想像，使他們認為嫖客在極度狂熱之下，作出各種有如體操般的動作，導致她們內臟移位。除此之外，她們經常身患種種婦科疾病：「陰道發炎」、「卡他性的子宮炎」、性病等等，皆可用於解釋她們的不孕。自一八六〇年代至十九世紀末，當人們對梅毒的恐懼日益增長，便更加深信這一點。根據醫師阿爾弗雷德．富尼耶（Alfred Fournier）與其門下學徒的研究，性病患者經常流產，而當產婦患有梅毒時，嬰兒死產機率極高。[14]

打從十九世紀初開始，醫生們便爭先恐後地強調，賣春女子經常「小產」——就讓我們暫且同意是流產。至於原因，他們認為是職業使然。又是一個使他們得以不需深入探究的理由。職業醫師所相信的倫理道德，使他們這樣推論：與其談論種種可能存在的避孕手段，不如還是證明只要荒淫就會導致不孕，否則某些希望設限懷孕次數的良家婦女可能輕易仿效。帕宏─杜夏特雷亦注意到，為數眾多的妓女，是在懷孕第五週或第六週時，將胎兒排出體外。根據他的說法，當事人幾乎不會發現自己失去了這個她們私下稱為「木桶塞子（bondon）」的小東西，而且她們習慣經期不規律，某方面來說，這類流產事件便因此被埋沒在紊亂的月事當中了。然而，帕宏─杜夏特雷明確表示：這確實是流產。遺憾的是，該現象無法估計人數，因為當年的醫院與監獄都不會登記懷胎未滿八個月的死產。[15]

除了這類早期流產之外，還有許多並非自願的小產，是由於妓女習慣繼續工作直到預產期而導致的。某些嫖客格外熱愛與孕婦進行性交易，願意支付大筆金錢來滿足他們的幻想。這一大筆收入，要她們放棄，恐怕很難。

至於刻意導致的流產，帕宏─杜夏特雷自己也承認，應該極為常見。醫師阿弗列德．維爾波收藏的胚胎標本之中，有五個胎兒出自賣淫女子的子宮，其中三個帶有執行墮胎的鑽孔儀器的痕跡，流產時間大約是懷孕第三或第四個月。[16]老鴇時常強制妓女進行這類十分危險的醫療行為，一八四〇年，阿爾方斯．埃斯基羅對此感到憤慨。倘若意外發生不幸，這些順從的妓女們便稱之為「因工死亡」。[17]之後的文獻不斷指出這類小產的頻繁程度，直到一九二三年，醫師萊翁．畢薩只因這單一原因，便將賣淫視為人口減少的原因之一。[18]

反之，妓女們的醫師絕口不提我們目前討論的古老手段。[19]然而，他們偶然地順帶揭露了清潔過度與太常沐浴的問題。清潔淨身的實行，在當時結合了某種避孕效果，這些醫師為何對此保持沉默？這些終究慶幸妓院中極少新生兒誕生的醫師，是基於天真或害臊嗎？或許這是部分原因。抑或是因為當時的醫學言論口徑一致，儘管這些言論是出自一批因為偏見而變得盲目的知識分子？前述之種種解釋，輕易地說服他們，前文已提及相關可能。此外，直到一八六〇年左右，馬爾薩斯主義*尚未引發人們的激烈敵意，因此避孕相關研究並未引起太大注意。[20]因此，我們雖能確認這方面無人談論，卻不能因而推論其執行次數不多。

歷史研究方式嚴謹，每個論點都需建立在大量的證據之上。然而，就我所知，這些傳統論調所斷言之事，毫無任何直接論據。若事實真如某幾位歷史學家所言，性產業業界當時大量實施蓄意的避孕，這巨大沉默並不令人訝異。像帕宏—杜夏特雷這樣的醫師，從未以其一貫嫻熟之道來譴責類似事件。在這樣的假設之下，原本只能視作天懲的現象，真相可能十分驚人。莫非是因為帕宏—杜夏特雷擁戴公娼體系，於是為了讚頌這些官方容許設置的妓院，他更期望揭發那些非法地下娼家在淫猥陰暗處醞釀的慣行。更令人訝異的，是新馬爾薩斯主義（le néo-malthusianisme）的反對運動於十九世紀末爆發時，幾乎所有記述者都對此保持緘默。的確，性產業若捲入這場論戰，原因並非因

* 譯註：馬爾薩斯主義（Malthusianisme）或馬爾薩斯人口論，指英國經濟學家托馬斯·羅伯特·馬爾薩斯（Thomas Robert Malthus）於十八世紀末提出之理論：人口過度增長，將會造成人均食物供應不足。

為其所研發的種種避孕方式。

現在，讓我們從另一個角度來討論這個問題。我們應當提防時代錯置（anachronisme）的盲點，並好好理解關於「防護」這個觀念的模稜兩可：當時，其預防對象可同時是疾病傳染與「受精」。妓院的生育控制，因此能夠以性病防治的名義來實行。

十九世紀初，供男性使用的防護措施有兩種：一種是「特效藥（spécifique）」，通常由肥皂或脂肪般的液體組成，製造者為人們認為不道德的某些醫師，或一般的江湖密醫；另一種則是由牛羊大腸的腸衣薄膜加工製成的保險套，根據醫學教授隆格勒貝（Edmond Jean Joseph Langlebert）的說法，該保險套乃是由一位名叫康得姆（Condom）的英國人於十八世紀中葉發明；另一些史學家則認為，保險套於十三世紀便已存在。保險套的起源，確實仍是個謎。無論如何，醫師吉恩．阿斯特呂（Jean Astruc）一七三七年曾於其著作《性病治療》（*Traité des maladies vénériennes*）中提及保險套，我們也知道舊制度晚期的放蕩主義者（les libertins）確實會使用保險套。長期以來，醫界高層對「預防性病」這項概念嚴加譴責。一七七二年，巴黎大學教授季爾貝．德．佩瓦爾（Guilbert de Préval）公開示範其防護液體之功效後，便因此遭到校方開除。經過五年訴訟之後，最高法院於一七七七年認定校方這項決定沒有錯誤。巴黎大學為自己辯解之時，表示他們拒絕承認的這項發明「只有一個目的，就是在引人墮落的自然誘惑之上，再添加一道使人道德敗壞而得以不受處罰的吸引力。」[21]

這道控訴，亦適用於保險套。自一八一二年至一八一七年，許多醫師如紀堯姆．迪皮特朗

（Guillaume Dupuytren）、查爾—路易·卡岱·德·嘉西顧爾（Charles-Louis Cadet de Gassicourt）、乃至艾蒂安·帕里塞特（Etienne Pariset），均明確支持巴黎大學的立場。一八二六年，羅馬主教良十二世（Léon XII）一份赦書強烈斥責「英國保險套」，原因之一是它「在上帝意圖於人們犯罪之處懲罰他們時，妨礙了神的旨意」。身為天主教徒的執業醫師們，對保險套所抱持之敵意，因此更加鞏固。帕宏—杜夏特雷對此大加撻伐，他的激烈言詞於三十年後由尚內爾醫師再度引用。[22]然而，醫界仍有幾名堅決支持推廣保險套的醫師，單獨行動的他們譴責同行的偽善，並強調無私的博愛精神。一八二七年，查爾·隆德醫師正式捍衛羊腸保險套的使用。[23]九年後，哈席耶醫師強行在《公共衛生與合法醫藥年鑒》之中收錄一段頗具篇幅的、關於男用與女用保險套的辯護與圖示。[24]

當此爭議沸沸揚揚之際，保險套的製造與銷售，與性產業業界關聯甚密。在巴黎，這項屬於放蕩主義者的交易，乃是圍繞著高級妓院所在的皇家宮殿（Palais Royal）一帶。若保險套的買賣就這樣繼續維持在一定範圍之內，且保持低調，當局便容許它們存在。一八二八年，巴黎警察局長路易—馬雷·德·貝雷姆（Louis-Marie de Belleyme）將保險套的販售界定為違反善良風俗的行為，因為該交易變得「太過明顯」。保險套的使用與賣淫之間的關係，就此不斷被特別強調。[25]

幾份文獻亦提及，當人們在試圖「排斥受孕力」[26]的情況之下，「英國保險套」的益處與使用。此乃介於正式買春與婚姻生活的中間地帶，其中並存著充滿誘惑力的女子與被包養的情婦，在這接近賣淫的灰色地帶，避孕與墮胎的城市實踐，同時萌芽。[27]

由於人們對梅毒的恐懼自一八六〇年代開始日益加劇，[28]性病防治的必要性成為醫界不得不接受的課題。然而，「英國保險套」是否就此在各個妓院公然激增呢？鑒於買春頻率普遍極高，[29]公娼妓院或許因此成為男性學習避孕方式的媒介。

某些醫師的確曾經期望，能夠全面強制妓院使用保險套。自一八五八年起，教授保羅·迪戴便如此要求：

> 在每間妓院的每個房間，都要在最顯眼的地方放置一個盒子，盒內永遠裝著數量合宜的保險套，以供嫖客取用，並且清晰標示：免費防護措施。[30]

他並寫道，在妓院常客當中，確實「有許多人希望使用它，卻不敢要求。有些人一點都不想負擔這費用，有些則付不起。」

然而，半世紀後，儘管顧慮旗下妓女健康的老鴇們殷切努力，防護措施的使用依舊只局限於妓院內部。在巴黎，「英國保險套」僅在最高級的妓院廣為使用，保險套在這裡是免費發送的。反觀次等妓院，保險套售價半法郎，幾乎無人使用。至於郊區或外側大道的妓院，嫖客從不使用這類措施。[31]一九一二年，土魯斯的妓院常客仍舊藐視保險套，榭利醫生對此表示遺憾。[32]在阿爾及利亞的妓院內部，保險套的使用在十九世紀期間日益減少，到了一八七七年左右，只剩幾名已婚男性繼續要求使用保險套，而殖民軍的官兵們則蔑視防護措施。

這場失敗，有諸多原因。在橡膠材質[33]占據市場之前，羊腸保險套始終價格高昂。除此之外，妻子極易因此默默起疑。妓女們往往只要求那些被老鴇發現淋病病徵的嫖客戴上保險套。男性終究不喜歡使用它，這些有時候還沒清理乾淨就被老鴇拿出來給他們重新使用的保險套，使他們充滿疑心。使用羊腸套之前，必須先沾溼陰莖，貝特宏與杜榭斯尼寫道：「戴套的儀式導致興奮感消失無蹤，而興奮感對陰莖功能不可或缺。[34]」與後來的橡膠或塑膠相反的是，動物腸衣製造的保險套會緊縛尿道口，使得射精時的快感大為降低，有時甚至導致疼痛。

關於梅毒的放肆玩笑，形成一種反對保險套的輕佻言論，這現象可由青年們的淫猥歌曲，以及作家夏爾－路易．菲力普筆下的大個兒朱爾（le Grand Jules）[35]的態度所象徵的立場一窺端倪。在這風氣影響之下，使用保險套的人數更加減少，在軍隊裡尤其如此，儘管上級長官竭力強制他們使用。不久之後，人口統計學者便將記下這場啟蒙的失敗結果。一九一一年，統計學家賈克．貝提雍證實，英國男士愛用的保險套，在法國僅由一些伴侶拮据使用，雖然買春幾乎是普遍現象。[36]

女性的性病防治，並未如男性一般遭受譴責。醫師們很早便鼓勵她們保護自己。娼妓存在的必要性既然已被承認，那麼她們若因性病而蒙受痛苦，人們便不能罵她們活該遭受懲罰。而且，陰道注射以治病作為藉口，得以免於遭受道德人士怒叱，它的醫療效果可以掩藏性病防護措施的雙重疑慮。根據絕大多數的文獻，當時的公娼經常灌洗陰道。新的化學藥品，為她們提供不可計數的製劑。關於這些灌洗液，我們得注意，在假借官方藥典的江湖密醫們強力鼓吹的特效藥、以及由那些注意不要驟然脫離傳統醫學教誨的醫師們所調製的「清潔液」之間，若企圖不計代價分辨兩者，將是徒勞無功。

十九世紀上半葉多數開業醫師在這方面遵循的，是著名的性病研究專家菲利普．里科爾（Philippe Ricord）教導的方式，要求妓女們僅在性交之後淨身，[37]因為他們擔憂事前灌洗會洗去黏液，使得病毒更易被人體吸收。當時，病毒感染經常被視為一種內滲現象的結果。

醫界權威所建議的灌洗液，成分是一長串沒完沒了的名單，其中有幾種較為常用。首先是醫生們大力宣揚的肥皂水，哈席耶醫師於一八三六年推薦使用。里科爾的學生們誇耀收斂劑的功效，它能使陰道分泌物變得黏稠。另一些似乎較無人聽從建議的醫師，則建議使用含有水銀的溶液，但該製品不受當事人青睞。此外尚有馬龍（Malon）的酸醋水、貝弗（Bayford）鼓吹的檸檬水、以及含有松節油的酒，這些製品實際上究竟有多少人使用，難以確切評估。一八三六年，哈席耶醫師大力讚揚他的「制酸藥洗劑」，一種可以溶解於三十五度溫水中的氫氧化鈉洗滌液。哈席耶醫師希望，在公娼妓院裡：

> 主管機關有足夠能力不間斷地強制供應氯化制酸藥以及肥皂，並在明顯處張貼通告，使人理解這些措施的重要性與使用方式。[38]

此外，他亦要求管理單位強制妓女在每次性交之前灌洗陰道，但並未抱持太大期望。實際上，他的要求未受採納。法國政府迴避介入私人衛生領域。一八六七年，醫師穆杰歐

（Mougeot）在國際醫學會議上表明的願望，並未改變這樣的立場。一八七二年，醫師伊波利特·歐莫對此感到惋惜，他讚揚的是柏林當時通用的措施。[39]的確，柏林有道法規，強制妓院老闆必須給予住宿妓院的娼妓一人一支注射式沖洗器。戰間期如繁花盛開的那些預防性病的妓院，其前身位於北方與中部的歐洲，而非公娼管理制度的起源地法國。陰道灌洗在法蘭西繼續隱藏於祕密範疇，但我們必須再度強調，這並不代表使用者人數不多。

事實上，的確有證據證明幾種產品被廣泛使用。譬如液態氯化製劑，甚至藥劑師拉巴拉克的著名溶液。*在波爾多，尚內爾醫師配製的「清潔液」[40]大獲成功，「這項產品在大桶中大量製造，以每公升一毛錢的價格，由診療站的護士販售給娼妓。」[41]尚內爾醫師於一八六八年寫道：最近幾年期間，波爾多的妓女平均每月會購買三百五十公升該製品。尚內爾很欣慰自己發明的「清潔液」在賣淫女子之間推廣了使用洗滌液以及注射式沖洗器的習慣。里昂的娼妓使用的是醫師侯德（Rodet）極為高明的溶液，由硝酸、鹽酸與氯化鐵調配而成。榭利醫師於一九一二年寫道：妓女們害怕於例行健康檢查時發現病變，因此在健檢前幾天會增加藥劑灌洗的次數。[42]

然而我們必須警惕，這些製劑的發明者總熱衷於證明他們的產品有人使用，我們不可因此高估其風行程度。一些較無利害關係的記述者便顯得較為審慎，譬如貝特宏與杜榭斯尼便指出，妓院中

---

* 譯註：一八二五年左右，化學家暨藥劑師安端·傑曼·拉巴拉克（Antoine Germain Labarraque）以漂白水為基礎而研發出來的消毒水。

使用這些洗液的女子，終究只是少數。

無論如何，性產業業界促進了陰道灌洗的普及，這一點無庸置疑。更廣泛地說，一八九〇年代開始大量宣傳推廣的婦女私處衛生保健，最初是在此醞釀成形。此外，在性病防治的名義之下，以避孕為目的之化學成分亦悄悄摻雜其中，而當代的藥理學家傾向於承認它們有一定的功效。這些「清潔液」的組成成分當中，有些具有殺精作用，這點應該無法否認。若考量為數眾多的「從良」妓女的話，這樣思考亦不為過：賣淫女子，無論隱退與否，她們都在百姓階層中勾勒出一種典範，示範女性如何贏得自己身體的掌控權。

讓我們再度重複一點：相反地，在我們查閱的數百份證據當中，毫無一人提及避孕海綿或陰道隔膜在妓院中的使用。直到後來，在新馬爾薩斯主義的擁護者宣傳之下，該措施的使用才變得普及。就我所知，肚子罷工運動（la grève des ventres）的擁護者推銷其產品時，並未參考賣淫女子的作法。[43]我們查閱的資料並不畏懼詳述鴇母的萬惡勾當——染病妓女必須前往接受窺鏡檢查之前，她們會用染色的小塊腸衣，塗改這些妓女的粘膜。這些記述者若知曉避孕海綿或陰道隔膜的存在，那我們將會難以理解，他們為何保持祕密？因此，若要宣稱法國娼妓對物理避孕方式的推廣有所貢獻，便是拒絕正視文獻內容。

墮胎是生育控制的最後手段，而我們已經知道，妓女經常仰賴該方式。妓院老闆與獨自賣淫的公娼都很熟悉這些「天使製造者」，她們是最可靠也最低調的一批顧客。十九世紀末，當墮胎不再只屬於「排斥受孕力」的範疇，當已婚女性開始紛紛運用這些到目前為止都專屬於高級妓女、狐狸精和地下情婦的手段時，這道控制生育的激烈手法，自然而然以娼妓為範本。它符合一種文化典型，控制了工人階級的性事。[44]

因此，關於避孕手法的傳播，性產業所扮演的角色，看來可能並不那麼重要。是的，性病防治或許確實曾經取代這些「致命祕密」，青樓文學曾經相當多言，卻在十九世紀對此噤口不語。然而，和一般成見相反的是，管理主義下的公娼制度並未促使保險套普及，法國男性並不青睞。至於法國人最常使用的避孕手法：性交中斷的體外射精，若要說該技巧直接來自妓院，則未免過於荒唐。賣淫女子受歡迎的原因之一，便是因為男性能夠對她展現他的放肆隨便。儘管如此，我們是否可以妄下結論，認為賣淫與避孕之間毫無任何深刻關聯？當然不能。且讓我們換個角度，繼續深入分析。

二、色欲啟蒙，以及性產業的酒神式激情功能[45]

避孕並非僅是一種意向、抑或一項技術的實際操作，它所表現出來的，首先是一種態度。避孕行為所表露的，是欲望的傳遞；它確認了肉體享樂行為的優先地位；做愛而不需承擔風險，代表能夠前所未有地掌控感官，這樣的享樂主義，正符合當時興起的個體化程序（les procédures d'individuation)。研究生育控制，必定無法無視感官享樂的形貌歷史。性行為原本或多或少源自一股創造新生命的欲望，如今取而代之的，是兩具相互渴求的肉體之間，充滿欲望的果斷愉悅。父、母、孩子之間的三角關係，轉為得以長久的雙人關係，這份恆常穩定，是充滿情欲的共謀關係。自放蕩主義者的享樂主義、鄉村農民粗野的性交中斷法、乃至當代的快感教學指南，關於感官享樂的歷史持續進行，而法國的史學家們卻視而不見。[46]當新生兒的畫面漸漸黯淡模糊，這些歷史學家變得靦腆，以童貞般的羞恥轉過身去，所有的快樂表現他們都視而不見，而這其中甚至沒有一點痛苦可供他們談論。

關於這一點，尚—路易・弗隆德罕特別看重貴族階級所扮演的角色，勢必有其道理。[47]由詩人奧維德（Ovide）、作家薄伽丘（Boccace）、作家阿雷蒂諾（L'Arétin）、作家布朗托姆（Brantôme）以及十八世紀的放蕩主義者所構思寫下的那些充滿肉欲的人物形象，乃是於貴族階級的熔爐中融合、精鍊。接下來，在歷史學家極為熟悉的一種模仿行為的進程之下，這些行為由社會金字塔的頂端向下移動，但我們在此並非否認逃離社會對人們的誘惑、以及平民身體被預先假設的動物性。各種不同典型的流動循環因此錯綜複雜，而性產業便是其中一個轉盤。實施納稅選舉制的王朝時期的高級妓女、第二帝國時期的輕佻女子、以及十九世紀末豪奢青樓的妓女們，都散布了情色的行為範本，無論流鶯或是處境悲慘的低階妓女都紛紛效仿，有時甚至包括最鄙俗不堪的底層妓院。極能代表這現象的，是作家懷斯曼斯（Joris-Karl Huysmans）在小說《逆流》（*À rebours*）中塑造的主角德賽森特（des Esseintes），他招待一名年輕的無產階級人士在巴黎最高級的妓院玩樂一段時日，期望該青年能永遠懷念這場景。

在這波情欲浪潮當中，避孕手法開始風行，尤其自一八六〇年代開始，幾乎所有記述者都指出嫖客的新堅持，以及娼妓們愈來愈嫻熟此藝；這些記述者或憂慮不安、或欣然看待。當某些預言者竭力指出未來的已婚夫妻將會更加重視情欲的同謀關係時，這場演變便已完成。

在這場關於刻意限制生育次數的漫長論戰之中，性產業直接被歸咎為原因。人們不斷重複表示賣淫導致晚婚，達提格醫生哀嘆道：

> 下一代的希望與擔保，交付給我們一生中最精華的年歲，卻被拋棄在妓院的淫穢床第之中。[48]

大城市市中心的未婚店員、巡迴推銷員、學生與臨時工人等等，是性生活極度匱乏的一群單身漢，買春可紓緩他們暫時性的性欲苦惱。買春所帶來的快樂，甚至可能使有能力成家的年輕男性放棄婚姻。歐莫醫師嘆道：這些青年當中，有些人猶豫不決，是否應該放棄專業娼妓風騷殷勤的性感講究，只為了換取一名毫不熟練的處女的靦腆輕撫。

當一對夫妻認為他們已經生下夠多孩子之後，買春可使配偶戒除性行為。醫師亨利·杜利耶於一八八五年寫道：

男性就此前往各個路口買春，四處播種，相較於家中合乎道德的快感，買春付出的代價更低。[49]

據說，許多性欲不強的妻子因此得以減輕負擔，她們自願默許這替代方案。這項觀察使得性學專家弗雷爾鼓吹夫妻之間的避孕，他認為這是對抗娼妓人數激增的最佳良藥。[50]性產業之所以被現代學者視為無關生殖的情欲行為的發源地與啟蒙場所，原因正是避孕。而這些避孕手段的種類，可能繁不可數。

文獻記述者們感到憤慨的是，這些宛如體操動作的猥褻舉止，遠非麻木厭倦的老先生們的行為，而是年輕嫖客的特點。往昔由管理主義者所構思的、健康衛生的公娼妓院，便因此轉化為傳授邪惡避孕勾當的場所。[51]根據貢捷堡市內娼妓們的說法，在該地，是青少年嫖客堅持她們進行「從嘴裡做」的性行為。貝傑赫醫生指出，阿爾布瓦（Arbois）地區的青年們首度造訪妓院之後，便發生一場徹底的改變：

> 他們當中多數的人，開始相信女性就像他們在妓院中看見的那樣，本性就是如此。他們認為良家少女們只是假正經，對女性不再抱持任何尊敬……導致的結果是，他們對良家婦女所採取的態度變得厚顏魯莽，敢對她們嘗試各種放肆的舉止，認為她們實際上和那些走上歧路的妓女都是一樣的本性。[52]

所有譴責丈夫「將荒淫罪愆所創造出來的詭奇計策教導給新婚妻子[53]」的人士，都齊聲一致，不斷重複這樣的哀嘆。

事實上，自從一八五〇年代末，當醫師們譴責「夫妻假戲」的聲量愈來愈大、而神職人員日益強烈地抨擊已婚夫妻串通「自瀆」*之時，已婚配偶的床笫之上，確已出現先前在妓院的濃重氛圍中遭人揭發的種種避孕手段。我們甚至可以反向思考：丈夫可以將他對懷孕的擔憂作為一種藉口，使他能夠繼續從他的新嫁娘身上，獲取先前在專業娼妓的床上學到的感官享受。生育控制或許恰好使得日常生活中的享樂主義變得順理成章，儘管道德倫理譴責享樂。史學家總從爭議觀點來思索這方面的議題，此乃一種謬誤。避孕能夠控制射精、醞釀快感、延續高潮，使得作家紀．德．泰哈蒙（Guy de Téramond）在一九〇二年稱為永恆戀慕的情欲狀態變得可能。「配偶之間的這道協定[54]」並非僅止於使用避孕手段，亦是雙方同意尋求更多感官享受的共識。西蒙的報告書**便指出，儘管使用避孕丸與避孕環，妻子並未因此便停止為丈夫口交。

事實上，性產業對夫妻生活造成的共鳴，並非只有單一樣貌，它的影響程度因此難以衡量。性

* 譯註：此處「夫妻自瀆」（onanisme des époux）指的是已婚夫妻採取避孕措施的性行為，教士們批評這如同手淫，認為真正的性行為應以生育為目的。前述「夫妻假戲」（fraudes conjugales）亦為同樣觀點。

** 譯註：西蒙的報告書（le Rapport Simon）乃指由法國政治家暨醫師皮耶．西蒙（Pierre Simon）主編、於一九七二年發表的《法國人之性行為報告書》（*Rapport sur le comportement sexuel des Français*）。

交易無可置疑地減弱了性行為的生殖目的，但亦因為賣淫是負面教材，而因此限制了避孕的推廣。透過性產業而廣為流傳的避孕手法，因為娼妓的形象，而被烙上了下流無恥的印記。

長期之間，婦女灌洗私處的行為啟人疑竇。迪戴教授寫道：獻身的情婦「甚至不能自由清洗，頂多只能表明自己要進行確實不可或缺的衛生清潔」。[55]至於女性的感官快樂，依舊被認為是那些為了自己身體而發瘋發狂的高級妓女的特色，後來甚至被視為是屬於歇斯底里症的行為。娼妓正如慕男狂患者，證實了女性最黑暗的一面確實存在。任何「不正當的體位[56]」、任何稍微活潑熱烈的嬉戲，都能在惶恐青年的內心深處，立下妓女的形象。[57]

然而，十九世紀末左右發生了重大轉變，高級妓女與忠貞妻子這兩種典型之間的界線，漸漸變得模糊。「臥室就像妓院」：[58]一八七〇至一九一四年的青樓文學之中，這是最常反覆出現的重複母題。這樣的畫面，在痛斥避孕的人們心中糾纏縈繞。對這類迷思深信不疑的道德人士表示，性產業所扮演的角色，一方面是實踐享樂主義的範本，誘發人們開始避孕；另一方面則是失敗的負面教材，未能使良家婦女謹守羞恥克制的界線。基於這個原因，這些預言者語帶暗示地宣告：性產業在避孕發展過程中所扮演的角色，終將式微。「臥室變成了妓院」：娼妓的啟蒙作用只會日漸衰退，而放蕩派的愛情所扮演的角色，則會日益重要。自從社會史學家愛德華・肖特指認的第二次性革命[59]發生之後，這正是我們能夠觀察到的現象。

最重要的，應是找出何種心理因素導致法國既是避孕大國、亦是性產業的偉哉首都巴比倫。唯有建構一章關於感官快樂與酒神式狂歡性衝動的歷史，方能使我們更加確切地評估賣春女子在非關生殖的性愛當中所扮演的角色，並且不再只將這樣的性行為視作「毫無價值的廣大精力」。

遺傳梅毒，[*]或永無可能的救贖

試論遺傳病因史[1]

儘管多數專家已在十九世紀前半葉認同梅毒能夠傳染給下一代，[2]但在當時，性病遠遠未能體現遺傳病因在當時引起的憂慮。我們在醫師普羅斯珀・盧卡斯（Prosper Lucas）於一八四七年至一八五〇年間出版的《自然遺傳特性之哲學與生理論述》一書中，尋找關於梅毒遺傳感染的長段論述，卻是徒勞無功；[3]吸引所有關注焦點的，是淋巴結核與脫皮性皮疹的致病體質、以及神經系統疾病的遺傳。[4]幾年後，醫師貝內迪克特・莫雷爾（Benedict Morel）出版了他的龐然巨著《論人類退化》（*Traité des dégénérescences de l'espèce humain*），而在本書中，作者亦同樣幾乎絕口不提梅毒。一八六七年，他出版了另一本探討漸進式遺傳病因的著作，[5]書中亦未關注梅毒。莫雷爾醫生確實如當時所有醫生一樣，極為重視地質學、地理學、史學與社會學方面的因素，生物學則遠遠無法全然涵蓋他的思索範圍。然而，僅只如此，並無法解釋醫師們對於性病，如此驚人的沉默。事實上，這樣的緘默在當時相當常見；在此不再多加舉例，僅提醒一點：都爾的莫羅醫生（Moreau de Tours）於一八五三年出版的《論先天癡呆與智能不足之遺傳因素》（*Mémoire sur les causes prédisposantes héréditaires de l'idiotie et de l'imbécilité*）一書當中，甚至並未提及梅毒。

反之，四十年後，一群臨床醫師毫不猶豫地果斷宣稱：所有的遺傳病因，都來自遺傳性的梅毒。這群醫師當中，最著名的包括阿爾弗雷德・富尼耶教授、路易・朱利安（Louis Jullien）教授、圖桑・巴爾泰萊米（Toussaint Barthélemy）教授、E・高雪（E. Gaucher）教授與艾德蒙・富尼耶（Edmond Fournier）醫生。擁護該理論的支持者們認為，若醫界專家尚未全數同意，是因為當時關於梅毒遺傳的研究尚未完成，儘管它正開始在性病學的相關論著當中引起紛紛議論。

自一八六〇年代開始，家族遺傳神經疾病所引發的社會妄想，深深糾纏著已經飽受種族退化理論困擾的社會。但在數十年的期間之內，是梅毒的家族遺傳，吸引了人們的注意力。阿爾文（Alving）一家、接著是雷維庫恩（Leverkühn）一家，[6]紛紛前來和左拉筆下的盧貢—馬卡爾家族（Rougon-Macquart）較勁。相較於酒精成癮、肺結核或精神衰弱等疾病，梅毒更能象徵資產階級的焦慮：他們深切感受到性方面道德敗壞的威脅。關於梅毒遺傳性的科學主張，恰好出現於最佳時機，遏止了所有意圖荒淫者的欲火。

在此，我意圖探討的主題，範圍很小。我先前已曾分析遺傳梅毒理論的信奉者是如何氣勢猛烈而有效率地在輿論中散布焦慮、並向公權力施壓；[7]在這篇文章中，我希望能嘗試區分出他們這套

* 譯註：由母體傳給胎兒的「先天性梅毒」（Syphilis congénitale）以及種種延伸概念，當年被醫界稱為「遺傳梅毒」（Hérédosyphilis）。本詞現已不再使用。

學說最初起源的不同步驟，並釐清當時就此被塑造為瘦小、低下、先天不足典型的遺傳梅毒患者肖像，當初是如何建構出來的。

遺傳梅毒的歷史，是遺傳病因史的一小章，它是醫學理論（確切來說，是臨床醫學）創造出來的虛構故事。[8]該學說的資料來源，極少參考生物學家的主要研究，阿爾弗雷德・富尼耶和他的同僚們毫不在意這些研究；或許因為如此，較為注重生物學與神經學的現代史學家，便較為重視其他遺傳病因的現象，而不重視梅毒。

因此，直到一八六〇年代左右，梅毒的遺傳性仍不受重視。然而，在希波克拉底學派（hippocratique）醫學的學說中，自從性病首度出現於西方，它的存在便已被承認。此外，十九世紀的臨床醫生們熱衷於從文藝復興時期開始清點，列舉歷史上有哪些醫師宣示擁護該理論。[9]外科醫生席達克（Sidrac）的淒慘遭遇慘遭譏諷，他因為新婚之夜的攣縮疼痛，而怪罪無辜的妻子染病。[10]

臨床醫學誕生的同時，晚發性遺傳病因與長期帶原梅毒漸漸不再為人所深信。在支持與反對遺傳病因論述的雙方陣營不斷爭執的論戰之中，性病是較為少見的討論主題。[11]梅毒暫時不再像其他疾病一樣受到注目，首先是因為人們深信疾病的發展進程有始有終，而「梅毒已經老了[12]」——普羅斯珀・盧卡斯這樣寫道。基於這個原因，梅毒所引發的驚恐，較先前緩和許多。根據文藝復興時期醫生們的說法，性病幾乎是一種地方病，能夠造成非常恐怖的災禍，但到了十九世紀，諷刺作家拉伯雷（François Rabelais）曾經描述的駭人病變損傷已變得極為罕見，似乎證明這場禍患的毒性已經減弱。當時，醫界認為需要更加深入研究的，是淋巴結核（scrofule）與所有形式的神經病變，而非梅毒。[13]到了一八三五年左右，梅毒的特性已被廣泛證實。普羅斯珀・盧卡斯反覆宣揚一則似乎能夠解釋它為何減弱的理論：他認為梅毒一開始致命力極強，是由於性病病徵結合了壞血病病徵，而後來這兩者不再共同作用。[14]在普羅斯珀・盧卡斯眼中，梅毒在西方世界如今只是一種病因的後遺症，若不是由於「天生性（congéniale）」的傳染（該用語於十九世紀後半葉由「先天性」〔congénitale〕一詞取代），梅毒早已消失在西方國家了。自從占領阿爾及利亞之後，人們在北非觀察到駭人的下疳病徵，使人更加深信歐洲的病禍嚴重性已大為減弱。[15]

此外，由於當時普遍確信汞劑與碘化鉀能夠有效治療梅毒顯現的癥狀，因此平撫了人們的擔憂。十九世紀前半葉的研究成果，使得醫界更加認識梅毒，進而施以更加完善的治療。反對梅毒特異性的學派宣告失敗，而里科爾的研究結果[16]使得二元論學派戰勝了單一論學派，[17]再加上後來巴瑟侯醫生（Léon Bassereau）於一八五二年發現了單發下疳與感染性下疳之間的差異，因此得以區別梅毒以及軟性下疳這兩種疾病的不同，立下了一道里程碑。由於臨床觀察，梅毒的不同發病階段*終於較為人所知，梅毒指南教材雖已列舉第三期的徵候，但在當時尚未引起如同後來在輿論中

* 譯註：梅毒病程分為第一期、第二期、潛伏期、第三期：第一期約於接觸感染源之後數天或數週後，於生殖器或附近出現原發性的硬下疳，甚至多發性病灶，約持續三至六週；第一期約於四至十週之後轉為第二期，身上

引發的沉重焦慮。醫界漸漸開始描述梅毒對肝臟、腎臟、脾臟以及神經系統所造成的傷害。儘管里科爾反對，但隆格勒貝證明了梅毒二期症候的傳染性，而里科爾仍堅稱只有第一期的硬下疳才會造成傳染。

醫界對於梅毒遺傳性的思索，乃是取決於臨床觀察的條件。[18]然而，自從沃日拉爾區於一七八〇年建造一間醫院專門治療身患性病的孕婦之後，對新生兒有害的早發性遺傳疾病，便引起臨床醫生們的全副關注。[19]嬰兒感染的梅毒引發大量天馬行空的論述，無止無休的論戰企圖弄清楚幾個疑點，以下將逐一列舉討論。

（一）性病可能經由父親傳染嗎？

社會的道德共識特許男性擁有相當的自由，並使得女性羞於承認自己的錯，因此導致醫生們誇大了父親應負的責任，進而將父方的角色置於優先地位。貴族以及資產階級的女性，受孕懷胎時，應是清白無罪之身。她們在某方面享有不需承擔錯誤的豁免權。由於梅毒的第一期病徵很難在孕婦身上辨別出來，使得上述偏見更加根深柢固。基於同樣的理由，醫界傾向承認遺傳疾病來自父親，即使父方完全沒有症狀時也一樣。[20]

整個十九世紀，遺傳病因來自父親的說法被廣為接受，儘管佛杭索瓦．庫勒希醫生（François G. A. Cullerier）與伊波利特．米爾醫生皆否認該論點，況且由杭特（Hunter）醫生開始提出的研究觀察，明顯證明精子不具傳染力。[21]我們在此指出這點，之後便不再複述。阿爾弗雷德．富尼耶教授本人則表示，他相信遺傳病因來自父親的理論。富尼耶悉心區別兩種染病方式，一是透過感染的傳染途徑；二是遺傳病因的始作俑者：精子的「同化生成元（l'imprégnation génératrice）」。[22]

遺傳病因來自父親的理論，引出了另一個概念：妊娠梅毒，意指胎兒被父親傳染梅毒之後，可以再將疾病傳給懷胎中的母親，儘管父親與母親發生性行為時並未發生感染。科學界承認這樣的間接傳染，藉此維護妻子的無辜形象，其程度由此可見。妊娠梅毒於一八四一年由里科爾提出之後，隨即被許多傑出學者認可，包括為之命名的保羅．迪戴、梅赫（Mayr）、貝勒曼（Lucien Belhomme）、哈欽森（Jonathan Hutchinson）、圖桑．巴爾泰萊米、阿爾弗雷德．富尼耶等人。阿爾弗雷德．富尼耶更是在他的理論體系當中，發展出一套「晚發性妊娠梅毒」的論點，認為遭受胎

許多部位會出現紅色丘疹以及結核、甚或轉為膿瘍或扁平濕疣，並有發燒、喉嚨痛、倦怠、體重減輕、掉髮、頭痛等症狀，少數患者可能併發肝炎、腎臟疾病、關節炎、骨膜炎、視神經炎、葡萄膜炎、間質性角膜炎，約持續三至六週，但亦可能重複出現二期梅毒的症狀；二期梅毒症狀結束之後，部分未接受妥善治療的患者將於三至十五年內發生第三期梅毒，有三種不同形式：慢性梅毒瘤、晚期神經性梅毒（病徵包括顱內血管性梅毒、麻痺性痴呆、梅毒性脊髓炎、癲癇、輕癱、失智）以及梅毒性心血管疾病。

兒感染的孕婦，甚至可能在分娩數十年之後才發病。[23]

（二）母系遺傳受到十九世紀所有性病學家承認，唯有圖梭（Trousseau）、卡茲納弗（Cazenave）與梅赫是例外。臨床證據就在眼前，著實難以否認。雖然醫界在這方面的意見幾乎一致，但這些專家開始分析由母親傳給孩子的性病時，看法便出現分歧。

多數醫生皆同意寇爾—波梅氏定律（la loi de Colles-Baumès），認為產婦在生下患有梅毒的新生兒之後，經常能夠對梅毒免疫。臨床觀察確實指出，許多產婦生下身患性病的「爛」嬰兒，自己卻未受感染。醫界長期認為寇爾或波梅氏的定律不容置疑，直到十九世紀進入尾聲時，才由阿爾弗雷德・富尼耶駁斥該定律——富尼耶宣告，所謂的母親免疫，在他看來只是潛伏期階段的梅毒。[24]

更令人訝異的，是醫界長期持續深信受精同化（l'imprégnation），或透過影響導致的遺傳，意指一名男性的精子若使一名女性首度懷孕，那麼這名女性將會長期被該男性的精子影響，甚至導致她之後與其他男性生下的孩子，都會帶有第一位男性的特徵。就我看來，學界的這些信念影響甚鉅，但我們卻不夠重視其影響，這些論點企圖放大女性不忠出軌所可能導致的後果，甚至誇大所有婚前性行為的自由的風險。左拉所有作品都闡明了這項受到保羅・迪戴認可[25]的受精同化理論，尤以《瑪德蓮娜・費拉》（*Madeleine Férat*）為甚。[26]阿爾弗雷德・富尼耶於一八九一年再度援引這項理論，他寫道：「據說，一名白人女性懷了第一任黑人丈夫的孩子之後成為寡婦，當她和一名白人男性再婚時，兩人生下的孩子的肌膚有一部分帶著黑人特有的色素沉澱。」[27]

梅毒的傳染途徑，仍充滿爭議。十九世紀的性病專家們，並非全都清楚明白地區分遺傳性梅毒與「天生性」梅毒。[28]然而，里科爾、貝特宏、[29]侯勒[30]與卡茲納弗呼籲，兩種概念不可混淆。新一代的學者專家將精子傳染與胎盤傳染區分開來，譬如莫西亞克教授便是如此。[31]阿爾弗雷德·富尼耶認為，這是兩種不同的病因實體。[32]後來，嘉斯圖與雷蒙兩位教授[33]將以更加精密的方式來分析，並建議區分三種傳染方式：遺傳傳染、遺傳感染、以及子宮內感染的遺傳病因。

醫界承認「天生性」遺傳（或子宮內的先天性遺傳），並確認它與固有的遺傳也就是精子方面的因素不同之後，因此轉而懷疑透過血液傳染的可能性。梅毒第一期的血液感染早已廣受承認，而第二期的血液傳染性則由瓦勒（Waller）於一八五〇年、[34]佩里薩希（Pellizari）於一八六〇年[35]證實，其後便被廣泛認可。

接下來需要探討的，是母親的血液是否真能感染胎兒，抑或胎盤能像人們長期認為的那樣，扮演濾網的角色，阻擋疾病。自十九世紀中葉開始，人們不再相信胎盤的過濾功能，阿爾弗雷德·富尼耶甚至利用血液具有傳染力的事實，來論證妊娠梅毒確實存在。根據富尼耶的說法，既然母親的血液能將她得到的梅毒傳染給胎兒，那麼胎兒的血液也能夠將來自父親的遺傳梅毒傳染給母親。[36]

（三）醫學的空想論述重複傳播一則古老的理論，認為決定父母對遺傳疾病各自造成的相對影響程度多寡，是取決於性交當時的生理與心理參與度；該理論的支持者認為，興奮狀態較為強烈的一方，傳給孩子的種種遺傳因子便會較多。[37]

十九世紀末，阿爾弗雷德・富尼耶將會宣稱：遺傳性梅毒所造成的後果，會因傳染源來自父方或母方而有所不同。富尼耶認為，來自父親的梅毒，明顯較容易導致流產、死產或弱智，其遺傳因子夾帶的是基本定義的遺傳梅毒、以及死亡的根源；相較之下，來自母親的梅毒，經常是具有傳染力的原始梅毒。父親傳承的是「體質方面的缺陷」，母親給的則是帶原傳染因子。[38]

直到一八六〇年左右，研究梅毒遺傳性的臨床醫生們，並不重視上述這項差異。[39]此外，在探討遺傳病因的著作當中，梅毒引起的病變或梅毒體質仍然不受關注，有時與壞血病混為一談，幾乎總是被歸類為淋巴結核的病徵。當時醫界普遍認同的病因轉化（métamorphose morbide）理論，更強化了這樣的趨勢。里科爾本人認為，第三期梅毒病患傳染給子女的遺傳性梅毒，將會轉為淋巴結核。[40]他的理論試圖推廣一種他稱為「梅毒淋巴結核（scrofulate de vérole）」[41]的病徵，並將其他相似病徵稱為「類淋巴結核（scrofuloïde）」。[42]不久之後，上述情勢便出現逆轉，對於性病的恐慌廣為蔓延擴散，這是西方歷史上的第二次，但形式大有不同。

自一八八〇年代起，種種科學言論，使得性病造成的大患縈擾人心，但這些學界論述並未將關注的焦點集中於下疳或第二期梅毒所引發的恐懼、亦未聚焦於第三期梅毒造成的危害。阿爾弗雷德．富尼耶自己也承認，第三期梅毒造成的死亡終究只占少數。醫生們之所以能夠激發人們對於遺傳病因的焦慮，是因為他們宣傳遺傳疾病可以很晚發作、其潛伏期可以很長、甚至可能代代相傳。這些醫生大肆宣揚不具梅毒特性的梅毒病徵、以及它的遺傳表徵，人們對於種族退化的擔憂才具體成形。

梅毒的晚發遺傳性這項概念，大約於一八六〇年至一八八〇年之間漸漸成形。侯勒與蘭瑟侯分別於一八六五年與一八六六年發表他們的重要相關著作，根據他們的說法，[43]當時大部分臨床醫師都認為潛伏期是極為短暫的。對當時多數醫師而言，凡是誕生三個月之後才發作的梅毒，都屬於後天感染。遺傳病因的威脅是「涅索斯的血衣，*孩子們在離開襁褓時期的時候，亦同時擺脫了它」[44]——一八七九年，維克多．奧加訥仍這樣表示。然而，這樣的說法飽受質疑。蘭瑟侯便承認，該主題當時在醫界甚為風行，[45]辯論頗為激烈。性病學說的著述中，晚發型遺傳病所占的篇幅迅速增長。一些臨床醫師同意，直到孩子兩三歲時才首度發作的遺傳性梅毒，確實存在。[46]某些醫師甚至表示，他們發現一些發病時間介於三歲至十八歲之間的遺傳性梅毒案例。然而，信服這些論點的人並不多。

大量研究探討梅毒遺傳造成的病變，引起醫界學者諸多思考，比如一八五一年德保羅

* 譯註：La tunique de Nessus，意指「有毒的禮物」。希臘神話中，涅索斯（Nessus）死前為了復仇，誑騙敵人之妻可用沾有自己鮮血的長衣使人回心轉意，事實上卻是一穿即死的毒衣。

（Depaul）針對肺臟的論述、以及一八五二年辜勃勒（Gubler）針對肝臟的看法。後來，一八七一年帕侯（Parrot）對於骨頭方面的相關病變，以及蓋吉（Gaj）對於脾臟，均提出相關病變的說法。然而，晚發型遺傳梅毒的擁護者們最為受用的論點，來自英國性病專家哈欽森。他提出了一系列相關器官營養不良的特徵，主要症狀包括三組感染範圍：牙齒系統（半月型新月凹陷門牙，也就是所謂的哈欽森牙或螺絲刀牙）、眼睛系統（虹膜炎）、骨骼系統（刀鋒狀的脛骨）。哈欽森藉此界定了遺傳梅毒的特有病徵。

哈欽森的論點在英國廣獲承認，但在超過二十年的時間當中，法國醫界激烈反對。法國對於遺傳梅毒的研究[47]仍然遵循舊有的研究問題，焦點依舊放在新生兒的梅毒之上，並在長期之間仍保持如此。第一本研究嚴謹定義的晚發型遺傳梅毒的專書，直到一八七九年才出版，作者是維克多·奧加訥，這研究主題是在他的老師歐宏（Horand）教授（亦即梅毒專家、里昂學派的頭目）建議之下開始的。

當時，阿爾弗雷德·富尼耶和一些同陣營的法國或外國醫界人士，開始根據一系列的臨床觀察報告，來堆造一套前後一致的連貫理論，其規模之大乃是前所未見。從此，梅毒的遺傳性便發展出一套空想論述，其數量之龐大，令人目瞪口呆。一九〇六年於里斯本舉行的一場國際研討會上，保羅·嘉斯圖醫生在與會成員面前，完美地摘要他們的意圖，宣布阿爾弗雷德·富尼耶透過統計數據，證實了「僅是梅毒這單一疾病，即可構成足以導致遺傳病因種種徵候的所有條件，它不只影響出生率、造成身體缺陷與器官變質，更是導致畸胎的因素，（⋯）漸漸地，它造成的影響，占據主導地位，使得梅毒如今幾乎涵蓋了所有遺傳疾病，不只影響下一代，亦影響下一代的下一代，或許很快便將殃及之後的其他世代。」[48]

這樣的論述之所以能夠成功，有好幾項有利因素：縈擾人心的、所謂骯髒[49]而且「帶病的交媾[50]」的；在教會漸失影響力、人們漸漸不再畏懼罪愆的時代，將罪惡與懲罰連結起來，成為一種迫切的必要；在達爾文主義推廣普及的影響之下，人們對於民族退化（而不再是物種退化）的焦慮大為泛濫；總之，人們害怕眼睜睜看著他們從屬的人類群體（社會階級，抑或國民全體）在其中無法適應，落入漸進淘汰的道路。[51]「梅毒侵襲」[52]成為熱門話題，是可以理解的事。相較於手淫、酒精成癮或肺結核，它更能落實上述這些妄想。

此外，我們不可遺忘阿爾弗雷德・富尼耶教授本人的特質：他是一名孜孜不倦的奮戰者，積極而活躍，深諳宣傳之道。他向所有法定權力機關發表的眾多談話、他的理論著述之廣博、以及簡明扼要的風格，都使他得以徹底發揮他身為這批梅毒專家未來領導者這地位的優勢。嘉斯圖醫生十分中肯地指出，阿爾弗雷德・富尼耶「看見的是梅毒病患的普遍特徵，（⋯）當時沒有任何醫生能夠針對肺結核患者、酒精成癮者、瘧疾病患、感染者或毒癮患者做出這樣的觀察。」[53]

一八八六年，阿爾弗雷德・富尼耶出版了一本探討晚發性遺傳梅毒的龐然巨著，當時他剛鉅細靡遺地創造出「梅毒晚期併發症（parasyphilis）」的概念，這是他企圖將梅毒領域延伸至梅毒病徵之外的首度嘗試；前一年，他在法蘭西學術院大力譴責性病殘害「無辜」犧牲者，諸如保姆、玻璃工人*或忠貞的妻子；自從一八八〇年起，他便不斷要求改良監督娼妓的模式。因此，他如此痛斥遺傳梅毒，背景原因是試圖宣導「性之禍害」，而遺傳梅毒只是其中一環。根據他的說詞，這是一個全新的主題，至今仍被臨床醫生們「遺棄」、「忽略」、「蔑視」；「直截了當地說，他們並不相信，或是幾乎不信。」[54]

阿爾弗雷德·富尼耶和支持其論點的成員們，都是一些不大熱衷於生物學理論的臨床醫師或統計學家，[55]他們對遺傳的概念奠基於一些廣泛模糊的觀念與說法。這些含糊的概念，值得一一檢視。依照不同情況，授精者將會傳給後代「器官病變」[56]、「體液協調問題」[57]、「天生血質不調」，[58]抑或一種「體質方面的影響」，導致「全身性的錯亂」、「原發性的衰弱」、「無法發育成長的影響」（不同於營養不良所造成的影響），總之是一種生物學上的原罪，「無生存能力」[59]；它首先是個人的「衰退」，而就長期來看，它將演變為整個民族的退化，因為梅毒的退化變質作用，已是根深柢固的頑念。

阿爾弗雷德·富尼耶表示，遺傳的梅毒較原始梅毒更加嚴重，「它經常衍生一種體格上的狀態，而且絲毫不具梅毒的病徵。」[60]梅毒就此被描述為最主要的疾病，較其他疾病更能干擾自然，而梅毒晚期併發症的非梅毒病徵，成了遺傳梅毒的延伸。該理論於一八九八年艾德蒙·富尼耶提出「營養障礙傾向」論點時，[61]臻於成熟。

這項舉動顯然掩蓋了許多道德偏見：姦淫是格外嚴重的罪，在這前提之下，遺傳缺陷便是再好不過的結果。性病自然而然成為病因的象徵以及概述。「梅毒是一團堆肥，所有腐化墮落都在此蔓生」，[62]而上述這些醫師打從心底深信：臨床研究的進展，將會一點一滴證明，梅毒主宰了所有病理學。[63]

阿爾弗雷德・富尼耶書寫他的主要著述時，在他眼中，這套理論的驗證工作似乎已大有進展。打從將近二十年前開始，帕侯便致力於證明，所有佝僂病都是由梅毒所引發。[64]哈欽森的主要著作於一八八四年譯為法文出版，在這名英國學者眼中，其著名理論的三種癥狀，構成因素確實是遺傳梅毒的毒素所導致的營養不良問題。哈欽森的觀察報告，支持了阿爾弗雷德・富尼耶的主張。儘管科赫已經發現了結核桿菌，但富尼耶依舊堅稱肺癆乃是由梅毒所引起。到了一九一〇年，艾米爾・賽瓊（Émile Sergent）醫生的研究仍然支持一套由圖桑・巴爾泰萊米、維克多・奧加訥以及艾德蒙・富尼耶等人所認可的理論。漸漸地，病理學的多數病症都被性病學家歸類於梅毒之下，有時還有其他領域的專家背書——波特氏病**與聾啞症皆是如此。外科醫師蘭尼隆格（Odilon Marc Lannelongue）教授認為，先天性髖骨脫臼經常是由梅毒所導致的。

這番論述在神經系統疾病上的應用亦不可小覷。根據前述幾位專家們的主張，腦膜炎、癲癇、抽搐、口吃、髖骨缺乏反射動作、以及多發性硬化症，都與梅毒的遺傳性有關。至於神經官能症與

* 譯註：梅毒是當時玻璃工人的職業病之一，因工人在吹製玻璃過程中共用吹管而透過口腔粘膜傳染。

** 譯註：Mal de Pott，又名結核性脊椎炎。

漸進式全身癱瘓，當然都是同樣的病因。遺傳梅毒無特殊病徵的論點，在此再度幫助性病學家們鞏固他們的專橫權威。阿爾弗雷德．富尼耶寫道：「腦部的遺傳梅毒並無專屬症狀，它沒有特別之處。」[65]特別是梅毒引起的神經官能症，其特徵便是「發病初期的癥狀多樣性」。「大腦方面的症狀，最初幾乎全都能在疾病初發時發現徵兆」，[66]尤其是「類似偏頭痛」、暈眩、耳鳴、頭暈、「頭昏昏腦沉沉」、麻痺感等等。艾德蒙．富尼耶則是竭力推廣遺傳梅毒「多型態神經衰弱」的概念。[67]在這樣的情況之下，可以想見，試圖辨識戲劇或小說等文學作品中提及的種種病徵是否與梅毒有關，是多麼徒勞無功的事。[68]徵候學方面的不明確，使得人們對梅毒的恐慌油然而生。既然遺傳梅毒代表了先天衰弱，那麼凡是智力或精神方面的問題，都可能是由它所引起的。

於是，遺傳梅毒導致了「精神上的營養障礙者（dystrophiés moraux）」，造成一些人「發育不完全」、「有缺陷」，[69]並產生盜竊癖患者或放蕩墮落者、狂熱的手淫癖患者、[70]或是罪犯。自性冷感至慕男狂，舉凡性欲「反常」，經常亦是同樣原因。專家們對於這些病患的未來極為悲觀，而這些悲慘的預測，正是仿照他們已經用來懲罰手淫癖患者超過一個世紀的預言。

富尼耶的後繼追隨者，將心理方面的病態列入遺傳梅毒的範疇之內，認為這是如同烙印的退化特徵。凡是生理、心理或是社會方面的不適應，[71]在他們的眼中，都是遺傳梅毒導致的後果。於是，根據艾德蒙．富尼耶的說法，神經質的症狀、「性格驟變」、精神不穩定、一輩子「不斷更換職業」，[72]都是遺傳梅毒的表徵。

臨床醫學論述對於晚發性遺傳在徵候學方面的用詞模糊問題，由於遺傳梅毒患者的出現而得以彌補。很快地，在一般流行用語當中，這些人便被簡稱為「遺梅者（l'hérédo）」。創建新詞的同時，阿爾弗雷德・富尼耶描述了他們的樣貌，他用來描述這些實屬幻想的「發育不良者」的用詞，從此被不斷反覆引用至二十世紀中葉。遺梅者的主要特徵是全身發育停頓（infantilisme）與外型醜陋；「他們看起來比實際年齡小」；很晚才學會能夠讓他跟上進度的基本知識；他們是「美麗的淋巴結核患者」[73]的反襯對比；他們出生時若不是像個小老頭，便是擁有「猴子般的」外貌，彷彿預示人類將會變回動物。[74]

遺梅者「外型削瘦，（⋯）他們的肌肉系統發育孱弱，（⋯）他們臉色慘白，甚至接近灰色、毫無生氣。他們的膚色暗沉泛灰，是一種近乎土灰的骯髒顏色，（⋯）他們成長得很慢（⋯）很晚才學會走路」；[75]他們的身高始終矮小，牙齒也長得比別人慢；他們「身材纖弱」，看來像是「整個人都被綁得緊緊的」；[76]他們的睪丸「不成熟」、鬍子稀薄且很晚才長出來，他們的男子氣概「遲遲無法增強」；他們經常看似「乾癟、矮小、萎縮」；[77]女性遺梅者直到十七歲或十九歲才會初經來潮，胸部亦不會發育。

此外，遺梅者即使不是畸胎，亦將苦於各種營養障礙，[78]儘管梅毒在他們身上引發的症狀毫無梅毒特徵，阿爾弗雷德・富尼耶仍舊認為梅毒有一種「營養障礙方面的特色」，而專家能夠輕易辨識。在他看來，甚至連某些顱骨畸變、螺絲刀牙或刀鋒狀脛骨的案例，都只會由遺傳梅毒引發，不可能有其他病因。[79]富尼耶的理論有先例可循，貝內迪克特・莫雷爾早已主張「營養障礙具有一種典型特徵」；[80]身體、智力與精神狀態看似未受損害的遺梅者們，代表了遺梅者當中的營養不良者。[81]范倫亭・馬尼雍與保羅—莫里斯・勒格蘭這兩位醫師已竭力描寫那些因為酒精成癮或心理變態等遺傳病因而患上先天疾病的、無法適應社會的、被唾棄的人。[82]富尼耶口中這些遺傳梅毒患者的誕生，在十九世紀末諸多身心衰退者相關理論的歷史當中，不過是其中一頁。

無梅毒特徵的晚發性遺傳梅毒據稱揭發真相之後，理所當然引發其他使人焦慮的概念：十九世紀末的性病學家信誓旦旦地表示：梅毒病患即使表面上看似已然治癒，依舊能在病癒多年之後，將「體質上的缺陷」傳給下一代，甚至可能終生如此。基於這樣的長期帶原遺傳病因，阿爾弗雷德・富尼耶於是聲明：醫生們治療梅毒病患時，切萬不可「放掉繮繩」使其失控。[83]同陣營的成員進而尋思：原始梅毒雖然會隨著時間減弱，但遺傳梅毒是否相反？他們甚至懷疑遺傳梅毒對病患的殘害，將會隨著歲月而愈來愈嚴重。[84]在這樣的情況之下，救贖便永無一絲希望。

況且，醫界漸漸開始相信，遺傳梅毒能夠二度遺傳，將疾病傳給遺梅者生下的孩子。這項理論曾於十八世紀獲得承認，但之後便被性病學家斷然否決。「沒有人會染上他祖父的梅毒。」里科爾反覆這樣說，[85]之後的醫生們亦遵循他的教誨。到了一八七九年，也就是阿特金森對此提出質疑[86]的三年之後，維克多・奧加訥清楚明白地以這個難題難倒法國的專家們，[87]但他很謹慎，並未公然宣布他自己的見解。十二年後，阿爾弗雷德・富尼耶在其探討遺傳梅毒的龐然巨著之中，聲明自己傾向相信「二代遺傳梅毒」確有其事。然而，在缺乏具有足夠說服力的臨床證據支持之下，他語帶保留。[88]最後，率先聲稱二代遺傳梅毒的存在已獲證實的，是圖桑・巴爾泰萊米教授於一八九七年在莫斯科的國際會議上發表的研究。他甚至主張第二代患者的「遺傳梅毒晚期併發症（para-hérédosyphilis）」這個概念。[89]

該主題就此成為無止無休的爭論戰場：一九〇〇年，巴黎國際醫學會議的與會者進行了一場漫長的討論，本雅明・塔爾諾斯基（Benjamin Tarnowsky）、恩斯特・芬格（Ernst Finger）以及路易・朱利安（他於一八九八年發表的升等論文便是以這為主題）三人輪番為了代代相傳的遺傳病因辯護。[90]隔年，路易・朱利安出版第一本專研該主題的重要著作。一九〇五年，艾德蒙・富尼耶針對該主題提出一種新的臨床觀察研究方法，相較於侯區辛格醫生自豪的研究方法，[91]艾德蒙・富尼耶的方式較不嚴謹。蘭尼隆格、皮納德（Adolphe Pinard）、斯畢爾曼（Spillmann）、艾提安（Etienne）等幾位教授，以及神經學家吉勒・德拉圖雷特（Georges Gilles de la Tourette），都對此表示看法，使他們的同僚更加相信「體質上的缺陷」[92]能傳給後代的後代。醫界亦開始討論遺傳梅毒患者將疾病遺傳給他們的第三代甚至第四代的可能性。塔爾諾斯基、艾德蒙・富尼耶，以及後來的奧迪斯岱（Audistère）醫生，[93]都宣稱相信三代遺傳與四代遺傳確實存在。[94]

很快地，性病學者便致力於定義遺傳梅毒患者第二代的特徵。根據艾德蒙・富尼耶的說法，二度遺傳比首度遺傳更容易導致流產。他的父親阿爾弗雷德先前已在醫學院一篇學術報告中表示，首度遺傳會造成百分之四十二的後代死亡，而二度遺傳則是百分之五十九。「遭到遺傳梅毒玷污的人，對後代造成的危險，比後天感染梅毒者對後代的影響更為嚴重。」[95]艾德蒙・富尼耶匯編摘錄的觀察報告，使他做出以下結論：在一百九十二名由遺梅者生下的孩子當中，有一百六十一人「帶有或多或少鮮明突出的缺陷，（⋯）相較於民族整體，他們幾乎全部都是瘦小、退化、有殘疾的、低人一等的、無法在社會上生存的人。」[96]

至於其他症狀，第二代的遺梅者與第一代遺梅者極為相似，他們的疾病都同樣無法治癒，他們的命運早已注定。「治療梅毒的藥物，無法改變這些異常現象，此後這些症狀將永久不變，成為這些人的一部分，就像鼻子的形狀或眼睛的顏色一樣（…），這些症狀從此成為民族特色的一部分，且將透過遺傳代代相傳，卻甚至無法為其感染者提供保護力，使其不致感染後天梅毒。」[97]從此，罪愆已完全融入。第二代遺梅者是遺傳病因的改造力與創新力最純粹的表徵。相較於其他疾病，二代遺傳梅毒最能說明遺傳疾病的漸進式損害。這批性病學者尚且堅稱「梅毒無論先天遺傳或後天感染，都是造成人類退化最活躍且最迅速的因素之一。」[98]當時一些畸胎成因研究對於有毒物質影響的新發現，尤其是格雷（Gley）與夏涵（Charrin）的研究結果，皆支持這項說法，並藉由論證有毒物質可能影響「生源體（biophores）」導致遺傳病變，而使得巴斯德學派的醫學與遺傳學之間的理論協調一致。

然而，我們應當認為上述這些理論受到所有學者專家認同嗎？遠非如此。反對阿爾弗雷德．富尼耶理論的陣營當中，可區分為數種派別：一種較為少見，他們拒絕相信梅毒真有遺傳性，認為所有梅毒都是後天傳染，因此所謂遺傳梅毒造成的營養障礙，事實上只是一些續發病症（deutéropathies）。一九〇五年，霍夫曼（Erich Hoffmann）與蕭丁（Fritz Schaudinn）發現了致病因子梅毒螺旋體（或蒼白螺旋體），增強了這些人士的信心。該陣營在法國的代表人物，包括亨利．哈洛波教授與夏爾．傅傑教授。[99]必須注意的是，儘管他們持保留態度，但他們承認富尼耶陣營的臨床遺傳梅毒病徵觀察報告的準確度，在他們眼中，這些數據代表梅毒螺旋體存在於梅毒患者後代的生殖器官中。

另一個人數眾多的派別則相反，他們拒絕承認二代遺傳的可能性。[100]這些醫師包括國外的侯區辛格教授、拉薩爾（Lassar）教授、哈欽森教授與杜布瓦─哈弗尼特（Emile Dubois-Havenith）教授。莫西亞克教授認為該遺傳過程無法論證，皮膚科醫師布羅克（Louis Brocq）與布赫特（Buret）亦抱持相同意見。曾經首先表態支持該理論的維克多．奧加訥，於一九〇四年轉態表示：梅毒遺傳所引起的種族退化，只是一種傳說。

然而，絕大多數反對富尼耶陣營的人士，僅僅只是反對他們過度誇大的意圖。保羅．嘉斯圖醫生便在里斯本的醫學大會上公開表示：將所有遺傳病因都歸咎於梅毒之上，實屬誇大之舉。他認為，梅毒其實只是眾多遺傳病因當中的一個。[101]儘管如此，他亦承認性病學家們確實成功地在臨床醫師的圈子裡，強迫眾人接受他們對遺傳的看法。

社會歷史學家的首要工作，是評估這批梅毒學家自一八八五年至一九一三年之間展開的學術攻勢所造成的影響有多麼深遠，但絕非試圖將這些理論造成的災難性恐慌全部歸咎於他們身上。當時的資產階級心頭縈繞不去的頑念，彷彿促使這些醫師將之轉化為專業科學語彙，而當他們這樣做的同時，他們便為幻想提供了科學根據，使妄想變成確信肯定。

阿爾弗雷德．富尼耶與其同僚所建立的理論，使得人們對於性的恐懼大幅升高。自十九世紀初至一八六〇年代左右，這番恐懼原本已經減弱。閱讀富尼耶等人的論點時，每個人都可能因此認為自己遭受威脅、同時又身懷罪孽。原本自認已經痊癒的梅毒病患，讀了最新的研究結果之後，便急忙趕至阿爾弗雷德．富尼耶的診所大嚷：「醫生，我完蛋了，是這樣吧？如果我結婚的話，我只會生下孱弱瘦小的孩子，或是淋巴結核患者、佝僂病患者、爛掉的性病病患，諸如此類的孩子」；[102]孕婦的丈夫們，惶惶不安地等候他那汙穢可恥的孩子的誕生；自認健康而無辜的父親們，卻惶然戒備其後代出現遺傳病的初始徵兆，而這些病徵卻可能直到他死後才首度發作；熟年或年老的男性們患上偏頭痛時，幻想自己或許是祖宗罪孽所產生的結果，永遠無法治癒。根據富尼耶陣營這批梅毒專家的言論，救贖再無可能，因為「免疫保證」[103]已不復焉。既然如此，又何須對必然出現的新詞「梅毒恐懼症（syphilophobie）」感到訝異呢？

在所有病因現象中，梅毒最能體現資產階級對於後代子孫的焦慮。如今，梅毒體質比手淫更具威脅性、比同性戀或「倒錯反常」[104]散布更廣（他們這樣認為）、比酒精成癮或肺結核更不易察覺，它有能力造成家族「全面滅絕」。[105]梅毒引起的孩童多重死因之相關研究數據至為駭人，便能夠證明這一點。[106]

遺傳梅毒較原始梅毒更為嚴重，它更容易影響上流階級，因為阿爾弗雷德．富尼耶認為，致死之不良體質主要源自父方，而在資產階級的觀念之中，男性的罪孽比女性深重許多。普羅百姓透過他們的女人，傳給資產階級男性一種充滿毒性的梅毒，它將轉化為死亡的種籽，殘殺所有後代。儘管身為人妻人母的良家婦女純潔無垢，但整個民族（指的主要是資產階級家庭）卻因為來自街上或頂樓傭人房的墮落腐化而陷入危險。

個人的道德責任，就此遠遠超出他自己這一生的範疇。長期的遺傳宿命，支配了他的一言一行。一旦想到祖先的罪過，憂慮便折磨著他，此外還得加上他對於後代子孫所抱持的內疚。且讓我們複述皮納德教授的說法：一名年輕男子，首先是種籽的攜帶者。人們對於保護種籽的關切，和企圖維持道德純淨的關切是一致的。梅毒病因與傷風敗俗被緊密聯繫在一起，而疾病便是懲罰，懲戒上流階層與人民百姓之間的骯髒接觸。

醫界言論、以及這些言論所引發並反映的遺傳焦慮，造成了一種精確嚴格的婚姻策略。一個家庭如今不只希望保存並增加其財產，亦期望能夠保留或改善他們的基因資質。醫師艾米爾·羅宏（Emile Laurent）歎道：「一名男子不讓他的母驢與體格不佳或品種不良的種驢交尾配種，卻將他的女兒嫁給癌症病患、肺結核患者或精神錯亂者的兒子。」[107]

能夠診斷遺傳病因的家庭醫生，其客戶必然是生活穩定的城市居民，詳熟自身家譜，而且當然是富有人家。這是屬於資產階級的醫學，就連該領域的專研醫師，亦是由父親將專業傳承給兒子。阿爾弗雷德·富尼耶吹捧一種新的醫學調查，對象同時針對祖先與旁系親屬，根據他的兒子艾德蒙的用詞，原因是「就梅毒而言（…）旁系親屬較直系尊親屬更有親緣關係。」[108]阿爾弗雷德·富尼耶自己也承認，眾人怪罪他自詡為預審法官。事實上，他的確將學生們派往資產階級居住的不同樓層，試圖在病患的父母家中尋找致病體質的相關線索。[109]

遺傳梅毒的相關臨床觀察報告所造就的治療法，事後看來，是極為可怕的。[110]以阿爾弗雷德·

富尼耶充滿啟示性的用語來說，「遺傳梅毒的疑似患者」[111]是「罪惡生殖」的可悲產物，應儘早發現疾病。富尼耶因此建立了一套「預先徵候學」。[112]他聲明自己堅決捍衛預防療法，「必須在最早的時機使用汞劑治療這些有缺陷的人們，不能讓他們只發育一半、只活一半。」[113]艾德蒙・富尼耶甚至認為，應該在毫無相關病徵時，便開始治療。[114]汞劑療法因此將會「長期使用」。[115]阿爾弗雷德・富尼耶於是建議：所有持續苦於偏頭痛的年輕男性，都應視為遺傳梅毒患者來治療。[116]同樣地，孩童若「性情驟變」[117]且學業成績一落千丈，都屬於汞劑治療的範疇。

如今，我們都很清楚，遺傳梅毒的歷史，講述的是一條死胡同的故事。然而，其中的猶豫、失敗與錯誤，有時比科學事實更值得歷史學家探究。性之災禍相關理論的黃金時期始於一八八五年，在形式多樣的強迫宣傳之下蔚為風潮，直到第一次世界大戰才告一段落。性之災禍理論主要奠基於遺傳梅毒對胎兒、個人、家族與民族所造成的威脅，而非著重「原始」梅毒所造成的禍害。梅毒這次再度浮上檯面，形成一種前所未見的精神局面，其中的沉重憂慮，與拉伯雷時期由下疳引起的驚恐截然不同。這一次，疾患可能一輩子隨時都會發病，而染病者無論是「無辜」抑或有罪，都毫無全然救贖的希望。

相對來說，力圖打擊性之災禍的宣傳言論，確實顯得過時。這套言說的參考範本，來自那些對抗暴飲暴食以及肺結核的各方不同社團聯盟。此外，它所引起的憂慮，不過是代替並承接了所有由遺傳病因、酒精成癮與神經疾病所引發的焦慮。但我們必須承認，若人們相信這套充斥幻想的醫學言論，那麼遺傳梅毒的攻勢儘管過時，卻是最廣泛有力、最邏輯一致、最令人焦慮的。[118]

若不去認識這段遺傳病因的歷史，便無法解讀十九世紀末文學作品中的相關元素，更無法理解這些作者竭力述說的「身心退化者」、「發育不全者」、「低人一等者」、「潦倒者」[119]的故事。總之，我們必須認識這段種族迷思的歷史，才能理解如今二十世紀的優生策略。

新婚夫妻小聖經[1]

十八世紀末以及十九世紀的醫生們，對性的主題深深著迷。自米歇爾·傅柯至尚—皮耶·彼特；自伊芳·倪貝樂至尚—保羅·阿宏，史學家們自很久之前便已注意到這一點。[2]科學使人得以巧妙地違犯禁忌，唯有科學能夠允許人們注視私密身體。波旁復辟時期，婦科醫師喬瑟夫·黑卡密耶（Joseph Récamier）已開始使用窺鏡，該舉動引發許多爭議。直到十九世紀末，仍有憤慨的正派人士認為，醫師將這儀器插入女性體內，是一種醫學上的性侵害。科學甚至能在有需要的時候，成為掩飾欲望滿足的藉口；路易—佛杭索瓦·貝莒黑醫生的報告便指出，一名年輕醫師在並非毫無快感的狀況下，為他負責治療的歇斯底里女病人紓解痛苦，方式是以他充滿學識素養的愛撫，來使她們達到連續高潮；直到病人們的家屬察覺有異，這項充滿飢渴的治療手段方告終止。[3]在這僅准許使用純淨語言的時代，尤以醫學理論最能提供講述性事的快樂。

這篇文章所討論的主題，僅聚焦於這些臨床醫師的言論。我的想法與米歇爾·傅柯[4]相左，我不認為十九世紀的醫生們對於探究性少數所展現出來的費心，多於他們對夫妻關係話題的關切。傅柯會這樣認為，或許只是因為我們這個時代的史學家們較為注意當時精神科醫生憂心忡忡的分析，以及歇斯底里症的劇場呈現、還有關於性反常的分類學、以及對這些陽具誤入歧途的強力譴責，而較不去關注史上不可勝數的夫妻性事指南，它們雖然數量繁多，但相較之下內容乏味，作者無甚天賦，讀者不知是否存在。

本文因此並不探討傷害風化罪、抑或「性反常」的實踐、或是情色的刺激，而是關於（以下援引這類指南作者的用語）性交、交媾與夫妻親熱的豐富說明。總之，本文試圖探究查爾．孟達班（Charles Montalban）醫生於一八八五年竭力在他的《新婚夫妻小聖經》（*Petite Bible des jeunes époux*）[5]當中簡介的種種指令。該書只是眾多案例當中的一例。孟達班醫生在書中採用的語調中規中矩。在當時，談論性事必須採取一種特殊策略，表現出為正規性行為辯護的態度。最合宜的談論方式，是四處斥責異常行為，並以不祥的預言來詛咒所有不符規矩的性滿足。這些醫師都表現出對於夫妻床笫的極度敬重，將之視為家庭「祭壇」，以近乎靦腆的口吻談論它。在他們的言說之中，夫妻雙方自然而然忠於對方。

醫界以「性衛生」的名義發布他們的命令，淨化了其中的猥褻下流。然而，他們的發言有時極度專橫。當時醫生的權威較現在更少掩飾，但人們尚未想到要去懷疑它。讓我們聽聽路易—佛杭索瓦．貝莒黑醫生的用語，他的某些病歷紀錄，清楚表明他何等專制：針對一對未婚伴侶，他以簡短的評語寫道：「我嚴格禁止所有不正當的性行為（…）年輕人應該結婚：生育，然後痊癒。」他亦禁止一名非常耽溺肉欲的四十九歲男子進行性交，並如此記錄：「他一大早就來找我，幾乎是淚水盈眶地問我能否准許他和女人親熱，只要八天一次就好。」但貝莒黑醫生不為所動。

閱讀這些關於「性交」或「交媾」的章節時，首先發現的客觀事實相當令人訝異：醫生們公開讚揚性高潮。他們意見一致，認為它是最強烈的快感，但有件事相當奇怪（至少乍看之下如此）：他們只詳述性欲高潮的形式，並且經常費心強調性高潮依舊是令人厭惡之事，高潮過後，反感往往隨之而來。他們的著作絲毫不提那些慢慢醞釀的快感，只講述一些「強烈興奮」、「痙攣」、肉欲的「震盪」、以及「火熱的呼吸」。這些醫師詩興大發，競相展現技藝，將一切轉化為閃電場景——他們讓天空微微打開、使號角響起、雷聲隆隆。這樣的誇大其來有自，射精的神祕奧妙，便是它的正當理由。人因此得以媲美上帝，或至少能與大自然匹敵。快感存在於使物種得以存續的創造行為當中，而醫師們只是謙遜地適度禮讚這宏偉壯麗的戲劇場景。

然而，過度放蕩的夫妻，將面臨悲慘命運的致命威脅——最激烈的快感，同時亦是器官功能最危險的運用方式。這一點需要稍加解釋。這些醫學文獻汲取久遠的希波克拉底、亞里斯多德與蓋倫醫學等學派的傳統，認為性行為以節約為重（關於這點，有些學派表現得十分明確，有些則否）。妻子方面的原因已是共識，數量龐大的著作爭相強調：青春期的重要性；初次性經驗的關鍵影響力；月經期間不可或缺的衛生清潔；更年期的轉折是多麼嚴重。但這些著作的作者亦同樣堅持（或更加堅持）男性性欲的重要性。經常取經女性主義的性學歷史，往往傾向遺忘這一點。根據當時醫生們的看法，男性的高潮痙攣是最高強度的快感滿足，需要以嚴厲而專注的態度來管理。法國學者認定必須節用精液，而維多利亞時期的英國醫師們亦非常關心這套理論。雷維耶——帕里斯（Joseph-Henri Réveillé-Parise）醫生認為精液是「液態的生命」，[6]阿雷山得・梅耶醫生則將之視作「血液最純粹的萃取物」，[7]它的射出，必須仰賴劇烈的大量氣力。嘉尼葉醫生不正如此記載？根據計算，損失三十克精液，「相當於損失一千兩百克的血液。」[8]首要任務是避免浪費，意即避免輕率冒失的排放。若懂得節省使用這份力量，便能延長壽命、發展才華。佛洛依德的昇華概念，根源源遠流長。

就我看來，我們在此掌握了主要線索。這些醫學著作寫得像是精液管理指南，每一頁都是關於衰竭耗損的妄想。熱力學告訴我們：熱度會轉化為能量——依照這個道理，快感的創生，亦將導致生命力的損失。路易．瑟涵醫生寫道：「一個人每次完成生殖行為時，便給出了他生命的一部分，用以點燃新生命」；「科學必須（…）引導這份如此誘人又如此駭人的力量，它的過度濫用，是這時代最巨大之惡。」[9]自此展開一場又一場無止無休的論戰，探究男性節制性欲的益處或危害，衍生出許多反對手淫與婚前性行為的怒叱，並反覆譴責「夫妻假戲」。

自從一八五〇年代開始，教會對於名為「夫妻自瀆」的新禍害展現了極度的關注，尚—路易．弗隆德罕與美國法官約翰．T．努南（John T. Noonan）皆曾描寫此事。該用詞指的是已婚夫妻在迴避懷孕風險的情形之下，用來達到快感的所有手段。這宗罪愆形式多樣，可使虔誠信徒遭受下地獄之罪，亦將使祖國人口減少。在醫師們的眼中，它最大的危險，是使男人喪失生命力、使女人「神經緊張」。

學者們仔細列舉了這些「假戲」的不同方式：中斷性交、互相手淫（這被認為是「下流無恥的服務」）、口交、肛交。除此之外，貝莒黑與其他幾名醫師亦以同樣的尖酸刻毒，來責難男性與不孕妻子或停經女性交媾：這兩種類型的女子深具毀滅性，她們的愛毫無用處、既暴烈又不知節制，毫無一絲畏懼，無法阻攔泛濫的欲望。這些已婚的淫蕩女子對道德倫理極具威脅性，她們熱愛「投身於放縱的性交」，[10]使她們的丈夫筋疲力竭。今日在衛生部長贊同之下服用避孕藥、使用避孕環的現代女性，若讀到當年這些譴責，將更能理解十九世紀醫師們與現在負責計畫生育的醫生之間的文化鴻溝，是多麼的深。

關於這一點，亦需稍加解釋。十九世紀的醫生們，不停強調女性天生擁有遠遠超越男性的連續高潮能力。這道顯而易見的差距，引起了一種焦慮的算術法。好些學者試圖計算男性與女性各自在這方面的潛在能力，或許期望藉此袪除女性如狼似虎形象所引發的焦慮。嚴肅的皮耶·拉斛思在其辭典中斷然評道：一名女人在性方面，等同二點五個男人。男性的焦慮，隨著時間增長。一八八〇年代與一八九〇年代這二十年間銳減的男性氣概，從未如此引人同情。針對日耳曼的仇視，亦滲透了這些算術法。孟達班醫生表示，日耳曼人「每四人才抵得過我們的一人」，但他宣告的優越性似乎不足以安撫法國這些高盧雄雞。

以較為廣泛的角度來看，對於性的科學思索，由於其特有的管理主義觀點，使它被歸納於算術法之下。社會全體皆是如此。妓院老闆費心不讓嫖客「加倍動作」，而青年時期的維克多·雨果在筆記本中記錄其花天酒地之夜的豐功偉業；薩德或小說家雷蒂夫（Restif）向他們的讀者指明其筆下人物經歷幾次性高潮，正是基於和雨果一樣的、對於精準數據的重視。

因此，我們無需訝異十九世紀這些強力抨擊所有情欲遊戲的醫生，紛紛議論應當向其讀者建議多少次射精次數、並竭力建立一套數據標準，程度隨丈夫的年齡而漸減。這些醫生先是大略提及一些知名歷史人物的驚人紀錄，接著特許年輕力壯的男性每週性交二至三次；若丈夫已年近五十，則應局限於三週一次高潮。反之，關於男性應於幾歲完全停止性生活，醫生們的看法略有分歧。某些醫師認為，五十歲是適當的極限。另一些醫師或許較為年長，他們（例如嘉尼葉醫生）謹慎地認可五十世代男子的性行為。超過該年齡層，則應全面禁止。

上述這道算術法，不適用於女性身上。路易．費歐醫師寫道：[11]幸虧如此，否則女性將構成一股龐大壓力，女性在性快感方面的優勢，只是一種潛在能力。女性的欲望和男性不同，需要挑逗，方能誘發。一八八〇年，費歐醫生表示，「生殖機能的發作，或親近的需求」這道欲望，在男性身上每隔三四天便會出現，而在女性身上，則是每三週才會出現一次。「夫妻假戲」為何如此危險，原因由此可見。每個良家婦女心中都潛藏著如狼似虎的享樂主義者，而丈夫的責任，是避免以危險的過度愛撫來挑逗她，以免觸發一場致命的轉變。

不僅如此，夫妻若過度放蕩，丈夫將會筋疲力竭、枯竭衰亡。縱欲將使妻子的血液混濁，並摧殘她纖細敏感的神經，精液無法使她平靜。貝莒黑醫生寫道：「在反覆的假戲影響之下，妻子的血流可能造成駭人的出血。」他表示，一名年輕女病患在丈夫的色情勾當摧殘之下，向她最好的朋友吐露心聲：「他太常讓我神經緊張，我的健康狀態撐不下去。」

貝莒黑醫生確實是個極端特例，並非所有醫師的想法都和他一樣。排卵機制被發現之後，一些臨床醫師甚至立即推薦藉由計算月經週期時程來避孕，儘管這派醫師人數極少。慷慨激昂的貝莒黑醫生的主張並非毫無價值，他的誇大論點，能使我們更加認識他多數同僚的手段、更理解他們所建立的規範。

在醫生們眼中，生育的動力勝過其他考量。若希望性交全盤得勝，男性必須勇猛、過程必須迅速。若酒鬼耽擱過多時間於歡愛之上，是因為他失去了使女性受孕所需的精力。這是戒絕縱欲行為的新理由：受孕成果的品質可能遭受損害。

可想而知，這套充滿幻想的科學言論，從不討論早射的問題。清晨較其他時間更適合性交，正是因為強猛活力不可或缺。路易．瑟涵醫生表示，巴拉圭的耶穌會士深諳這一點，因此選在清晨的起床時間之前一小時，敲響各村莊的鐘。至於那些偏偏要在晚間用餐過後恩寵妻子的人們，基於同樣理由，最好等待消化結束。當然，醫生們明確地建議，生病或是飲酒過後，應當避免性交。法國學者認定必須節用精液，而維多利亞時期的英國醫師們亦非常關心這套理論。雷維耶—帕里斯醫生則表示，由於交媾「會使腦袋變得模糊」，因此建議埋首文學創作的男士們，在寫作期間完全避免性交。[12]

就我們所知，十九世紀夫妻的性交時間極為短暫，而上述這一系列指令，正符合這一點。一九〇六年，在知識分子之間廣為流傳的一本著作當中，瑞士性學專家奧古斯特．弗雷爾對此做出結論：在他的資產階級客戶群中，性行為平均持續三分鐘。[13]數十年後，性學專家金賽（Alfred Kinsey）的調查結果，並無太大差異。

精液的管理得當、以及成功受孕，確實是醫生眼中的主要目標，但他們並非毫不在乎女方的行為舉止。妻子的歡愉感受是他們的棘手難題，我們已經知道，她若縱欲，在他們眼中代表何等威脅。女性高潮的相關論述彼此相互矛盾，是個充滿爭議的主題，不同理論層層疊疊，如屋瓦一般彼此嵌合，若想以極度的精準來定義這些無法抱持肯定態度的醫生們的態度轉折，將是徒勞無功之舉。這些醫生面對的難題，引起他們的巨大焦慮，其轉變經常是非理性的。然而，我們依然能夠大略分辨出三個階段：

（一）直到科學家發現精蟲之後好一段時間，人們依舊相信，唯有讓女性達到高潮，方能達到生殖的目的。這道信念，始於古羅馬蓋倫時期。十九世紀末，某些女性強迫自己不能高潮，以避免懷孕的風險。許多從未體驗情欲快感的妻子，在得知自己懷孕時，驚得目瞪口呆。既然當時普遍相信高潮不可或缺，那麼女性的快感理應能夠合理化、甚或得到讚揚，問題是女性矜持的概念在此開始發揮作用。所有的衛生學工作者都反對丈夫讓妻子採取主動，因為他們無法不憂心女性的縱欲潛能所代表的風險。他們排斥女性情欲的表現，完全否認女性欲望的存在。妻子是丈夫的責任，他必須負責調節她的「神經阻斷（l'énervation）」。男性因此背負三重任務，他必須同時兼顧精液的節約與受孕過程的勇猛，同時還得當心避免妻子性欲泛濫，否則他將承受極大風險——沉睡在他這名平凡妻子體內的「子宮癲狂之力（fureurs utérines）」，這股因為慕男狂與歇斯底里病患而廣為人知的大地力量，極可能因為他而爆發。

可以想見，新婚妻子的處女之身，能使丈夫身為安排者的任務簡單許多。沒有經驗的妻子，更會聽從啟蒙者的教導。當時的受精同化理論認為，女性的第一位性伴侶將在她身上留下不可磨滅的精子印記，因此更加彰顯未婚妻的童貞是多麼可貴。[14]

（二）七月王朝期間，生物學家浦榭（Félix Archimède Pouchet）與醫師內格里耶（Charles Négrier）發現了排卵機制如何運作。女人不再只是一尊子宮，而是創造工程的參與者——甚至更勝參與者，她與大自然同化而成為一體。她的地位提昇了，而她必須為此付出代價。排卵的自動性，或毋寧說是自發性，使得性高潮就此成為無用之物。女性絲毫不需快感即可受孕，唯有男性高潮不可或缺。與其為妻子謀求快感，還不如以殷勤的呵護來關懷照料她。孟達班醫生便是如此照護他那年輕但毫無生氣的妻子阿黛娜伊絲（Athénaïs）。薩特的孟侯醫生（Jacques-Louis Moreau de la Sarthe）亦寫道：性冷感的女性比過度興奮的妻子更能受孕，因為她較能留住精液。

數十年間，男性因此能夠心安理得地不顧伴侶的反應。人們對精液管理的妄想最為沸騰之際，所謂維多利亞式的道德倫理，在西方世界大獲全勝。這是否定女性的時期，情欲快感的必要需求，正式遭到否決。直到數十年之後，醫界的主流論述才終於再度囑咐丈夫們給予妻子高潮。這得等到戰後，新一波性學崛起的時期。

（三）醫界除了女權運動家瑪德蓮．珮樂提耶（Madeleine Pelletier）醫生，以及幾名始終處於邊緣地位的新馬爾薩斯主義者之外，的確有一些聲浪自十九世紀末開始發聲，要求讓婦女亦擁有享受快感的權利。西奧多．澤爾丁便指出，[15]達提格醫生於一八七八年出版的《十九世紀女性的愛情實驗，或不忠之原因》，扮演了重要角色。但我們萬萬不可誤會這本著作的企圖。達提格醫生自詡為首席代表人物的這套醫學空想論述，其目的與婦女的性解放毫無關聯。它並非自由戀愛主義的辯護狀。達提格醫生認為，妻子若能得到快感，便是她保持忠貞的最佳擔保。愛撫之所以被准許，是由於害怕妻子出軌。美妙的前戲、新婚妻子的性高潮、以及孟達班醫生口中的「兩名戀人之和諧一致」，成為新伴侶關係定義的一部分。當時的思想進步人士致力描繪這樣的配偶樣貌：既和睦，又親密無間。直到很長一段時間之後，他們的形象才清晰可見。上述之伴侶典型不宜低估，因為它確實改變了欲望的形式。一八八五年的孟達班醫生，採用的是不同以往的口吻，這足以清楚證明，一場決定性的轉變於當時開始顯現。他如此寫道：「動作應當緩慢而親密，親密行為必須溫柔。」

且讓我們回到醫界眼中最重要的主題。精液的節約、以及女性高潮的經營管理，其目標始終是為了成功受孕。十九世紀的衛生學工作者再度提出歷史悠久的種族改良論，也就是把孩子生得健康漂亮的技藝，但這次他們更新了部分理論。他們定義的準則，經常吻合從前的古老教誨。種族改良論的內容，只會引起新的焦慮。普羅斯珀．盧卡斯與貝內迪克特．莫雷爾發表他們的研究之後，遺傳病因以及種族退化論引發社會驚恐，再加上社會達爾文主義於世紀末興起，使得優生主義廣為流傳，以上種種因素，都讓生殖行為變得戲劇化。

若想生出健康漂亮的孩子，需要遵循一些舉措，由醫生們指示合宜作法。上述這些醫師認為洞房夜至關重要，他們憂煩寇西沃醫生所描述的「野蠻發情」、「一個男人僅憑本能衝動行事、全然兇猛殘暴」[16]地襲擊新娘——總之，這些醫師（尤其是十九世紀末的醫師）深恐發生「婚內性侵」。洞房夜亦隱藏了另一種更令人畏懼的危難：新婚丈夫意外發現，他的未婚妻雖是處女之身，卻經驗豐富——這名青年的天真心靈，若非因此蒙上永遠的反感，便是陷入永久的驚駭。男性的才幹與女性的矜持，因而必須防備雙重危險，一方擔憂性侵的危害、另一方則需提防損害名聲的醉人威脅。

所謂的傳教士體位，似乎是這些醫師公認的理想交配體位。據孟達班醫生的看法，僅是「追求歡愉」這項新出現的理由，便足以證明其正當性。的確，「身體接觸的部位增加，能帶來最舒服的感受」，若妻子因此顯得過度興奮，醫生的建議是她應當側躺。儘管如此，這些學者畢竟忠於老好先生李尼亞克（Louis François Luc de Lignac）醫生與不斷再版的性學家尼可拉・維涅特（Nicolas Venette），[17]經常援引這兩人的說詞。他們允許丈夫採用所有對受孕有助益的方式，但需避免嘉尼葉醫生所說的「不正當的體位」，這些毫無用處的體操動作因嗜欲而演變得精細講究，是有罪的行為，可能導致流產、甚至不孕。很明顯地，這些醫師暗指的是埃特羅・阿雷蒂諾（Pierre l'Arétin）、布蘭托姆（Brantôme）、薩德、雷蒂夫這些作家，儘管他們並未指名道姓。他們的意圖，是至少讓那些尷尬為難的配偶們，在這方面請教他們的意見。嘉尼葉醫生寫道：「夫妻應當請教一名他們選擇的醫師，唯有醫師能夠決定最合適的體位。」

數十年間，所有論述哪些時辰、季節、氣候最適合受孕的種種建議，在醫學論述中日益少見，這些論調很快便顯得陳舊過時。指定交配場所的規定則不然。夫妻的結合只能在一個地方進行，也就是他們的房間，這「愛與生育的聖殿」。孟達班醫生斷言：「一張好床即是祭壇，唯有在此，肉體的結合才能夠高尚地完成。」這神祕之事應在黑暗之中進行，理當如此，因為新婚丈夫總不能要求他那害羞靦腆的另一半展現裸體，「唯一的服飾只有空氣和光」。《新婚夫妻小聖經》的作者嚴厲禁止夫妻愛巢之中出現任何鏡子。若想擁有健康漂亮的孩子，心中必須盈滿這性交行為的崇高偉大。「讓寂靜與虔誠，指引你們的親密流洩。」寇西沃醫生如此囑咐。

當年的新婚夫妻當中，究竟有多少人認為自己應該詳實借鑑這本由熱心學究寫給他們的聖經，我們永遠無從知曉。無論如何，這番言論是一種規範，能使我們更加深入理解一套關於性欲形象的呈現體系。我們的時代以不斷加快的速度，離它愈來愈遠。

奧斯曼改造巴黎前的工業公害之相關輿論與政策方針[1]

一：舊制度晚期日增的憂慮與強烈的不安

這篇文章僅是一份簡單的回顧，因為都市史的專家們已多次描述這現象。建築師暨城市規劃師布呂諾．弗爾蒂埃甚至列舉了一份年表，標明各種不同焦慮來源的輪番交替。[2]接連引發人們對環境保護的擔憂、聚集所有警戒心的議題，依序是一七四〇年至一七五五年的巴黎地表、一七五五年至一七七五年的監獄、一七六五年至一七八五年的醫院；在這之後，則是工業設施自一七七〇年開始引起輿論以及公權力的注意。丹尼爾．侯許則指出，氣動化學（la chimie pneumatique）研究大有進展之際，外省地區的知識菁英與市政官員對該議題的憂慮日益上升。[3]在舊制度晚期當局者鼓吹之下，學者在巴黎的皇家科學院（Académie royale des sciences）或皇家醫學協會頻繁活動所造成的影響，使爭議更加擴大。

閱讀這些文獻之際，一項結論顯而易見：在環保大夢逐漸發展的過程當中，早先輿論對於墓地的抨擊、以及針對敗壞人群擁擠群聚之處的謾罵，早已為這些環保議題鋪好道路，示範了如何製造焦慮、警戒、進行干涉。就種種觀點看來，我們或許太早認定為極具現代特色的工業公害，它的相關論戰，不過是上述議題最終的導向。

當時引發憂慮的，是腐爛動物或發酵植物的產品製造過程。簡而言之，經常附屬於肉鋪及屠宰場的動物油脂精煉廠、腸衣加工廠、製革廠、澱粉製造廠、鞣革廠以及亞麻與麻布的浸漬廠等機構，都使得怨言紛紛成形。此外，肥料廠的大型糞坑，亦引發鄰近住戶的強烈反感。巴黎蒙福孔（Montfaucon）山丘上的可怖複合機構所引發的公憤，即可證明這一點：該設施結合了排糞槽的惡臭、人糞肥料粉的堆積處、以及肢解牲畜的作業區。輿論極為恐懼瘴氣與腐敗物質所導致的疾病，尤其是在英國醫生浦林格（John Pringle）與麥克布萊德（Mac Bride）發表他們的研究結果之後。人們因此對異味抱持高度警戒心，始終提防腐爛物所造成的威脅。

由於執行效果不彰，巴黎警局不斷重申各式各樣的命令，企圖將這些遭受學者怒叱、引發鄰近居民公憤的機構遷至郊區。大城市的城中區不再容許麻布的漚麻場的存在。

二：公害之國家等級「法規」的起草擬定

國家科學與藝術學院*化學部於一八〇九年的報告中表示，二十年來輿論對於工廠發展的憂慮程度，使得工業在城市內「隨意四處設廠」的狀況，不可能繼續寬容太久。然而，該報告的撰寫者亦指出，自從郊區「蓋滿幾乎和城內一樣多且同樣密集的私人住宅」之後，公害問題不能再以同樣角度看待。此外，工業公害引起的法令計畫與規章條例，乃是屬於更為廣泛的、由米歇爾·傅柯所闡明的、關於控制與監視的整體企圖的一部分。

國家科學與藝術學院數學與物理科學部於共和十三年霜月二十六日**發表的報告，以及內政部於一八一〇年十月十五日頒布的法令之附件報告，還有同年向塞納省公共衛生與衛生委員會提出的控告，都能幫助我們列舉當時有哪些公害為人察覺。前述之各項產業依舊讓人不安，但如今引發更深焦慮的，是其他處理腐敗物質的機構：據說，製造深藍色染料氰化亞鐵（bleu de Prusse）的工廠、強力膠工廠、以及人糞肥料粉的製造廠，在全國各大城市大肆蔓延。儘管相較於腐敗瘴氣，學者對於酸性蒸氣危害性的譴責聲量較不顯著，但輿論似乎毫不寬容硫酸鹽、醋酸鉛以及銨鹽這些於第一帝國初期不斷增加的製造廠，尤以碳酸納為甚。舉凡金屬鍍金，以及所有含有鉛、銅、汞的化學製劑，都受到鄰近居民憎惡。

根據當局所言，這些訴狀引發公權力展開行動，啟動相關立法程序。兩條針對工業技術與其健康危害的法律，分別於一七九〇年與一七九一年（十一月十三日）頒布，但其影響非常有限。法條當中，所謂有礙健康機構的分級，既未解釋定義、其所造成的損害亦未曾衡量。法庭依舊無能為力，其判例既專斷又不明確。史學家阿蕾特・法荷吉（Arlette Farge）所說的無效率傳統，便是由於這類法令措施而永存不朽。

共和十一年穫月十八日（一八〇二年七月七日）創建的塞納省衛生委員會，賦予行政機關一個穩定的組織來進行鑑定與管制，它能使政府執行更具野心的計畫，但前提是必須訂定更加明確的法規。在內政部要求之下，國家科學與藝術學院數學與物理科學部門於共和十三年霜月二十六日提交一份報告，將所有有礙健康的危險機構分級排列。之後三年期間，行政機關的決定乃以這份文件作為判斷基準。一八〇六年二月十二日，警察局長杜布瓦（Louis Nicolas Dubois）發布一道命令，規定所有工廠必須在建廠之前提交一份設廠申報書，並強制繳交一份該計畫工廠或作坊的平面圖。「相關技術人員」會隨同警官前往現場勘查，並撰寫調查紀錄分析相關利弊。

＊ 譯註：國家科學與藝術學院（Institut National des Sciences et des Arts）前身是舊制度的「巴黎皇家科學院」（Académie royale des sciences de Paris），後來改組為「法蘭西學院」（Institut de France）。

＊＊ 譯註：一八〇四年十二月十七日。霜月（frimaire）是法蘭西共和曆（自一七九三年使用至一八〇六年）的第三個月，相當於公曆十一月二十一—二十三日至十二月二十一—二十三日。後文之「穫月」（messidor）則為法蘭西共和曆的第十個月，相當於公曆六月十九—二十日至七月十九—二十日。

一八〇九年，碳酸納製造商引發激烈民怨，致使內政部再度向國家科學與藝術學院提出委託。共和十三年霜月那份報告，如今被認為不夠明確。這次負責檢驗的是化學部，他們要求警察局長針對巴黎的工廠著手進行詳盡的清點。化學部分析這份報告之後所提出的分類法，將由一八一〇年十月十五日的法令認可有效。一八一〇年的法令是往後所有措施的憑藉標準，即使波旁復辟的皇室於一八一五年頒布新詔令，亦只是複述舊法的主要條文而已。

在這些法規的背後，都隱藏著同一套理念，以下將簡略分析。這些規章是支持工業的，儘管內政部長與國家科學與藝術學院的學者們都宣稱他們只是回覆輿論要求，但他們卻清楚表明其支持工業起飛的意願。他們最關切的，是保護老闆不因鄰居的嫉妒與惡意而遭受騷擾，確保他們能安穩工作、擴展事業。為了「確保專業技術的繁盛發達」，便「必須有個極限」，共和十三年霜月的報告表示：「廠主與鄰人之間持續不斷的爭端，這不確定的狀態、以及一座工廠恆常的前途不明狀態，將使廠主的努力停滯、縮減，並漸漸澆熄他的熱忱與才幹。」

國家科學與藝術學院的學者們自己也承認，他們意圖引進工業，強制市中心的居民適應它的存在，一如往昔輿論被迫接受「馬蹄鐵匠、製鍋匠、箍桶匠、鑄造工、織布工人等或多或少使鄰居不舒服的行業」。學者普遍深信，化學進展「火速」，很快便能根除公害問題，因此鼓勵了當時的寬容策略。一八〇九年的報告便已表示，某些氰化亞鐵與碳酸納製造廠運作順利，並未引起絲毫不快。

當時新法令的重點，是局限「隨意四處設廠」的狀況。法規依循三大原則，重要性極不相等：

——古老陳舊的公共安全指標雖然存在，但幾乎是暗示性的。一所設施是否危險，是由它可能導致火災或爆炸的風險高低來決定。

——第二道原則，是該設施有害健康的程度。即使在不熟悉舊制度末期醫學空想文獻的讀者眼中，其定義依舊是非常有限的。作家路易—賽巴斯提安・梅西耶（Louis-Sébastien Mercier）心心念念的呼吸困難危機與城市污染之相關資料，在這些法規當中並不存在。十八世紀末的化學家們厲聲疾呼使得人心惶惶，如今他們的影響力已消失無蹤，改由樂觀主義操控話語權。一所設施唯有發生以下狀況，才會被視為有害健康：出現有毒瘴氣，並有金屬毀損作為物證；抑或周遭植物的枯萎凋謝。的確，這些廠房「大量堆積來自動物或植物的材質並任其腐爛，造成對鄰居健康有害的影響」，[4]但重點遠不只健康危害，而是「造成不適」這概念。巴黎市中心大舉擴張的馬廄以及「母牛棚」，被學者認為是令人不快的。而絕大多數的化學蒸氣，似乎並不值得冠上「有害健康」之標籤，其托詞是它「由火力產生」，能夠凝結濃縮。霜月的報告聲明：「酸劑、銨鹽、氰化亞鐵、醋酸鉛、鉛白等產品的製造廠，以及屠宰場、澱粉製造廠、製革廠、啤酒廠（甚至硫酸的製造廠）等，只要管理得宜，絲毫不會對左鄰右舍造成健康危害。」

——「造成不適」這觀念本身便非常有限，其定義僅止於嗅覺方面。一八一〇年十月十五日頒布的法令第一條便是清楚明白的證據：「本法條公布即刻起，舉凡散發引人不適或有害健康之氣味的工廠，非持行政主管機關許可者，不得建立。」文中雖出現幾則關於噪音的參考指標，但只不過是為了呼籲輿論予以寬容。濃煙當時並未引發關注，而塵灰尚未成為注目焦點之一，何況上述這些文獻絲毫未曾提及相關景象，全然無視這些工廠可能造成的視覺衝擊、或是城市明亮度的減弱。

工廠廠主因此幾乎得以全然放心，唯一能有效阻止工業混亂叢生蔓延的，是當地地主。最關鍵的考驗是損失評估，亦即廠房周圍房屋土地的售價或租金是否下跌。地主將不斷重申該論據。一八一四年二月九日，[5]工業部長充滿遠見地將一八一〇年發布的公共衛生法令當作廠長與地主之間的唯一仲裁措施。工人們的健康幾乎不受重視，鄰近住戶的健康則始終只是次要考量。

由共和十三年霜月報告所提出、接著於一八一〇年十月進一步明確解釋的分級，是落實上述這些原則的結果。有害健康的危險設施是第一級，必須遠離所有住宅區，距離並未詳細規定，因為該數據會因地形與主要風向而有所改變。判斷衡量的工作，因此交由負責工廠事務的警察來判斷決定。第二級則集合了所有「造成不適」的機構，它們被容許存在於城內，但必須加以監督，因為其維持運作需仰賴廠長毫不間斷的小心戒備。至於第三級則是其他的工廠以及作坊，它們絲毫不會引起任何問題。

一八一〇年的法令所決定的程序，靈感來自一八〇六年至一八〇九年於巴黎施行的範例。一座工業設施設立之前，必須事先提交一份申報書，接著由專家現場勘查，並在方圓五公里的範圍之內展開一場有關利弊的調查，調查期限後來定在一個月之內。有害健康的危險機構的建廠許可需由警長批准，並經過最高行政法院核准同意；第二級「造成不適」的設施，其核准工作從此屬於警察局長的管轄範疇，並需由副省長表示同意。工業設備如有任何更動，都需申請新的許可證。

該法令的影響範圍，因為缺乏追溯力而大打折扣。然而，最高行政法院仍然保留一項權力：他們可以撤銷先前早已建立的第一級設施。這權力他們只運用兩次，分別於一八二一年與一八二六年關閉位於盧昂與勒芒（Le Mans）的兩間動物油脂精煉廠。地主若在已獲許可的廠房四周建造房屋，是無法針對公害提出告訴的。

之後的實際執行經驗，將會進一步釐清一八一〇年建立的分級，甚至加以改變調整。自一八一五年一月十四日的詔令開始，一連串條文陸續頒布，我們在此礙於篇幅而不多分析。這些條文並不質疑一八一〇年法令的基本精神與初始程序，直到一八五二年四月六日，該法令才首度大幅修改。自一八五二年起，核准第一級機構設廠不再是最高行政法院的工作，而是由省長負責。

三：第一帝國之政策執行與直至一八三六年至一八三九年左右的輿論反應

各城市陸續設立的公共衛生與健康委員會（一八一七年於南特、一八二二年於里昂與波爾多、一八二八年於馬賽與里爾、一八三二年於盧昂），使得一八一〇年的法令更容易執行。就實際層面而言，監察程序是在鄰近住戶提出控告之後啟動。輿論負責監督廠主是否管理得當。綜觀委員會的決議、報告，以及交付給委員會的控訴，[6]都證明了一件事：引起最激烈民怨的，仍是使用腐敗物質與發酵植物的廠房，而針對這些產業的控訴，是受理程度最高的，儘管這些怨言顯然過時。巴黎蒙福孔糞便處理廠的惡臭弊病引起前所未見的激烈譴責之際，一些產業如「露天油脂精煉廠」、「未改良技術的」氰化亞鐵工廠，以及石蕊製造工廠、澱粉廠、浸漬廠等等，仍是公衛警察緊盯的目標。一八四九年，醫師勒卡德（Lecadre）指出，勒阿弗爾（Le Havre）城內全面禁止這類廠房。許多大幅超出一八一〇年法令規定範圍的嚴厲規則，給屠宰業者與內臟處理業者施加沉重的壓力。亞歷山大・帕宏—杜夏特雷曾試圖證明腐敗物質其實無害，但他的論點並未得到支持，並受到醫界其他人士猛烈批評。

行政單位對於其他產業則採取寬容態度。有時，儘管公害是顯而易見的事實，居民卻仍然必須忍受。就一種奧古斯丁式的觀點而言，工業氣體儘管令人不適，但它就像公娼制度一樣，是眾人應當容忍的必要之惡。麥辛・維諾瓦寫道：「健康危害防治委員會應當支持工業，保持寬容。製帽工廠、整理皮革廠、製革廠、石灰窯等等，必須容許它們存在於某處。大城市人口最密集的區域有數千座蒸氣機日日運作，其中被居民要求停工的不到二十座，難道就該因此禁止蒸氣機嗎？」

根據委員會專家們的說法，在多數情形之下，化學氣體只對近距離嗅聞的工人們有危險性。以上論點不足以使專家建議關閉工廠，如前所述，「有礙健康」這觀念，在此僅適用於鄰近居民的健康。至於「不適」的概念更和工人無關，因為他們早已習以為常，不再察覺危害。一八〇九年，委員會的化學家們如此表示：「正因如此，譬如當我們進入製造硫酸、硝酸、單一或含氧氯化物的廠房時，我們會震驚於這些酸液的氣味，而工人們幾乎聞不到這些味道，亦不會因此感到不適，除非他們一時不察，一口氣大量吸入。」醫師蒙法爾孔與波里尼葉於一八四六年更是如此描寫：「我們必須注意一點：工人們通常極為適應廠內環境，甚少有人抱怨，似乎亦極少察覺他們被迫生活的這場所多麼有礙健康。」[7]工業究竟對廠內艱苦勞工的健康造成多大損害，這項評估調查是統計學家的工作，無感的工人是無法估量的。

因此，衛生委員會的任務是安撫輿論、以及宣傳能夠減輕公害的技術方法，而非執行過度嚴格的檢查、維護公眾健康。化學家暨工業家阿赫瑟特（Jean-Pierre-Joseph d'Arcet）與帕宏—杜夏特雷便是如此定義他們在其中企圖扮演的角色。

安撫輿論，指的是讓人在工業設施周圍安心生活——這樣的企圖，與多數的調查結論背道而馳。帕宏—杜夏特雷在這方面的樂觀態度，是個極具代表性的例子。貝納．勒庫耶明智地指出，[8]波旁復辟時期與七月王朝前幾年，衛生學工作者的意圖表現得如此明顯，其他時代無人能及。可以想見，委員會的專家們以一種宣導科技將會進步的嫻熟口吻，成功說服鄰里鄉親依此接受工業設施的存在。這方面的過程幾乎總是相同的：鄰近住戶針對新工業提出控訴之後，便不得不採取退讓的態度，默默地接受新鄰居。十八世紀末遭人排斥的泥炭如今已融入城市風景，蒸氣機跟著成為必須寬容的存在，而後是「酸劑精煉」，以及照明用瓦斯的製造與燃燒。

化學工業的好處總不斷為人讚頌，專家要求人們寬容工業設備的呼籲因此得以平衡。科學的成功有目共睹，它顛覆了牲畜肢解業。帕宏－杜夏特雷讚嘆薩爾蒙與拜雍（Salmon et Payen）的消毒殺菌技術，竟能將動物屍體轉變為可以立刻回收再利用的工業基本素材。「現在我們能在管理最為得當的公寓中製造澱粉，它的惡臭製程曾招致諸多控訴。」[9] 排糞槽、人糞肥料廠與腸衣加工廠如今使用漂白水消毒，造成了革命性的轉變。技術發展使得製程局限於廠內密閉空間，更能保證工廠對鄰居無害，因為主要的危險乃是藏在揮發性物質裡。「當石灰窯採用與外界隔絕的生產模式時，它便不再是引人不適的鄰居。」[10] 工業公害正如性產業，若閉門行事，便可寬容。新技術便如此解決了動物油脂精煉廠與氰化亞鐵工廠傳出的惡臭。某些燃燒技術，尤其是阿赫瑟特所設置的技術，減輕了排煙的害處。

然而，此番風景籠罩著一道陰影。帕宏－杜夏特雷、以及後來的蒙法爾孔與波里尼葉皆表示，對抗工業污染的技術，唯有在經濟實惠的狀況之下，才會被採用：「若它的花費將使廠方的收支入不敷出，那麼便只是一種奇觀而已。（…）科學在工業技藝上的應用，唯有當它能夠成為日常應用時，才是好的科技。」[11]

量化分析一八三八年於巴黎提出的訴狀，[12] 能發現當時焦慮已經減弱，而警方與衛生委員會幫助企業獲得勝利。然而，情勢自翌年開始改變。

四：新的敏感焦點漸漸成形，以及奧斯曼改造城市之前的巴黎問題

路易·舍瓦利耶明智地指出，七月王朝期間，人們對城市風景的堅持與要求日益上升。[13] 一種大眾的、集體的、嶄新的感覺能力油然而生。在換氣通風領域，化學家拉瓦節（Antoine Lavoisier）已有一段時日的研究結果，使得學者能夠精確分析不流通的空氣，並定義個人與團體的數據標準。呼吸問題與肺癆，使得這些議題更加深入人心。於此同時，煤炭的使用暴增；威爾金森（Wilkinson）鑄造廠廣為設廠；瓦斯照明開始使用。自一八三九年起，巴黎的控訴大量增加，主要反對泥炭的使用、蒸氣機的運作、以及瀝青廠和橡膠廠（一八三六年）的設置。排煙成為關注焦點，如今不再是因為惡臭，而是因為它漆黑不透明，會損害肺臟、薰黑建築物的外牆、污染大氣，而此時人們已開始關注光線亮度的問題。

行政機關與學者專家的樂觀程度如今已然減弱，但他們並不服輸。長久以來，專家與警察皆認為，高聳的磚砌煙囪，在封閉高牆的輔助之下，已經足以使得排煙和招人厭惡的廢氣變得無害。此外，實驗結果亦顯示，排煙窯能有效吸收煤炭燃燒、菸葉烘烤、或糖的精製等程序所排放的濃煙。直到一八五四年，當局才以較為嚴謹的態度，控管濃煙造成的危害。麥辛·維諾瓦在委員會委託下撰寫的報告發表之後，一八五四年十一月十一日的飭令強制所有相關工廠都必須裝設排煙配備。若

不這樣做，那麼新法規強制巴黎建築重新翻修，不過是招致浪費而已。

五年後（一八五九年），結果令人失望。一八五四年的飭令頒布之後，首都排放的濃煙確實減少，但原因是比利時進口的瘦煤或半肥煤使用程度變高。排煙設備並未普及，耗資裝置該設備的極少數廠主，最後不得不放棄使用，因為這項新技術若要順利運作，負責管火的工人必須耗費太多心血來維護它。裝設排煙配備並有效運轉的廠房，只有寥寥數間：帝國菸草廠（la manufacture impériale des tabacs）、奧斯特里茲堤岸的火磊、帝國印刷廠、東方鐵路公司（la Compagnie des chemins de fer de l'Est）的機廠、巴黎植物園的博物館、《祖國日報》（*La Patrie*）、以及位於維萊特（La Villette）的阿爾洛（Arlot）肥皂工廠等。

反之，衛生警察始終拒絕認真看待噪音方面的公害，法令與規章對此仍舊保持緘默。傳統工匠敲敲打打的巨響「巴黎之聲」，成了工業噪音的開脫藉口。唯有兩種產業無法脫身：金箔工人、以及「大型煉鐵廠」的老闆們，有幾項關於噪音的規定必須遵守。當時極少有人探討灰塵引起的擔憂，雖然帕宏—杜夏特雷針對製毯業的報告曾引發一番論戰。帕宏—杜夏特雷做出的結論是，該產業是無害的。

一八四六年，蒙法爾孔與波里尼葉悉心列舉兩百一十三種危險、有礙健康或使人不適的工業設施所帶來的「弊病」。統計上述資料，會發現嗅覺方面的公害顯然是最受關注的焦點（前述列舉的各種設施之中，百分之六十九點四提及惡臭）；此外，火災或爆炸的隱憂始終未減（分別為百分之三十二點八、百分之四點二）；而噪音（百分之二點七）與灰塵（百分之二點七）則不受注意；濃煙（百分之二十二點五）在當時已引發不少擔憂。將這份報告與一八六六年頒布新法令時所提出的弊病清單[14]相互比較，能發現一場緩慢的演變。對於噪音、灰塵與濃煙的關注，已逐漸升高。巴斯德的革命性發現，將會推翻公害議題的相關數據，使人們對灰塵變得極度敏感。對於清潔的要求，取代了往昔的焦慮。

在奧斯曼的城市改造計畫展開之前，公衛專家的樂觀態度、衛生法令與規章採用的口吻、以及讓工廠繼續位於市中心的意願，三者顯然口徑一致。工業改革始終是被鼓勵的。專家分析公害的首要考量，是工業與私人財產之間的爭議。遭受禁止的活動往往屬於過去，否則便是少數殘餘的殘跡，因為過時的健康概念而飽受譴責。七月王朝期間逐漸增長的新擔憂，並未強到足以使人質疑第一帝國建立的方案。

巴黎的農村子弟

十九世紀利穆讚建築工人史[1]

歷史學家建構的十九世紀大城情景，尤其是首都巴黎的風貌，在近期一些針對移居勞動者的研究之後，有了一番徹底的改變。[2]這些研究聚焦於一群流動人口，他們人數可觀、飄搖不定，落腳於城市外圍，遭受城裡人的排擠，卻又對所有能幫助他們融入巴黎當地生活的機會採取保留態度。基於上述原因，實施納稅選舉制的王朝時期的巴黎邊緣人，其歷史比乍看之下的第一印象複雜許多。移居勞動者與流動打工仔、乞丐、私娼這些脫離現代牢籠的人們大不相同，他們是屬於鄉村社會的農家子弟，在城裡的無產階級工人人數不足以應付重大建設時，前往大城執行這些工程。

集社會焦慮於一身的短期移居者

填補各產業為期一季、一年抑或數年的大量流動勞工空缺的移居勞動者，儘管行政官員花費大量心力，卻依舊無法精確地進行人口統計。行政機關對於所有不在他們視線範圍之內的事物，都感到憂心忡忡。這些勞動者的人口普查資料多半留在他們的出身地，因此他們的姓名只會不定期地出現在巴黎的選民名冊當中。[3]一八〇七年由巴黎警察局所進行的調查，[4]以及分別於一八四七年、一八六〇年由商會發起的調查，都只能取得一些大略的估測結果。行政機關認為這一批又一批流動人口太過危險，因此有了通行證或登記手冊，旨在使他們能夠精準掌握人口動向，但這些文件只能提供極為片面的情報。相關文獻的記述者，正是因為這樣的原因而陷入焦慮，一旦事關短期移居者，他們的資產階級言論便異常緊繃。相較於上述量化調查的資料，這些屬於說明描述性質的文獻，並不更加值得採信。收集這段過往在集體記憶或城市殘跡中遺留的所有片段，因此成為不可或缺之舉。相較於其他研究領域，民族史的存在，從未顯得如此合理。

事實上，由兩種截然不同的焦慮所導致的兩種言論，匯聚於落腳城市的鄉下人身上。

（一）來自巴黎醫生、法官或警方的文獻，往往是最常被引用的資料來源。這些言說所透露的資訊，與其說是移居勞動者的真實生活體驗，毋寧應說是這些調查者的思維方式。閱讀這些文獻的最大收穫，是認清顯要人士的幻想。住在城市的記述者認為，移居勞動者代表一種危險。[5]他們描述這些勞動者出身於住滿了「半野人」[6]的「山裡面」，其性格既暴力又容易激動，動輒破壞路面、構築街壘、加入暴民的行列，因此必須隨時監視這些勞動者。[7]當時罷工被視為暴動的初始形式，而這些記述者一再表示：罷工是建築工人的傳統慣例，且在外地工人當中極易發生。醫師們樂於將這些砌石工人視作霍亂或性病的傳播元兇。然而，若我們認真分析這些刻板印象，會發現並非全然如此，但我們在此並非要完全推翻這些既定印象。這些工人不排斥鬥毆，他們打架的原因經常是由於巴黎本地工人出言嘲諷，[8]但出身利穆讚地區的砌石工人拒絕參與相關行會發起的暴力行動。追根究柢，他們甚少加入巴黎工人的組織，而且對群眾運動猶採取保留態度。無可否認的是，他們確實參與了一八四八年六月的巴黎工人起義，以及一八七一年春季的巴黎公社，[9]其緣由可想而知：他們有相關能力、有時間參與、他們住處的位置尤其是主因。至於霍亂，利穆讚地區的顯要人士指出，他們的家鄉遠非疫病溫床，霍亂於一八三二年、一八四九年與一八五四年大肆流行的時候，利穆讚都逃過一劫。

巴黎城裡人對於利穆讚砌石工人的描述，也並非全屬負面批評。多數的記述者都表示，利穆讚工人很樸實、節儉、守規矩。移居勞動者所引發的焦慮，在當地居民看見這樣的生活模式之後，有一部分便和緩下來。[10]十九世紀前半葉，來自利穆讚的勞動者，住處集中於巴黎市中心少數幾個固定區域，確切來說，即是市政廳附近、西堤島上、或是阿爾西（Arcis）與聖馬塞爾（Saint-Marcel）區域。這些砌石工人居住於多人共用的簡陋出租房間內，負責管理住處的通常是同鄉男士的妻子。記述者們筆下的這些宿舍床位，有時被形容得宛如監獄，只差沒有修女而已。一八五九年，政治家邦迪．德．納雷許提議建造集中住宿區以供利穆讚工人住宿時，表示「他們和修道會一樣，只需要一座廚房、一間寬敞的食堂、以及數量眾多的小房間。」[11]

這些勞動者的生活方式易於相互監視，亦使行政機關的公務人員竭力執行的控管變得容易。[12]

他們雖是移居者，但落腳巴黎這段期間的住處其實是非常固定的，而且他們前來首都的目的，是為了存錢。居有定所、工作、儲蓄：這些特質平撫了記述者的焦慮，並使他們開始強調利穆讚工人的優良品德。當他們前往查訪時，[13]利穆讚工人的住處顯得像是某些出租陋室的反襯對比，例如拾荒者的擁擠住處——男女同寢的室內，肉體狀態極度混亂，每天都發生集體性交，而警察渾然不察。反之，利穆讚工人的寢室不容荒淫之事，[14]根據文獻記述者的說法，這裡的每個租客都是「已婚的獨身生活者」、不然就是已經訂婚，他們絕對忠於家鄉的情人，而且房東這裡就是他們的第二個家。唯一令人擔憂的，是同性身體於夜間的近距離相處，因為這些砌石工人習慣每張床睡兩個人。[15]第二帝國初期，豪森維爾伯爵強力譴責這項危害，他表示這些工人因為窮得買不起睡衣，因此許多乃是赤身裸體就寢，導致事態更加嚴重。他亦痛斥某些已婚房東會讓因為人數過多而沒有床位的移居工人睡在房東夫妻的房間內，認為這習慣將造成嚴重後果。

直到目前為止，關於利穆讚工人品德的刻板印象，歷史學家都照單全收，但我們理當可以懷疑，這些擁護其品性的言論，是否和那些描述其暴力性格的言說一樣，都只是主觀判斷。利穆讚工人的住處座落的區域，一向都是以平民百姓為主要客戶的紅燈區，[16]譬如碎石匠路（rue de la Mortellerie）。我們也知道，這類群居的單身漢，是賣淫女子的主要客戶來源之一。相關文獻對於巴黎這些利穆讚勞動者的性事幾乎全然保持緘默，可見上述這類屬於描述說明性質的資料來源並不可信。

十九世紀後半葉期間，巴黎人對於移居勞動者的言論有了轉變。相較於早先的情形，這些工人在城內各地分散開來，當中許多人不再租貸集體宿舍，愈來愈多同伙選擇獨立的小房間，記述者們為此深感惋惜。幸而，婚姻生活的發展，可望降低這些工人不再封閉群居導致監視困難所帶來的風險。暴力相關主題的討論頻率變少了，但我們都知道這是時代的大趨勢。一八八〇年之後，平民起義的威脅亦減弱了。反之，疫病傳染的革新理論，使得公共健康方面的危險成為關注焦點。從此，記述者心中徘徊不去的擔憂，不再是警方可能無法有效控管利穆讚移居者，而是這些人不遵守衛生規則將會導致的危險。[17]撰寫文獻的人士們最憤慨的，是多人寢室瀰漫的氣味——房間往往潮溼不已，屋內空氣「遭受污染」，房中擠滿「有害的身體」與「病菌」。總之，在巴斯德式的醫學大行其道的此刻，寄居巴黎的利穆讚無產階級勞動者，便和家傭或性產業一樣，是病菌滋生的駭人溫床，對資產階級造成一股威脅。隨著時間流逝，擁擠的住宿空間遭到禁止，而舉家移居巴黎的工人們則獲得讚揚。

相較於其他勞動階層，利穆讚移居者所引起的擔憂，主要集中於幾類社會禍患，尤其是酒精成癮問題與肺結核。打從酒精成癮的疾病分類學創建之初，砌石工人便被形容為典型病患。[18]關於肺結核，就連最沉著鎮定的人，都迷失其中。反之，性病專家當時從未提及移居者，他們的矛頭[19]主要指向性產業和它的資產階級受害者，無論「清白」與否。

（二）鄉村地區的顯貴人士對於移居出走者的看法，有時彼此一致、有時則完全相反。他們的怨言無止無休，直至今日仍不斷吟詠哀歌，[20]這份痛苦主義甚至因為經濟神話與城市病理學的相關言論而再度復甦。根據他們的說法，城市便是「惡」的化身，而移居只會是所有不幸的根源，是獻祭給摩洛克神（Moloch）的犧牲品。我曾經揭示這些刻板印象的錯誤，並闡述共濟會為其原生社會所帶來的正面影響。[21]上述人士在文章中歌詠田園風光、塑造犧牲者的形象，譬如政治家暨工程師費德里克・勒・浦雷（Frédéric Le Play）的門徒便是如此，而出身外省的醫生們的弟子亦復如是。當地方上的保守人士發表正式言論時，便將這番訴苦發揮至極致。「可憐的年輕人，才十二、十五、十八歲，就冒著敗壞墮落的風險，面對城市的所有威脅，以及共濟會與自由思想家的種種宣傳，（…）他們返鄉時（…）穿著從舊貨商那兒買來的資產階級服飾，他們用家鄉羊毛製作的堅固溫暖衣裳，交換這些讓他們冬天冷得直打哆嗦的新衣」，歐提耶伯爵（le comte Authier）於一八八六年如此寫道。[22]

利穆讚地區的鄉紳還誇耀移居勞動者較巴黎人更加樸實、具團結精神、懂得節儉、熱愛工作、忠於配偶，但他們亦對舉家遷移的移居者以及女性移居者表示痛惜，悲泣那些將在城市中出生的孩子們的命運。他們隱而不提的，是鄉下孩子們的悲慘境遇。他們強調，健康強壯的利穆讚農村人必須在巴黎面對各種接觸性傳染，[23]並對這些工人極高的發病率與死亡率等數據深感憤慨，儘管鄉村的情形實際上更為嚴重。他們援引的統計資料非常詳細，但亦充斥妄想成分，有時甚至相互矛盾。[24]福爾薩克的布伊耶醫生（Bouyer de Fursac）便斷言指出：超過四分之一的移居勞動者感染肺癆，回利穆讚嚥下最後一口氣。[25]最嚇人的是，當地民族面臨種族退化的威脅。[26]

抗拒城市

研究巴黎的利穆讚出身者的史學家們，困在這兩種言論之間，並飽受不精確或缺乏可信度的統計數據所困擾，他們十分注重具體描寫的筆記內容，這或許是最有意義的文獻。他們往往震驚於這些身處巴黎的農村子弟在十九世紀期間抗拒來自城市的影響。我們必須強調，這份抵抗能夠成功，乃是由於一種奠基於城市共識之上的種族隔離策略。

來自利穆讚的移居勞動者，確實因為「職業」巴黎工人的排外手腕而吃盡苦頭。[27]巴黎工人責難利穆讚工人不加入相關行會、不參與他們的環法進修之旅、拒絕急難救助的互助團體、[28]過於惜財、作風粗野、安於簡陋不堪的居住條件、僅食用毫不精緻的餐點。巴黎人瞧不起食用栗子的鄉下人，[29]這是眾所皆知的事。

移居者對於城市影響的反抗，在他們努力逃避巴黎統計學家著手進行的所有普查的執拗態度當中，早已可見一斑。[30]一系列不同的因素，使得這樣的反抗得以繼續延續。首要原因，是相互認識的村民們形成了關係穩定的群體。移居巴黎這段期間，他們的城市體驗並非開拓眼界，沒有可能潛在的迷人欣喜，更別指望遊戲與節慶氣氛。一名未來將會從事建築業的孩童，自幼年時期便聽人講述首都，而他想像中的巴黎，首先是個危機四伏的場所，最好先行武裝自己、以資防禦。定居城市的鄉下人，並不知曉移居勞動者的傳統所散布的排外機制。利穆讚地區的女性遲遲未能移居勞動，原因正是如此。對於短期移居者而言，巴黎生活與他原先習慣的生活，並無決定性的差異，他的人生並未產生無可改變的偏轉，他沒有更改日常慣例的自由。

短期移居者前往巴黎幹活的目標，並非為了他個人的前途。對他而言，去外地工作這件事，囊括在整體的家庭規劃中，屬於長久之計的一部分。這些砌石工人負責賺取必要收入，好讓家裡得以繳稅、還債。他和巴黎工人不同，居住首都的期間，他其實不能自由使用薪水，若他帶回家鄉的錢少得可憐、若他給家裡的匯票金額微薄，那他的名譽將會立刻遭受損害，他將很難娶妻，既不能幫他的弟弟還債、亦無法為他的姊妹添購嫁妝，而家裡的房屋土地可能遭受沒收。馬當．拿竇在他的敘述中，清楚明白地指出這些迫切的需求。反之，開發地的存在，再加上巴黎的工業危機和克勒茲省的農業危機發生於不同時間，使得移居勞動者不致身陷於極端的悲慘處境，不像直至第二帝國中期都無法擺脫的昂貴物價，讓城市勞動者深深苦於其中。

自十九世紀初至一八六〇年代中期，建築工地不再集中一處，工人聚集地因而四處分散，但利穆讚的移居勞動者卻強力抵擋了這項趨勢，他們繼續擁擠地群居於市中心，即使在城市改造運動徹底改變該地街區面貌之後亦復如是。抗拒同鄉人在城內四散的傾向，比我們至今以為的情形更為普遍，邦迪．德．納雷許指出了奧斯曼時期的該類情形，路易．博內醫生與波內弗兄弟探討的則是半世紀之後的巴黎。

就許多不同層面來說，同寢工人的共同生活，是潛藏在城市空間裡的鄉下村莊。新來乍到者絕對有人照應，[31]他們的抵達早已事先規劃，第一份工作的雇主亦已安排妥當。利穆讚的建築工人絲毫無法隱姓埋名，時時刻刻都過著集體生活。清晨，他們成群前往工地、集體光顧專為砌石工人服務的葡萄酒鋪。他們成群造訪巴黎城關的舞會，卻不敢多作停留。少數的歡慶時光，例如在施工完成的建物屋頂上放置封頂花飾、抑或將某個「老鄉」載去車站等等，都是在同鄉人的圈子裡進行的。[32]若他們鬥毆鬧事，是為了支持同胞、捍衛利穆讚人的名譽。在移居勞動者的社交圈中，地理上的分裂對立至為激烈，來自不同省份的人們彼此互相較勁，有時甚至演變為殘暴的群架，將鄉下的比武搬到巴黎。[33]

當時的大小工廠所雇用的勞工出身相對較為分散，廠內的工人經常是一群決定遠走他鄉的移居者。反之，建築工地的工作方式，使同鄉人組成的團體能夠保持緊密的凝聚力，而工地現場的階級關係亦充滿地方色彩。事實上，村莊裡的權力結構與工地中的階級關係，二者相互混合，雖然有時亦截然不同，如馬當．拿竇的案例：他雖因欠下巨款而在家鄉名聲敗壞，卻依舊在移居期間扮演頭子的角色。

砌石工人的時間表，仿照的是土地工作者的作息。清晨的起床時間（時間為五點或六點，依季節而異），以及前往工地必須走一大段路，這些都與農村子弟的習慣毫無差異。直到十九世紀中葉，來自利穆讚的砌石工人仍舊不穿襪子。[34]很長一段時間之內，他們在巴黎的用餐時間、以及對食物要求不高的習性，都保留了鄉村習慣。這點由儲備食糧的習性便可證明，在他們的寢室房內，牆上的木板放著來自家鄉的乾酪與肥豬肉，還有當天或當週要吃的麵包。[35]砌石工人上午九點與下午三點[36]於專屬食堂用餐，食物乃是由大鍋燉煮。桌上既無桌布亦無餐巾，每人面前只有一枚簡單的盤子、一枚深碟、一支木杓。他們臂下夾著「一大塊麵包」進入食堂，就座，「掰麵包泡湯」，吃掉牛肉，離場時將吃剩的麵包也帶走。到了晚上，則是房東太太備餐，[37]依舊由工人們自備麵包。一些習慣食用黑麵包和蕎麥粥或栗子糊的年輕移居勞動者，極難適應這樣的肉食。[38]醫師德夏斯特呂斯於一八五七年寫道：出身利穆讚的砌石工人毫不在意食材一成不變，和巴黎工人完全相反。

關於衛生問題，移居勞動的建築工人表現出一種鄉村風格的灑脫隨便，他們對氣味毫不敏感，不似記述者嗅覺敏銳。他們的房中瀰漫惡臭，讓馬當・拿竇在追憶之際深感不快；[39]除此之外，利穆讚砌石工人對薰天臭氣泰然處之的態度，更於一八七四年讓專門研究髒亂陋室的皮耶・馬杰侯無比震驚。[40]

擠在寢室裡的利穆讚工人之間的對話，和士兵的對話一樣充滿鄉愁。房內的塗鴉無論是猥褻、情色、或僅僅只是稚氣，都強化了該場所宛如監獄的一面，並顯示了欲求不滿的情形多麼嚴重。[41]

鄉下來的砌石工人深知城裡人輕蔑他們、甚至敵視他們。他們極少嚮往巴黎人的娛樂消遣，而且他們悉心迴避所有需要花錢的場合。他們就像許多農民一樣，認為「休息就是娛樂」。[42]用過午餐之後、再度上工之前，最節儉的工人只是抽著他們的菸斗，或靜靜凝視塞納河的水流。他們的舞場之行，經常只是「純屬觀賞的散步」。[43]我們因此得以理解，為何菸酒在這些工人的生活中扮演如此重要的角色。[44]

可想而知，同鄉團體的凝聚力，亦彰顯於語言的使用上。自己人之間，講的是家鄉的方言。然而，讓多數記述者深感震驚的一點，是他們聚在一起時，兩段對話之間往往間隔大片沉默，這和城裡人嘮叨不休的習性是天壤之別。利穆讚移居勞動者和利穆讚農民一樣，不常唱歌或吹口哨。[45]記述者筆下一再出現的場景，是他們沉思默想的態度；經常集體陷入靜默；偶爾穿插一些諺語。[46]這樣的「沉默性情」[47]乃是出自一種屈從的態度，甚至是一種屬於鄉村的聽天由命。在醫院病床上亦是如此：等待死神降臨之時，來自利穆讚的砌石工人默然不語，而他周圍的巴黎病人則喋喋不休。[48]

移居巴黎的利穆讚工人的特質之一，是他們拒絕資產階級的救濟扶助，一如利穆讚農民拒絕當地士紳的影響。在地方教士倡導之下，砌石工人會（le cercle des maçons）[49]於一八六七年建立，但儘管主事者擁有不可否認的才幹且深懷抱負，協會卻運作不順。該組織原先位於巴黎第五區的市政府內，隨後遷移至聖雅克城壕街（rue des Fossés-Saint-Jaques），接著於一八七七年搬至建材路（rue des Chantiers），當時的設施包括一間禮拜堂、三間教室與一間醫護室，組織人員會提供傷病者免費醫療、發送藥物給他們，當有人希望接受初等教育或技術教學時，工作人員會滿足他們的願望。實際上，會員人數始終少得可憐，一八六九年有四百名會員，到了一八九九年仍然只有五百七十名會員。移居勞動者便這樣放棄了一條已經鋪好的、能幫助他們提昇社會地位的道路。

至於十九世紀末出現的地方主義社交圈，乃是移居者的社會學結構徹底更新之後的事，已與我們的討論主題無甚關聯。「巴黎的利穆讚人」以及他們的社團協會與刊物，並不屬於短期移居勞動者的歷史。對於第二帝國期間被難熬鄉愁苦苦折磨的短期移居勞動者而言，轉化為朦朧尋根動機的、巧妙地延續下來的地方主義，只是他們情感的一小部分。

我們都知道，第一次世界大戰之前的幾十年，移居勞動經歷了重大改變。建築工人暫居巴黎的時間延長，成為數年的居留，甚至終身留守。許多勞動者決定帶著妻子與小孩一同遷居首都。然而，相較於其他類型的永久遷居，由短期移居勞動者所傳承下來的抗拒城市的風氣，仍繼續透過一些如今較難察覺的微妙手法來展現。

舉家遷移的利穆讚建築工人，依舊居住於和往昔相同的街區，一些專供家庭居住的租屋處興建起來，[50]參考範本正是傳統的工人宿舍寢室。有些建築整棟住戶都是這類家庭，到了一九一三年，從前的法蘭西近衛團（les Gardes françaises）位於拉塞佩德路（rue Lacépède）的閒置舊營房，亦全部住滿了建築工人的家庭。[51]衛生學工作者大力宣揚杜絕擁擠居住空間，但他們並不嚮往，而巴黎的無產階級則滿心渴求。

利穆讚同鄉人群居的巴黎市中心、以及巴黎十三區位於戈布蘭（Gobelins）與畢葉芙（Bièvre）附近的區域，[52]以一種眾所皆知的方式再現了一些「外省街區」，許多文獻對此有極為細密的描寫，例如路易．博內醫生。但除了家鄉風味美食、布萊（bourrées）土風舞、以利穆讚方言進行的交談對話、木底皮鞋、以及地方特產的販售之外，我認為更重要的，是傳統移居勞動者持久不變的習性。相較於巴黎的勞動者，利穆讚的建築工人繼續過著已婚獨居者的生活，和前輩一樣獨自出入葡萄酒專賣店、放下家庭不顧。「適應融合」的進程當時被一再述說，使無產階級工人心生嚮往，但利穆讚出身者卻表現出一種罕見的抵抗。[53]他們對孩子將來的成就並無太大期望，仍繼續要求孩子做一些過度艱苦的粗活，文獻撰寫者對此多有不滿。

或許這樣講亦不為過：這微妙而恆常不變的、受鄉村習性影響的傳統作風，始終是定居巴黎的利穆讚勞動者們、或如今已然稀少的短期移居者們，職涯失敗的根本原因。拒受城市影響、以及社會地位的低落，這兩者是同一種過時表現的一體兩面。移居勞動者的孩子們若選擇其他職業，並融入巴黎工人的圈子，通常較能成功達成他們的志向。[54]相較於利穆讚工人，後來的義大利勞動者更懂得以巧妙的方式利用建築業，作為使其社會階級向上流動的跳板。

血腥巴黎

思索首都形象之嬗變史[1]

由於時間有限，在此只能以一種總結的形式來簡單提要，探討十九世紀初至一八六〇年代中期，以下種種要素之間的一致性：關於整潔衛生或不良有害的描繪工作、社會想像的逐漸進展、感官敏銳度的演進、以及市政官員的行動。淨化新首都的工作、血跡的洗滌、汙物與死屍的清除處置等等，逐漸轉化了這座原本屬於屠宰與殺戮的城市。巴黎自一八六〇年至今所展現的形象，是今天這場研討會的主題，而上述這些清理動作，則是為這形象布局的準備工作。巴黎經歷何等嬗變，才成為第二帝國華美饗宴（la fête impériale）的巴黎、以及美好年代的巴黎，我在此意圖提出幾點簡短的思索。

首先必須簡短指出，巴黎如何對抗惡臭、追緝所有由動物腐肉或發酵植物殘存物造成的污染。這項計畫是如此迫切而鼓舞人心，足以使一伙衛生學工作者投身其中，並使得亞歷山大・帕宏—杜夏特雷為此貢獻生命（他只是其中一個例子）。這類無法擺脫的頑念是如此深入人心，建構出一幅低賤人肉沼澤的場景：和穢物近距離相處、渴望殘渣廢料。拾荒者是其典型代表。這類關於整潔或不潔的描繪如此令人難以忍受，因此使得高層於一八三二年開始強制人們停止擁擠群居的習性，並著手改革平民住宅的壅塞問題。許久以前，路易・舍瓦利耶與皮耶・米榭爾曾描述野蠻人動物形象的建構過程，以及日益強化的巴黎地底怪物形象，然而，衛生學工作者的思維模式如何控制這些想像物的建構，關於這一點，或許他們說明得還不夠。

在此僅指出一點：分析警察局與塞納檔案中心收藏的公共衛生委員會相關文獻，便會發現，第一帝國時期與波旁復辟時期的巴黎平民家屋建築物內部，充斥錯綜複雜的無秩序混亂，其中既有勞動者的住處，亦有儲藏動物原材料（油脂、脂肪、肉類）或植物原材料的倉庫。夏倍上校*曾經居住一段時日的「牛棚」，確實反映了巴黎市內數百所類似建築的樣貌。

確切來說，我更感興趣的主題，是人類的血，以及這些鮮血在巴黎城內流淌的方式如何猛烈轉變。自一七八九年七月至一七九二年九月，大革命之初的巴黎陷入一場大屠殺，刻下十八世紀末這三年深植人心的印記，這一點眾所皆知，卻鮮少有人談論。打從一七八九年七月起（還需要提醒嗎？），興高采烈的歡騰群眾重拾古代祭典的姿態與嚷聲，許多學者包括埃曼紐・勒華拉杜里、妮可・卡斯冬、伊夫—馬希・貝瑟、以及較為近期的丹尼・克魯捷，都曾對此深入分析。當時四處可見遭受破壞的屍首，這些屍體被拖行至河邊或路上，大革命的雄偉場面當中，不時出現展示血淋淋屍塊的遊行隊伍——犧牲者「莊嚴隆重的殘肢」、[2]屍塊、被挖出來的眼球或內臟，被當成戰利品來展示的頭顱或生殖器官。

巴黎群眾偏好在路邊或廣場等公開場合殺戮，好讓屠殺場景更容易為人所見、讓眾人的歡欣喜悅更容易展示。一七八九年七月十六日，一群選舉人心花怒放地聚集於聖洛克（Saint-Roch）教堂，熱烈迎接兩顆頭顱的到來：官員弗萊塞勒（Jacques de Flesselles）與巴士底獄管理者洛奈（Bernard-René de Launay）兩人的頭於七月十四日被砍下來之後，便被插在一根包著布的棍子上，遊街示眾直至該教堂。在當時的巴黎，對這些殘酷場景的炫耀態度感到羞恥的人，在社會上極少表態。對此深感憤慨的敏銳心靈譬如作家夏多布里昂（François-René de Chateaubriand），以及革命人士諸如佩提雍（Jérôme Pétion de Villeneuve）、羅蘭夫人（Manon Roland）或馬紐爾（Pierre-Louis Manuel）等，眼見殘破的屍體堆積如山、見到一顆頭顱插在長矛上的恐怖笑顏，不禁反胃暈眩。

到了一七九二年秋天，這類場景突然變得少見。直到此時之前，大革命的發動者都因見證這場面而驚呆了，對革命期間突然大舉湧現的盲目暴力無能為力，但這時他們終於開始竭力制止這連大自然都聞之顫慄的殘暴，以免它玷污了剛誕生的共和國。高層藉由恐怖統治與斷頭台，成功禁止這類粗暴、亂無章法、混亂、既引起敏感人士心生憤慨、又令人驚駭不已的屠殺，這是卑鄙之士的造反叛亂，揭發了人性無法饒恕的一面。

斷頭台令人安心，因為能瞬間行刑，且據說能減輕痛苦；它具有示範作用，能訓練人民守紀律，並賦予人民一種新的形象。它在人們記憶中留下的，是一灘血海。事實上，它以連續而密集的死刑，代替了原本代表屠殺的、分散各地的屠宰場。斷頭台體現的是觸動集體敏感神經的反暴力運

* 譯註：巴爾扎克小說《夏倍上校》（*Le Colonel Chabert*）主角。

動，同時卻又造成大量死亡，與該運動背道而馳。其實，當時的巴黎市政官員已經花了二十年的努力，終於將屠宰場與腸衣製造廠遷離市中心，並禁止讓動物的血液在公共場合流淌；在他們的努力之下，大街、排水溝和平民住宅區的小巷終於不再沾染一絲血跡。如今，是劊子手在他們灑下的遍地鮮血當中，踩著溼漉漉的地面前行。

前述這類自發而本能的歡愉殺戮，在熱月*之後疲乏下來，對於「人吃人」的譴責則日益高漲。哲學史家波尼斯勞．巴奇科對這段時期有精確描述。當斷頭台的血跡漸漸乾涸之時，出現了一番冗長絮叨的言論，大力譴責並廣為宣傳大革命的「殺戮場」，使得各種駭人場景深植人心，形成籠罩十九世紀的沉重陰影。譬如記者暨作家路易—馬希．普呂多姆自一七九四年起，著手建造一座畸形人紀念碑，在這片「永遠浸潤著巴黎人鮮血的土地上」，他試圖「將殺戮者醜惡畸形的異常缺陷展示於世界的恨意面前，藉此安撫我們遭到割喉殺害的父親們的亡靈。」[3]普呂多姆表示他強迫自己忍受「在這飽受所有生物恐怖之處所污染的骯髒場所當中挖掘搜索」的折磨，只為了釐清「混雜的各式殘暴」。不久之後，亞歷山大．帕宏—杜夏特雷對巴黎下水道做出的決定，亦是如此。從此之後，巴黎與南特這兩座恐怖統治時期傷亡最慘烈的城市，便代表了日後埃德加．基內（Edgar Quinet）口中的「駭人荒漠」。傳統主義宗教人士（尤其是西卡教士〔Roch-Ambroise Cucurron Sicard〕）所耐心建構的蒙難者名冊，就我看來，其重要程度似乎不夠被精確理解。

大革命的「殺戮場」回憶，因此刺激了行政官員採取行動。巴黎磚石上的血跡雖已清洗乾淨，卻深嵌於記憶當中，驅使官員企圖轉化人民。這鮮血讓高層更加迫切地重視一件事：必須使權力機構的光芒照亮賤民的不透明昏暗世界，藉此淨化這群烏合之眾。官員因而奮起行動，急於重建富人與貧民之間的和諧關係。對於再度發生流血暴行的恐懼、糾纏不去的弒君回憶、種種贖罪儀式、以及市政官員的行動，以上四者之間，有著錯綜複雜的關聯。

關於這一點，第一帝國已有所準備。當死刑於距離市中心極遠之處繼續執行的同時，行政機關賦予屠宰行業一種無辜的新面貌（諾艾莉・維亞勒）。政府設置了屠宰場（abattoir，該用詞創於一八〇六年），肉鋪從此不再執行宰殺。高層藉此廢止了所有因觀賞殺戮場面而得到滿足的欣快之情、以及釋放所有酒神式激情衝動的渴望。這樣的景象如今被認為只會帶壞一旁看熱鬧的人，使其墮落。

波旁復辟時期的計畫更加規模龐大，並徹底落實一些意向：管理主義者企圖將屠宰場局限於城市周邊的限定空間，遠離漫步者的目光。動物腐屍的運送規範和屍體一樣，需以封閉的車廂載運。在帕宏—杜夏特雷的推動之下，拉丁區的小巷路邊禁止進行肢解。醫科學生漸漸不再開死屍的玩笑。公共場合不再出現器官殘骸。一八四三年，一位名喚波切宏（Porcheron）的學生因為在綜藝劇院（le théâtre des Variétés）公然展示一名孩童的殘肢手臂，受到學院理事會嚴厲處分。據聞一八一〇年皇帝拿破崙一世與瑪麗・路易莎舉行婚禮時，拉丁區點燃的小油燈，使用的油脂可能取自人

＊ 譯註：熱月（Thermidor）是法蘭西共和曆的第十一個月，此處指的是一七九四年七月的熱月政變，雅各賓（Jacobins）專政的恐怖統治於此時被推翻。

屍，帕宏—杜夏特雷為此憤慨不已。一言以蔽之，舊巴黎曾經習以為常的許多日常習慣，如今變得萬分恐怖，確實駭人——恐懼就此深植人心。史學家皮耶・赫達便指出，意圖弒君的達密安（Robert-François Damiens）的四馬分屍行刑場景，雖尚非久遠之事，卻迅即流逝，因為過於殘酷而使現在的人再也無法理解。

儘管公衛委員會的成員抱持寬容態度，卻企圖禁止動物殘骸過度鄰近大眾。公共場所不得流淌動物鮮血；一八三三年，行政機關禁止公然展演動物搏鬥。一八五〇年，「格拉蒙法」（la loi Grammont）明文禁止所有公然虐待動物的行為。當局期望能藉由平撫街頭的殘忍暴行，來降低社會的暴戾之氣。當粗野莽夫對動物採取的行為平靜下來之後，普羅百姓或許亦能變得溫和。驅逐暴力、讓巴黎從此不再沾染一絲血跡，是至關重要之事。

以下種種情形，都符合公共場所不再濺血的事實：觀念學派（les Idéologues）（尤其是哲學家卡巴尼〔Pierre Jean Georges Cabanis〕）推崇提高自我傾聽力；人們的忍受極限下降，並更加畏懼痛苦；以及，後來麻醉術的泛濫（一八四六至一八五〇年）。

在這樣的觀點之下，公開處刑儀式變得無比恐怖。紅鐵烙印取消一年之後，政府於一八三三年決定遷移行刑地點。原本位於市政廳附近的斷頭台，轉而隱蔽於聖雅克（Saint-Jacques）廣場半公開半祕密的塹壘中。一八四八年，公開展示罪犯的儀式宣布取消。渴求殘酷場面的旁觀者，不應得到滿足。總之，所有展示死亡的場景當中，只剩下供人指認無名屍體的停屍房仍繼續存在，學者亞倫・米歇爾便闡明它吸引多少人潮，參觀者包括法國人與外國人，直到十九世紀末均是如此。

殺戮持續，只是必須抹消痕跡。十九世紀前半葉的巴黎，反覆上演集體屠殺，但往昔公然展示殺人成果的歡騰氣氛，如今成為不可容忍之事，許多策略試圖強制使殺戮行為變得無法覺察。巴黎城內所發生的一切，顯得彷彿必須殺戮，才能緩和緊張對立、才能重建社會整體的和諧。自一八一五年至一八七一年，每個政權都在人民灑下的血海當中建立根基。奇怪的是，這些屠殺只有少數痕跡得以識別。少數的例外，是當記述者企圖使其英雄化，因而強調並歌頌拋頭顱灑熱血的時候。七月革命的光榮勝利之後即是如此，另一個例子是第二共和建立之初，雖然程度較不強烈。

十九世紀初發生於巴黎的殘殺，已絲毫不像先前那樣無紀律而混亂、帶有明顯的自發性。打從共和四年葡月*開始，殺戮的形式變得軍事化，殺人工具包括軍刀、步槍，甚至砲彈，過程既連續又井然有序，痕跡則由其執行者急忙抹除。

一點跡象都不留，除了幾場零星事變，誇耀群眾曾於巴黎各廣場大開殺戒。這類事件是狂怒人民的最後一道捷徑，引發無限驚駭與恐慌。詩人海涅在其知名著作中，詳述了霍亂瘟疫最為猖獗之時，兩名路人不幸於沃日拉爾街慘遭殺害的事件。

奇怪的是，這場使城市暴力喪失現實感的操作，史學家們彷彿亦幫了一臂之力。他們的言論由歐內斯特．拉維斯（Ernest Lavisse）開始，便羞於深入探討，而是沖淡事件的嚴重性，將關注焦點放在悲慘的程度之上，以殉道者的聖潔光環籠罩死者，卻忘了分析其中的殘酷策略，以及種種衝動

＊ 譯註：一七九五年秋季。

的滿足。今年是法國大革命兩百週年，所有關注焦點都放在各種價值與原則的逐步進展之上，而忽略了人類學範疇的嬗變與行為研究。關於一八三一年至一八三五年的殺戮方式，乃至一八四八年六月或一八五一年十二月的屠殺手法，我們確實所知甚少。*歷史學家躲進了虛構文學之中，他們筆下關於一八三二年巴黎共和黨人起義的文章，乃是由維克多・雨果《悲慘世界》（*Les Misérables*）的場景所構成；至於研究一八四八年二月革命的學者，往往只是複述福樓拜的《情感教育》（*L'Éducation sentimentale*）。

在外省人士的眼中，巴黎始終是屠殺事件的震央，是浴血之城，是危險怪物出入的恐怖途徑。直到一八六〇年左右，巴黎都是外省夢魘的來源。首都的血海，足以證明當權政體乃是正當存在，並藉此決定國家共同體的整體命運。

一八五一年的暴動（以全國領土的角度來看，這一場是十九世紀最浩大的造反運動）結束之後，情勢急轉直下。一八四八年六月起義所帶來的夢魘，以及即將到來的一八五二年大選，將社會全體的恐懼帶至最高峰。「一種噤聲的驚恐，滲入了全城老小的骨子裡」，支持拿破崙三世的可怖作家奧古斯特・侯米厄於一八五一年如此寫道。「我們四周的一切是如此黑暗、如此陰鬱」，「等待著起義的渴望被煽動激發」。他並回憶了恐怖與殺戮的歷史，寫道：「我們生於動亂之中，但願我們將能親眼見到它的終結。人類進展的革新，將是在血流成河之中進行。」[4] 他以一種末世論的觀點，預言了一八五一年十二月的政變、以及一八七一年五月流血週，**並以他的誓願召喚屠殺——新時代奠定於殺戮之上。

維持秩序的新手段極有成效，以種種方式驅逐暴力，再加上空間的淨化，以上種種都使得各式形象呈現開始深深轉變。一切都顯示，這樣的轉變，是在奧斯曼的改造工程之前發生的事。同樣地，透過藝術史學家T. J.克拉克的研究，我們得以知曉，藝術家已透過想像，預見了巴黎的改變。去暴力化的過程宛如驅魔，是一項漫長的工作，牽掛著以最快的速度抹去所有血腥痕跡，將肉品的宰殺與處理逐出城牆之外，尤其官兵的軍刀屢屢戰勝人民的火炬，以上種種都讓怪物的形影僅限想像。於此同時，新的教育大計漸臻完善，企圖將未來人民塑造得善良仁慈、健全勤勉。殘存的野蠻人，並不包括在這些新好國民的範圍之內。珍・蓋雅以絕妙的方式，闡明上述之社會融合與平息暴力的過程。

城市淨化了，不再沾染人民的鮮血，巴黎似乎走出了夢魘。公共空間乾淨整潔，經過清理並消除臭味。各種形態的濺血、淤積或腐爛，都不再威脅這座如今大放光明的城市。產品以有益健康的方式流通，再加上賣春之人，都為將來這擅於賣弄展示的時代鋪路，預示了櫥窗的激增、商品的掌權。為了發展奢華、使財富顯而易見，非得撤離流血場面，降伏社會的恐懼心魔，遷移巴黎主宮醫

* 譯註：指的是以下事件的血腥鎮壓：一八三一年至一八三四年的里昂絲綢工人起義（la révolte des canuts）、一八四八年的巴黎工人六月起義（les journées de Juin）、以及一八五一年拿破崙三世發動政變之後全國各地的反抗運動。

** 譯註：流血週（la semaine sanglante）指的是一八七一年五月二十一日至二十八日，巴黎公社（la Commune de Paris）短暫統治巴黎兩個月之後，慘遭鎮壓的一週。

院（Hôtel-Dieu）在市中心的老朽陰暗沉重身影，同時必須使新的屠殺手法不妨礙城內社會整體的和諧——總之，必須讓肉塊只是商品，讓駭人場景從此僅由自然災害或意外所造成，譬如慈善市集（Bazar de la Charité）於一八九六年發生的一場大火。

那麼，巴黎公社又該怎麼解釋呢？這場由人民收復城市的、曇花一現的政權，總之是無力的。就許多不同面向而論，它看來十分不符時代，因此顯得奇特。事實上，直到凡爾賽軍於流血週收復巴黎東北部，方才出現幾場形似往昔殺戮的過時場景，比方亞佐路（rue Haxo）發生的殘暴鎮壓，但該地的殺戮者不再如往常一樣肢解或破壞屍首。

史學家羅伯特．圖姆斯的研究告訴我們，「公社分子（Communeux）」被屠殺的過程中，士兵極少自發行動，除了幾樁出自個人暴虐傾向的單獨事件之外。如威廉．賽爾曼所述，確實有幾名粗野的軍人，四下「為了取樂而殺害那些不幸身處於他們攻擊範圍的人，用槍托毆打傷者頭部直到頭顱破裂，以刺刀將一名肚破腸流的女子的腸子掏拉出來，將酒瓶的瓶口插入死者嘴裡，（⋯）但是一般而言，部隊只是執行命令而已。」[5] 於是，囚犯在夏隆路（rue de Charonne）以機關槍分批行刑，每批介於一百五十人至三百人之間，事先排成二列或三列，他們面前的大坑裡，已經躺了許多死屍，這個大坑很快就會以石灰填平。簡略地說，屠殺的現代特質，幾乎不留痕跡——這妨礙了歷史學家推敲當年夢魘的工作。

凶年*結束之後不久，浴血的巴黎便成為享樂主義的象徵，化身為墮落邪淫的偉哉首都巴比倫，更勝一八五一年十二月四日那場屠殺結束之後的變化。放下心的外省人士，前往巴黎獵取「姑娘（les fâmes）」。別忘了，為了將巴黎塑造為肉體歡愉的首都，使人得以享受雅緻的肉欲，便必須將腐臭逐至遠方，制止怪物現身，防止城內再度突然爆發大量的集體死亡。

本文提及之參考書目（依出現順序排列）：

Alexandre Parent-Duchâtelet, *La Prostitution à Paris au XIXe siècle*, Paris, Le Seuil, 1981 (extraits de l'ouvrage de 1836, présenté par Alain Corbin).

Louis Chevalier, *Classes laborieuses et classes dangereuses à Paris pendant la première moitié du XIXe siècle*, Paris, Plon, 1958.

Pierre Michel, *Un mythe romantique : les Barbares. 1789 – 1848*, Presse Universitaires de Lyon, 1981.

Nicole Castan, *Les Criminels de Languedoc. Les exigences d'ordre et les voies du ressentiment dans une société prérévolutionnaire, 1750 – 1790*, Toulouse, 1980.

Yves-Marie Bercé, *Histoire des croquants. Étude des soulèvement populaires au XVIIe siècle dans le Sud-Ouest de la France*, Genève-Paris, Droz, 1974.

* 譯註：指一八七〇年至一八七一年，法國同時面對普法戰爭與巴黎公社等內憂外患之年。典故出自維克多・雨果於一八七二年出版的詩集《凶年集》（*L'Année terrible*）一書書名。

Denis Crouzet, *La Violence au temps des troubles de religion (vers 1525 – vers 1610)*, Thèse, université de Paris-IV, 1988.

Bernard Conein, « Le tribunal de la Terreur, du 14 juillet 1789 aux massacres de septembre », *Les Révoltes logiques*, 11, hiver 1979–1980.

Daniel Arasse, *La Guillotine et l'imaginaire de la Terreur*, Paris, Flammarion, 1987.

Bronislaw Baczko, *Comment sortir de la Terreur. Thermidor et la Révolution*, Paris, Gallimard, 1989.

Noélie Vialles, *Le Sang et la Chair. Les Abattoirs du pays de l'Adour*, Paris, Maison des sciences de l'homme, 1987.

Pierre Rétat, *L'Attentat de Damiens, discours sur l'évènement au XVIIIe siècle*, Presse Universitaires de Lyon, 1979.

Maurice Agulhon, « Le sang des bêtes », *Romantisme*, 31, 1981.

Allan Mitchelle, « The Paris Morgue as a Social Institution in the Nineteenth Century », *Francia*, 1976, T. 4.

Henri Heine, *De la France*, Paris, Calmann-Lévy, éd. de 1884, pp.138-140.

T. J. Clark, *The Painting of Modern Life. Paris in the Art of Manet and his Followers*, New York, Alfred Knopf, 1985.

Jeanne Gaillard, *Paris, la Ville. 1852-1870,* Paris, Champion, 1977.

Robert Tombs, *The War Against Paris*, Cambridge, University Press, 1981.

歷史與感官人類學[1]

史學家呂西昂・費夫賀（1938；1941）倡導建構一章關於感覺能力的歷史，已是半個世紀前的事。他認為，這方面的歷史結合了集體心理學的研究，也就是被匆匆命名為心態史（Histoire des mentalités）[2]的一套歷史。費夫賀在其著作《為歷史而戰》的數篇文章當中，闡述了這項浩瀚廣博的研究計畫，其內容主要是對於感知的不同模式進行分析，並區分感官的不同等級、解讀情感系統如何重新建構。呂西昂・費夫賀認為，感官運用的研究，乃是囊括於「思維工具」之中——思維工具這概念十分死板，正反應了費夫賀過度物化的傾向。創立《年鑑》（*Annales*）*的費夫賀今日因此遭受批評，而譴責他的人不無道理。諾博特・伊里亞思（1939）反覆琢磨他對於「文明進程」的分析，並致力關注自我約束（l'autocontention）的發展、研究西方社會如何日益將常規內在化的同時，呂西昂・費夫賀則倡議研究情感機能的慢性壓抑，以及益趨理性化的言行態度。

這樣的研究計畫，無可避免地受到時代與智識的風尚所影響，被約翰・胡伊青加（1919）與喬治・勒費弗爾（1932）的論述啟發，並由群眾心理學這場遲來的風潮加以驅策（奈，1975；巴羅斯，1981；莫斯科維奇，1981），其他的影響因素，尚有心理學家亨利・瓦隆（Henri Wallon）、呂西安・列維—布留爾（1922）、以及夏爾・布朗岱爾（1928）等人的研究。今日看來，它已顯得過時。[3]儘管如此，再度重提這項理論，以感官歷史人類學的觀點，重新檢視因這項計畫而誕生的研究，絕非毫無益處（例如曼德魯，1961）。

參與這項研究的學者們，將關注焦點放在某種文化中的感官價值體系、表現等級、感官運用，他們的研究難免重現呂西昂・費夫賀的直觀，儘管其直覺並不明確。無論如何，這項計畫（或毋寧應說是賭注）對歷史學家而言雖然充滿風險，卻又魅力十足。在歷史上某個時期、某個已知的社會中，有可能透過分析感官等級與不同感覺之間建立的平衡，以回溯既往的方式，辨識出人們過去生活世界中的呈現模式嗎？檢測這些不同等級的機能作用，因此定位主宰各種感覺之間關聯的組織方式之動力，這樣的研究方式是可以設想的嗎？研究者能否使這項研究經受歷時性，找出其恆久不變的特質，區別明確的驟變或微妙的轉移？情感系統的變動是較易察覺的，若將之與不同感覺之間等級與平衡的變動連結在一起，這樣的作法有意義嗎？回覆這類問題，能決定感覺能力史能否存在、是否有效，因為它的建構過程，是探測某個已知時代的文化中，可信之事的概貌、以及不可信之事

＊　譯註：創刊之初名為《經濟社會史年鑑》（*Annales d'histoire économique et sociale*），一九四六年改名為《經濟、社會與文化年鑑》（*Annales. Economies, sociétés, civilisations*），一九九四年再度更名為《歷史與社會科學年鑑》（*Annales. Histoire, Sciences Sociales*）。

的整體特質。

舉個例子，大衛．霍爾斯（1989；亦可參考霍爾斯與M・拉隆德，1991）針對一七五〇至一八五〇這百年期間，提出了非常振奮人心的論點，儘管他的學說必須仰賴漫長而有耐心的研究來支持。他認為近距離感官諸如觸覺、味覺、嗅覺，這些在深處支配情感機制的感受，乃是在社會秩序的景象漸漸模糊黯淡的十八世紀末至十九世紀中期，提高了它們相對於視覺或聽覺的重要性。其中尤以嗅覺這份屬於轉換（霍爾斯，1987）、臨界點與留白空間的、揭露人事物轉變過程的感官刺激，在亂世中格外令人著迷。而視覺則不若先前那樣，能以相當的可信度，來解讀不同的感官等級。這理論很有說服力，總之非常合乎邏輯。許久以前，文學史的專家們已指出，陰影四下蔓延、昏暗糾纏不去；當時的社會觀察家和市政官員們艱苦奮鬥，試圖強制讓智識與威權之光照耀並淨化維克多．雨果口中的「無盡底層（infini d'en-bas）」。然而，史學家在這方面的追尋，乃是困難重重。此外，該領域的歷史研究需要極為謹慎——這便是我想探討的主要問題。

所謂實證主義的史學傳統，對研究人員建議的第一道步驟甚為天真：辨識出感官環境的演變發展，抑或（如果我們偏好這樣說）詳細調查史上某段已知時代中，每個社會場域的各種感受。紀．杜伊耶（1977）便如此竭力於列舉十九世紀中葉一座位於尼維爾省的小村莊中，居民耳中可能聽見的各種聲響來源，並衡量其音量的相對強弱。閱讀其著作時，彷彿能聽見榔頭敲打鐵砧的叮噹聲、車匠操作木槌的悶響、反覆不斷的鐘聲、還有馬嘶聲，而當地並沒有擴音器或馬達的聲音。這樣的作法（在李奧納多的研究〔1986〕中亦能見到）不容小覷，它能幫助讀者沉浸於往昔的村莊氛圍，讓人更容易設身處地，減少時代錯誤的風險。然而，顯而易見的是，這樣的調查建立於一套充滿爭議的假定前提之上，涉及的包括注意力、感知的臨界點、噪音的定義、可以容忍之事與不能忍受之事的整體特質，以上各種主題的不同模式之非歷史性（non-historicité）。感官平衡的歷史性，最後會因此被否定，這正是我們的主題。在杜伊耶的眼中，十九世紀尼維爾小村莊居民的習性，彷彿無法調節他們的傾聽對象以及傾聽方式。[4]

紀・杜伊耶的研究方式，需要更加仔細地琢磨。在這類環境中，聲響有時會成為最重要的爭論中心。讓我們以諾曼第丘陵區的隆萊拉拜（Lonlay-l'Abbaye）這座小鎮一樁日常生活插曲做為例證。該地的修道院附屬教堂建於十一至十四世紀之間，附近的農民都習慣以教堂敲鐘的時間，做為他們工作時間的依據。一九四四年，德軍摧毀教堂的大鐘之後，只能以消防警報的驚人巨響來取代傳統的鐘聲。警報器架設在市政府屋頂上，位於小鎮的中央。農民很快便習慣這象徵現代化的新聲響。到了一九五八年，教堂的大鐘修復完成，由於消防警報每日轟鳴大作，使鎮上居民深受其擾，因此在他們的要求之下，鎮議會決定重新啟用古代風格的鐘聲。超過一年的期間之內，一場「聲響大戰」造成了當地的分裂。[5] 農民堅持繼續使用警報鈴聲，因為它較為清脆，尤其音量較大；他們的對手則表示自己偏愛青銅震盪的情緒感受力與美學品質，並大力拒絕震耳欲聾的現代化噪音。農民們成群結黨闖進鎮上，朝著市政府拋擲石塊，對著「反警報鈴聲派」的頭頭們叫囂，大肆喧嚷吵鬧。人民的高張情緒，使得古老的分裂對立再度重演，其中的「戴高樂主義者」群起挑釁從前的「貝當主義者（pétainistes）」，*於是各式私人恩怨的報復，包括通姦之類的往事，全都再度浮上檯面。這場衝突引發媒體關注，登上《法蘭西晚報》（*France-Soir*）的頭條，連歐洲第一電台（Europe no1）的新聞快報都報導此事。當地神父的權威原本至今都不容質疑，如今卻頓失感召力，而該教區的總司鐸不得不親自前來講道，試圖平撫這場聲響大戰。鎮長因此飽受身心折磨，不久之後竟心臟病發而辭世。該鎮市政府唯一的解決之道，是向一位出身當地的前任議員求援，並提議讓這位立場中立的政治人物就任鎮長，才終於平息這場風波，使當地恢復和諧。從今而後，每天中午當消防警報響起的同時，教堂亦鐘聲大作。

像這樣的一段插曲，其中一大部分屬於象徵範疇，若要真正分析，便必須採用人類學的結構來分析。另一項影響因素，是小鎮與其鄰近鄉村之間，歷史悠久的對立敵意。除此之外，社會的二元對立，導致人們的感官運用、以及他們對於忍耐極限和聲音代表意義的感知，全都一分為二，若考量這類分裂，對於聲響存在的分析便會有所不同。

且讓我們回到先前的主題，探討歷史學家希望研究不同感官之間的平衡與組織方式時，將會遇上的困難。其中最顯而易見的阻礙，是感覺瞬間即逝、幾乎不留痕跡。其實，研究者若知曉當時的技術、工具、風景結構、飲食習慣與衛生習慣等環節，便能重建感官環境，或至少重現其概貌。但痕跡短暫的問題，主要牽涉感官的運用、感受程度、以及這些感覺被感知的含義。此外，史學家對於判斷體系的發展變動所知極少，[6]他們並不熟知自己研究的文化體系當中，關於怡人或討厭、吸引人心或招致反感、企盼或拒絕、尚可忍受或無法忍耐，以上種種兩極之間，各自整體特質的概貌。大多數的情況下，他們都不知道各種不同感覺在交換實踐與溝通模式當中，所扮演的相對角色為何。然而，這類素材資料對於理解社會結構是不可或缺的，否則不同研究對象的各個群體之中，自我與他者的表現史，便無法存在。

然而，這主題擁有豐沛的大量資料，首先便是涉及當時各種常規體系的文字，能使研究者定位其研究時空的社會所實行的、限制感官的相關技術。光是十九世紀初期至一八六〇年代的法國，便有許多教育方面的書籍和衛生指南，提供了關於標準規範的訊息。這些著作的作者都必須特闢一章來談論感知（*percepta*）（例證可見李維，1844），他們必須規定關於感覺器官的衛生教誨或啟蒙告誡，並因此制定、參與了強制規定感官等級的過程。

自我書寫，是感官人類學調查的豐沛資料來源。可惜的是，當時的社會上，這項書寫實踐僅涉及某些族群。阿朗．吉哈（1963）、蓓阿諦絲．迪迪耶（1976）、密雪樂．佩侯與喬治．希貝

＊ 譯註：意指維琪法國（Régime de Vichy）元首菲利普．貝當（Philippe Pétain）的支持者。

（1985），以及其他許多作者的文字，[7] 都指出當時的日記書寫者以外省居民為大宗，其中多為小資產階級，尤以那些遭逢失敗的、在家中煩悶不堪的、只能透過私密書寫來抒發心情的個人為主。日記作家當中的女性與同性戀作者比例遠遠超過一般人口比例，原因正是如此。儘管如此，自我傾聽的敏銳度，以及各種情感在確實體驗與並未察覺之間的相對比例，都會因為所屬社會階層的不同，而產生巨大差異。此外，當年這些尚未因為作者打算日後發表而改變寫作初衷的日記，是細緻的自我剖析，專注書寫衰頹消敗。像這樣毫無出版意圖的日記寫作，實際上持續的時間並不長。理性書籍與宗教刊物於十八世紀漸漸被出版的日記取代，尤以英國傷兵撰寫的「療癒日記」為甚（柯爾本，1988）。幾十年內，自我檢視漸漸去宗教化，讓歷史學家能以令人驚異的精準來進行分析。

在涂爾幹（1897）與諾博特．伊里亞思提及的混雜社會中，敏感度如何日益增強、自我如何漸漸開始內省、乾涸的舊傷如何演變出新生的脆弱特質，關注以上種種進程，是再好不過的研究資料。對於竭力試圖理解感情機制的歷史性、力求辨識情感體系如何運作並具有何種概貌、甚至企圖找出不同感官的運用與啟蒙模式的研究者而言，這是絕佳的素材來源。日記作家不斷提到他們的異常體感（impression cénesthésique），抑或（如果我們偏好這樣說）哲學家蒙田（Michel de Montaigne）往昔曾經論及的內在感官之感知；在精神分析學出現之前，十九世紀的菁英們是如此關注這來自臟腑的喧囂吵嚷（斯塔羅賓斯基，1981；阿祖維，1984）。

自我書寫極為詳盡地告訴我們關於性快感的量測，與愛撫的運用（這只是眾多感官之中的一個例子）。男人統計他們的高潮，正如彼得・蓋伊（1984）描述作家瑪寶兒・露米絲・陶德（Mabel Loomis Todd）如何仔細地記錄她的私密行為（雖然這方面的女性描述較為少見）。當然，這類文獻可能導致研究者過度高估感官的表現與運作，而那些敢於或懂得傾聽並訴說他們的感知、印象與情感的記述者，他們敏銳度的種種模式亦會被高估。另一個問題，是自我書寫所提供的資料，僅是一些支離破碎的零星素材，當然難以量化。當然，這些文獻的作者，並未企圖將當年的感官平衡概貌傳達給後人知曉。歷史學家心知肚明，今日他們碰上的難題，是恆久不變的兩難困境：「採用薄弱的科學立場，以求得到顯著的研究結果；抑或恪守科學態度，因此只得到無關緊要的結果。」（金茨堡，1989）

同樣地，研究者所蒐集到的資料，很難掌握彼此之間的一致性，除非出現一些極端的情形，將其中的反差暴露出來。當感知體系與情感體系突如其來地面臨正面衝突時，對立的兩端顯現出明確的兩極概貌，對我們的研究極有助益。關於這一點，十八世紀末的屠殺場面，以及（相對而言較少的）十九世紀前半葉之殺戮場景，提供了關於事件主角習性的寶貴見證。大開殺戒的狂歡群眾、驚駭萬分的敏感靈魂，二者之間分歧鮮明，讓後世學者能夠清晰解讀感官行為。纖細敏感的旁觀者，以保持距離的目光凝望事發處，他採取「觀眾」的態度，而由於他僅以視覺分析，於是這場暴亂就他而言，除了恐怖別無其他；至於殺人者則身處混亂中央，以他的舉措與叫吼參與殺戮，嘈雜的聲音與腥臭的氣味迎面而來，群眾的酒神式放縱衝動完全解放，他並不以視覺來分析眼前的場面。殺人者與旁觀者不同的是，他是以所謂的近距離感官來感覺這場事件——觸覺、嗅覺。但他不會懂得該如何描述這場景多麼恐怖、或屍體如何慘遭蹂躪，因為這並非他實際感受的體驗。[8]十八世紀末如此頻繁的「悲愴感人」場面，其視覺機制、以及感官等級的運用，只能對社會上一部分的人起相同作用。「如畫的風景」亦是如此。

問題就在這裡——我們已悄悄落入史學家經常面對的陷阱，將感官運用的實際現實，與這份感官在文獻中被指定呈現的畫面混為一談。瞧瞧（這也只是諸多實例中的一個例子）航海衛生的專家當時如何描寫水兵的感覺能力：[9]這批低階族群因為吸菸過度，使得他們的味覺與嗅覺都壞掉了；他們的觸覺則因為操控繩纜，而失去了敏感度；近距離的炮擊使他們聽力受損；視力則因為環境飽含鹽份而變得模糊。總之，水兵喪失了他們的感官敏銳度，成了遲鈍無感之人。

這類寫照無論描述的是哪個社會階層，都因為其中看似前後一致的邏輯而使人信服。但顯而易見的是，這些描述乃是依照其書寫者（或毋寧應說是制定者）的情況而寫。上述的水兵案例中，作者絕大多數是海軍的醫生，他們必須標明自己與研究對象的差異，甚至將讀者收編至自己這一方。他們似乎感到自己和讀者之間有種微妙的默契，都希望高人一等。除此之外，這些苦命水兵被強迫承受的惡劣生活條件，還能因為上述這番貶低他們的言論，而顯得理所當然。路易·舍瓦利耶

（1958）是資產階級社會想像的傑出分析家，卻稍稍忘記了這些海軍醫師意圖為不平等條件辯護的立場。

除此之外，文獻記述者建構的景象，自然而然淹沒於科學知識當中，受當時的主流學說左右。新希波克拉底醫學論（néohippocratisme）大行其道的當時，一個人的體態與感受性，經常是由以下因素推斷出來的結論：環繞著他的土壤、空氣與水的品質（拉丁文是*circumfusa*）；他食用的食物（拉丁文是*ingesta*）；他穿著的衣物（拉丁文是*applicata*）；他從事的活動（拉丁文是*gesta*）。他對自身感官的使用，就像他皮膚上的粗糙顆粒一樣，都反應了這樣的一致性。[10]當時，一般普遍斷言農民觸覺極不敏感，[11]他們的皮膚因為繁重的粗工而硬化，有時甚至覆滿一層「鱗片似的表皮」。[12]這些受困於土地的人們被塑造出來的粗野無感形象，正符合社會整體形象的描述。儘管如此，我們並非企圖全盤否認構成該社會形象的所有成分的真實性。

文獻撰寫者以權威角度，勾勒出對於他者的描述，除此之外，其筆下內容亦受到當時主導社會價值觀的倫理道德支配，而主流道德觀對於每種感官的運用，都強加各種不同的價值判斷。當代的史學家們已以非常優異的方式，分析了「懺悔規條」（當中極可能亦包括告解神父的指令）如何詳盡地描述五感，亦即「惡魔的五道門」誘發罪愆的種種方式（德呂摩，1983；阿諾，1984）。[13]視覺的危險被揭發之後，人們因此被教導低垂雙目以避免誘惑，或是舉目瞻仰天庭。虔誠的信徒因此害怕以水平的視線看向世界，直視危險，除非是為了針對他們內心驚心動魄的苦難，著手進行寬厚仁慈的盤查清點。

關於感官運用的描述，亦同樣遵循前述之健康與疾病的呈現，以及由醫師們所界定的比例分配。這情形或許不限於感官運用的描述，而是涉及感官運用本身（但程度為何呢）？健全與不健全之形象呈現，受到歇斯底里症相關理論強烈影響，嗅覺過敏症（hyperosmie）當時被視作歇斯底里引起的感覺過敏（hyperesthésie）症狀，因此於十九世紀末導致相關人士看輕嗅覺，以免該感覺其實是一種病徵。

上述這些邏輯經常出現於虛構文學之中，但往往與時代脫節。左拉在盛名遠播的盧貢—馬卡爾家族系列小說中，再現了幾十年前的學者與社會觀察家們所表述的社會區隔。左拉筆下的小老百姓總愛使用觸覺，這證明他們近似動物——男人與女人態度粗魯，總是猛然扭打、交合；貴族與資產階級則不然，他們乃是保持距離，以視覺愛撫與嗅覺殘香作為誘惑，總之他們的感官運用，是一般假定的輕柔雅緻。

這類論述過度草率，歷史學家必須謹慎提防。著手調查研究之前，史學家應當掌握感官體系的呈現方式，以及它的運作方法。總之，他必須有能力解讀所有參考資料，能夠看透眼前這些受當時主流科學信念操控的文獻的邏輯。一份遵循動物有靈理論的文本，以及一篇引證神經學家布洛卡（Paul Pierre Broca）醫生提出的腦力測量學的文章，兩者之間，無法以相同的解碼方式分析，這是顯而易見的事。若要理解一名作者的相關文字，便必須知曉他以何種方式想像感官中樞的定位與輪廓、還有神經線路如何傳輸訊息。作者理解這些概念的方式，隱約決定了他如何感知不同感官之間的相對等級。幾個世紀以來，相關理論對於嗅覺時而重視、時而輕忽，其決定因素乃是神經系統的呈現因時代不同而所有演變。十八世紀某些生理學家認為橫隔膜是重要器官，該論點深深影響了感官訊息在情緒反應引發過程中所呈現的相對角色。上述種種，構成一連串明證，值得再度重複提醒。由於數種不同科學系統的殘跡在分析同一份文獻的研究者眼中，以混亂模糊的方式交織融合，因此更須以嚴密且機敏的態度來謹慎應對。

調查研究若回溯過往，必須考量當時的慣習行為，它劃下了被感知與不被感知這兩者之間的界線；此外，亦需理解當時的規範準則，它決定了言表之事與不可言說之事這二者之間的比例分配。未以言詞表露之事，以及未曾體驗之事，二者之間，確實應當避免混淆。歷史學家因此永遠無法完全確認他在研讀文獻時突然發現的某種感覺革新，究竟代表情感體系與感官運用方式的轉變、抑或只是新的修辭形式使原本已存在的感受終於能被具體描述。而這些新詞的傳播普及，亦會塑造人們的言行舉止。

人類學家能夠透過調查與訊問，來避免上述危險，避開由於語言不夠靈活而形成的陷阱；史學家則不然，他們追尋徵象的過程乃是危機四伏，他們毫無真正的查核校驗手段。史學家如同蹲伏在泥沼中的獵人，探究不可見的獵物所遺留的蹤跡，只能從細微而難以覺察的微妙線索中，推測牠的行為舉止（金茨堡，1989）。

歷史在這裡顯然不屬於科學知識的範疇，而是臆測的知識。研究者最多只宣稱，自己客觀地辨識出某言論或某組跡象出現的時間點。十八世紀末，講述如畫風光的言說蔚為風潮，而史學家永遠無法確切知曉，何者屬於畫意技術或修辭種類的激增、何者則真正代表視覺凝望機制的醞釀與社會傳播。評價某事物的某種方式，或許在它尚未被說出之前便已存在，更極有可能在它尚未被理論化之前便早已存在，而這方面毫無證據可以證明。唯一能肯定的，只有一個事實：宣揚常規體制的絮叨言論，是決定日後感官運用的因素之一。

相較於人類學家，史學家更加受困於語言，但他們必須盡力辨識出，是哪些決定因素，界定了可以言說之事與不可言說之事之間的界線。史學家應當謹記：人們對過度習慣之事，經常閉口不提。新出現的感受亦是如此，因為意識尚未能夠清楚感知它，而其表達方式亦尚待發展。今日，對於大都會的回憶或描述之中，汽車車潮的喧囂不再為人提及，但我們無從知曉這是因為車聲過於普遍、不再引人注意，因而不再成為感知的對象，抑或是因為該主題過於平凡，使人們在不知不覺之中對此噤聲。

反之，語言在實際運用方面的不夠靈活，導致人們仍繼續講述他們不再實際感知或體驗的事物。文獻中使用的隱喻，對不夠警覺的分析家而言，是一道陷阱。安・文森—布佛（1986）的「淚史」研究是本好書*，但作者有時只按照字面意義來理解隱喻或習慣用語，而它們其實與實際狀況毫無關聯。

檢視分析歷史文獻，亦需事先掌握源自羞恥心的禁忌、猥褻之事的整體特徵、難以描述之事的範圍。上述三者，都擁有其自身的歷史。十九世紀禁止描述親熱行為以及淫欲相關的聲響、氣味與味道，這可能導致視覺的首要地位被錯誤高估，因為視覺較不受制於這道沉默禁令。

且讓我們再度強調：相較於人類學家，歷史學家的處境較為不利，他們唯一的資料來源，幾乎全都出自語言。但還是應當探索考究，在社會禮俗與技術的交流中，是何者指定了感官運用的方式。自握手禮儀至資訊傳輸的程序，其中是一片尚未開拓的調查領域。因此，若企圖研究十九世紀中葉的農民，卻不仔細分析謠言的傳播機制，此乃徒勞無功之舉。[14] 舉辦集市的午後，商家集會旁

---

* 編註：請見《眼淚的歷史》，安・文森—布佛（Anne Vincent-Buffault）著，許淳涵譯，臺灣商務，二〇二二。

邊那些客棧搬演著擁擠、熱烘烘、震耳欲聾的社會劇場，交換著各種對話、目光、姿態、氣味。

最後我想指出，歷史學家應當提防悲觀主義，同時勿忘：屬於感官行為史與情感機制史範疇之研究，單單只是一道研究展望。這類分析儘管不夠精確，卻能揭露屬於人類學性質的分化對立。十九世紀的西方人（這還只是我們研究的時空地理範圍所提出的對象）投身社會觀察、盡力研究這艱深主題時，是如此看重感官環境的分析與感官運用方式的描述。若僅止於研究社會地位、態度立場、財產總額、或是境遇的徵兆，便會難以理解這時代。當時最深入人心的分化對立，若非來自生物學方面的特質，[15]至少亦源自慣習行為。感官體系的組織方式，是構成社會想像的要素之一。它並不簡單，反之，它來自以下種種不同理論之間恆常不變的衝突：當時被稱為「社會化」感官的，是視覺與聽覺，一般堅信這兩者是最崇高的；然而，觸覺是最基礎的感官，能使人體驗事物，而味覺與嗅覺則是攸關生存的感官，能告訴我們事物的真正本質。

社會的區隔分類，當時便是依照這樣的二分法來實行。專家指定的感官等級，反應了社會階級，亦掌控了它。人們運用觸覺、嗅覺、味覺、聽覺與視覺的方式，區分出下列兩種人：（一）長期不斷面對死硬無感的材質，習於從事消耗精力的艱苦勞動，在本能上更適合藉由他們的肉身來感受動物性的觸覺愉悅；（二）另一種人則透過學習而習慣社會化的商業，同時由於免於從事體力勞動，因而懂得賞玩物件之美、表現出靈敏的感性，他們抑制情感感官的本能衝動，讓大腦在欲望的產生與滿足這兩個時刻之間，有一段時間差。感官運用的平衡是被指定的，它奠定了社會區隔的邏輯基礎，深深刻劃出決定性的社會階級，並為它的正當性辯護。

在這太快被定義為金錢年代的十九世紀，最主要的各種分化對立，乃是根據「立即迅速」與「強制延緩」之間的差異——前者臣服於直接的接觸，後者則有能力保持距離。最後，被認為最重要的關鍵因素，包括以下幾點：手部的靈敏程度；或多或少懂得保持沉默或疏離淡漠的能力；耐受極限的程度高低；特別容易反感的的弱點；對於細緻文雅所抱持的熱烈仰慕。上述一切，感官價值體系都深深牽涉其中。

本篇參考書目：

O. Arnold, *Le Corps et l'Ame. La Vie des religieuses au XIXe siècle,* Paris, Le Seuil, 1984.

F. Azouvi, « Quelques jalons dans la préhistoire des sensations internes », *Revue de synthèse*, CV, 113–114, pp. 113–133, 1984.

A. de Baecque, « Le discours anti-noble (1787 - 1792). Aux origines d'un slogan : "Le peuple contre les gros" », *Revue d'histoire moderne et contemporaine*, XXXVI, janv.-mars, pp. 3–28, 1989.

S. Barrows, *Distorting Mirrors. Visions of the Crowd in Late Nineteenth Century France*, New Haven-Londres, Yale University Press, 1981.

C. Blondel, *Introduction à la psychologie collective*, Paris, Armand Colin, 1928.

M.-N. Bourguet, *Déchiffrer la France. La Statistique départementale à l'époque napoléonienne*, Paris, EAC, 1988.

R. Chartier, « Histoire intellectuelle et histoire des mentalités, trajectoires et questions », *Revue de synthèse*, 111–112, pp. 227–307, 1983.

L. Chevalier, *Classes laborieuses et classes dangereuses à Paris pendant la première moitié du XIXe siècle*, Paris, Plon, 1958.

A. Corbin, *Le Miasme et la Jonquille. L'Odorat et l'imaginaire social, XVIIIe-XIXe siècle,* Paris, Aubier-Montaigne, 1982.

« Coulisses », 413-611, in P. Ariès et G. Duby (dir.), *Histoire de la vie privée*, t. IV, M. Perrot (dir.), *De la Révolution à la Grande Guerre,* Paris, Le Seuil, 1987.

Le Territoire du vide. L'Occident et le désir du rivage, 1750-1840, Paris, Aubier, 1988.

Le Village des cannibales, Paris, Aubier, 1990.

J. Delumeau, *Le Péché et la Peur. La Culpabilisation en Occident, XIIIe - XVIIIe siècle*, Paris, Fayard, 1983.

M. Détienne, *Les Jardins d'Adonis. La Mythologie des aromates en Grèce*, Paris, Gallimard, 1972.

B. Didier, *Le Journal intime,* Paris, Presses Universitaires de France, 1976.

E. Durkheim, *Le Suicide,* Paris, Alcan, 1897.

N. Elias, *La Dynamique de l'Occident*, Paris, Calmann-Lévy (éd. originale 1939), 1975.

L. Febvre, « Psychologie et histoire », in *Encyclopédie française*, t. VIII, *La Vie mentale*, Paris, Société de gestion de Encyclopédie française (article reproduit dans *Combats pour l'histoire*, Paris, Armand Colin, 1953, pp. 207–220), 1938.

« Comment reconstituer la vie affective d'autrefois ? La sensibilité et l'histoire », *Annales d'histoire sociale*, III (article reproduit dans *Combats pour l'histoire, op. cit.*, pp. 221-238), 1941.

P. Gay, *The Bourgeois Experience. Victoria to Freud,* New York-Oxford, Oxford University Press, 1984.

C. Ginzburg, *Mythes, emblèmes, traces*, Paris, Flammarion, 1989.

A. Girard, *Le Journal intime et la notion de personne*, Paris, Presses Universitaires de France, 1963.

D. Howes, « Olfaction and Transition : An Essay on the Ritual Use of Smell », *Revue canadienne de sociologie et d'anthropologie*, 24, 3, pp. 398–416, 1987.

« Scent and Sensibility », *Culture, Medicine and Psychiatry*, 13, pp. 81–89, 1989.

D. Howes et M. Lalonde, « The History of Sensibilities : Of the Standard of Taste in Mid-Eighteenth Century England and the Circulation of Smells in Post-Revolutionary France », 1991.

J. Huizinga, *Le Déclin du Moyen Age*, Paris, Payot, 1961 (lre éd. hollandaise, 1919).

G. Lefebvre, *La Grande Peur de 1789*, Paris, Armand Colin, (lre édition, 1932), 1988.

J. Léonard, *Archives du corps. La Santé au XIXe siècle*, Rennes, Ouest-France, 1986.

M. Levy, *Traité d'hygiène publique et privée*, Paris, Jean-Baptiste Baillière, 1844.

L. Levy-Bruhl, *La mentalité primitive*, Paris, Alcan, 1922.

R. Mandrou, *Introduction à la France moderne. Essai de psychologie historique, 1500–1640*, Paris, Albin Michel, 1961.

S. Moscovici, *L'Age des foules. Un traité historique de psychologie des masses*, Paris, Flammarion, 1981.

R. A. Nye, *The Origins of the Crowd Psychology : Gustave le Bon and the Crisis of Mass Democracy in the Third Republic*, Londres, Sage Publications, 1975.

M. Perrot et G. Ribeill, *Le Journal intime de Caroline B*, Paris, Montalba, 1985.

J. Starobinski, « Brève histoire de la conscience du corps », *Revue française de psychanalyse*, XLV, 2, pp. 261–279, 1981.

G. Thuillier, *Pour une histoire du quotidien au XIXe siècle en Nivernais*, Paris-La Haye, Ecole des hautes études en sciences sociales, Mouton, 1977.

L'Imaginaire quotidien au XIXe siècle, Paris, Economica, 1985.

A. Vincent-Buffault, *Histoire des larmes*, Marseille, Rivages, 1986.

不可不提。

10 關於空間描述與社會場景之間建立的一致性，請見布茗葉（1988）。

11 抱持這類言論的人士，亦同時強調，普羅百姓極度需求的，是較為低等的觸覺。

12 馬雷（Mallet）侯爵於1866年針對多爾多涅省（Dordogne）北部農民所發表的評語，引自柯爾本（1990）。

13 紀·杜伊耶（1985, pp. 6 – 12）指出，這古老的「目光治安」直到十九世紀中葉仍存在於女子寄宿學校與修道院中，直到「視覺解放」，尤其是自我內視的目光掙脫束縛之時，方才結束；而後來人們盯著電視的目光，則形成一種新形式的強制「監禁」。

14 請見《人屬》（*Genre humain*）期刊1982年第5期之特別號〈謠言〉（*La Rumeur*）。

15 史學家安端·德·巴克（1989）便闡明了那些仇視貴族階級的言論當中，對其生理特質的藐視日益高漲。

3 L. M. Prudhomme, *Histoire générale et impartiale des erreurs, des fautes et des crimes commis pendant la Révolution française*, an V（1797）, t. 1, p.1 et IV.

4 Romieu, *Le spectre rouge de 1852*, Paris, Le Doyen, 1851, pp. 7 et 94.

5 William Serman, *La Commune de Paris*, Paris, Fayard, 1986, p. 521.

歷史與感官人類學

1 *Anthropologie et société*, vol. 14, n°2, 1990.

2 這項概念的相關批判，請參考1983年3月19日於巴黎第一大學舉辦之研討會「科學與心態史」（Histoire des sciences et mentalités）之所發表之論文，刊載於*Revue de synthèse*（111–112, 1983）。

3 相關批評論點請見夏提葉（1983）。

4 值得一提的是，紀．杜伊耶自1977年開始大力改善他的分析方法。1985年，他在《十九世紀之日常想像》（*L'Imaginaire quotidien au XIXe siècle*）書中一篇處理視覺問題的優秀文章，便多少考量了這些需要謹慎處理之處。

5 我們在此援引這場論戰，是因為曾經親眼見證。紀．杜伊耶（1977，頁242）指出，十九世紀的「小鎮專欄充滿了關於大鐘的豐沛史料」。

6 矛盾的是，相較於研究十九世紀的史學家，專研古代史的專家們長期習於研讀人類學家的著作，因此對該領域擁有較為卓越的認識。馬賽爾．德蒂安（1972）的精采好書，便是絕佳的例子。

7 這問題我們已於菲利浦．阿利埃斯與喬治．杜比主編之《私生活史》（*L'Histoire de la vie privée*）一書中探討過（Corbin, 1987）。

8 之前所發生的情景，請參考柯爾本（1990）。

9 請參考柯爾本（1982, pp. 172–174）。十九世紀許多作者，都認為一個人運用感官的方式，與其職業有關。我們並不打算否認職業造成的影響，但認為應當提醒一點：十九世紀的社會觀察家對於職業分類學的看法，極可能過度放大這類依據所造成的影響程度。無論如何，警察由於缺乏鑑定方法而發展出來的第六感，還有臨床醫師們的銳利目光（這可是臨床醫學的黃金時代），都是職業影響感官運用的絕佳範例。舉凡手工業技藝範疇之專門技能，更是

Pierre Vinçard, *Les Ouvriers de Paris*, Paris, Michel, 1851, p. 44.

42 Emile de La Bédollière, *op. cit.,* p. 222.

43 *Ibid.*, p. 223.

44 關於煙斗與嚼煙對於這些砌石工人的重要性，請參考：Emile de La Bédollière, *op. cit. ,* p. 218 ; pour une période ultérieure, Fernand Borie, *op. cit.,* p. 131.

45 *Ibid.*, p. 136. 但我們必須指出，克勒茲省砌石工人的歌曲廣受歡迎。相關資料請參考：亨利．傑穆提（Henri Germouty）的文章 « La chanson des maçons de la Creuse et son auteur », *Mémoires de la Société des sciences naturelles et archéologiques de la Creuse*, 1940.

46 Emile de La Bédollière, *op. cit.,* p. 220. 作者寫道：「砌石工人基本上大半都是諺語的愛好者。」

47 Fernand Borie, *op. cit.*, p. 136 ; Pierre Vinçard, *op. cit.,* p. 43.

48 Louis Bonnet, *op. cit.,* p. 20.

49 關於該組織的草創時期，請見：Alain Corbin, *Archaisme* [...], p. 692；至於後來的演變，請見國家檔案中心F^{17} 12532，以及：Albert Vaudoyer, « Le cercle d'ouvriers maçons et tailleurs de pierres », *La Réforme sociale*, 1er juillet 1899.

50 例如：Louis Bonnet, op. cit., p. 23（稱為「利穆讚移民群居地」的穆浮塔〔Mouffetard〕街區）

51 *Ibid.*, p. 6.

52 L. et M. Bonneff, *op. cit.,* note 28, p. 259.。

53 相關情形請見：Abel Châtelain, *op. cit.*, p. 883.。

54 Louis Bonnet, *op. cit.,* p. 13.

血腥巴黎

1 *Ecrire Paris*, éd. Seesam, 1990.

2 Emmanuel Le Roy Ladurie, *Les Paysans de Languedoc*, Paris, Imprimerie nationale, 1966, p. 503.

Betoulle, 1881）的研究結果顯示移居對於公共衛生是有益處的，這項結論大肆反駁其同僚的痛苦主義。1924年，費南．波希（Fernand Borie）於《砌石工人》（*L'Ouvrier maçon*, Paris, Doin, 1924, p. 277）指出，這些工人身體健康，原因是其「農村出身」，亦即他們「健康的遺傳因子」。

25 Cité par Henri Clément, *op. cit.,* p. 27.

26 請參考：Dr Louis Bonnet, *op. cit.*, p. 6 et Ardouin-Dumazet, *Voyages en France*.

27 A. Egron, *Le Livre de l'ouvrier, ses devoirs envers la société, la famille et lui-même*, Paris, Mellier, 1844一書中，要求禁止移居勞動的建築工人進入巴黎工作，以免巴黎工人面臨失業。

28 Louis Bandy de Nalèche, *op. cit.,* p. 85.

29 Martin Nadaud, *op. cit.,* Paris, Hachette, p. 95. L. et M. Bonneff於《工人階級》(*La Classe ouvrière*, 1911, p. 312）如此描述巴黎人對利穆讚青年的攻擊辱罵：「吃栗子的傢伙，你想見見警察嗎？」

30 此外，移居勞動的建築工人總覺得自己無時無刻不被監視，而他們試圖逃離。關於這一點，請見：Abel Châtelain, *op. cit.*, p. 844 *sq.*

31 Pierre Mazerolle, *La Misère de Paris. Les Mauvais Gîtes*, Paris, Sartorius, 1874, pp. 28-31.

32 Emile de La Bédollière, *op. cit.,* p. 224.

33 Louis Chevalier 在*La Formation de la population parisienne*（Paris, PUF, 1949）中提出這一點。

34 Emile de La Bédollière, *op. cit.,* p. 218 et Pierre Mazerolle, *op. cit.*, p. 33.

35 *Ibid.*, p. 31.

36 Maurice Dechastelus, *Comment on mange à Paris*, Paris, Editions de la Gazette de France, 1852, p. 5.

37 Martin Nadaud, *op. cit.,* p. 102.

38 *Ibid., p.* 107.

39 *Ibid., p.* 103.

40 *Op. cit.*, p. 31.

41 Michel Raymond, *Le Maçon. Mœurs populaires*, Paris, A. Dupont, 1928, p. 10, et

centre de la France, 1885–1886, p. 26 ; Abel Châtelain, *op. cit.*, p. 837 援引維拉荷（Villard）醫生的說法。

16 請參考以下著作書中地圖：Alexandre Parent-Duchâtelet, *De la prostitution dans la ville de Paris*, Paris, J.-B. Baillière, 1836.

17 Othenin d'Haussonville et Henri Clément, *op. cit.* et Louis Bonnet, *L'Emigration limousine et creusoise à Paris*, Limoges, Ducourtieux, 1913, *passim.* 工人租屋處的「住客生性粗野」，長期以來均使各單位的公衛部門擔憂。巴黎第一區的相關單位便於1858年（Arch. Seine, V bis 8 I^3 5）指出「這些出租房間，無論就其基本配置而言、抑或就其單人床及雙人床的誇張數量來說，都是有害健康的病源滋生醞釀處」。

18 Dr Ferdinand Issartier, *De l'alcoolisme moderne. Etude sociale sur le poison à la mode en France*, Paris, Leclerc, 1861, p. 13.

關於本主題，前述路易·博內《利穆讚地區與克勒茲省之移居巴黎者》一書是最佳例證。

19 請參考：Gérard Jacquemet, « Médecine et maladies populaires dans le Paris de la fin du XIXe siècle », *L'Haleine des faubourgs, Recherches*, 29, décembre 1977.

20 這樣的抱怨在阿貝·夏特朗的龐然巨著《法國一八零零至一九一四年的短期遷移者》一書中隨處可見，這本著作是對於家庭與艱苦勞動的禮讚，作者於第1061頁寫道：「短期移居勞動者的獨身生活，即使對已婚者而言，都會使他們過度自由，深陷娛樂、暴力、荒淫、危險……」

21 Alain Corbin, « Migrations temporaires et société rurale : le cas du Limousin », *Revue historique*, sept.-déc. 1971）。第一帝國時期，已有一些省長指出移居的正面效益，例如上維埃納省的省長路易·塔克西葉－奧利維耶（Louis Texier-Olivier）以及克勒茲省的省長（1812年6月25日，國家檔案中心編目 F^{20} 437）。

22 Cité par Henri Clément, *op. cit.,* p. 92.

23 克勒茲省省長曾於1812年針對性病傳染予以譴責（國家檔案中心，書目F^{20} 437），但之後該主題便無人提及。

24 路易·畢亞松（Louis Byasson）醫生（*De l'émigration dans la Creuse*, Guéret,

Migrants temporaires en France de 1800 à 1914, Lille, PUL, 1976, pp. 1133-1213. 關於來自利穆讚地區的移居勞動者，請見：Alain Corbin, *Archaïsme et modernité en Limousin au XIXe siècle,* Paris, Rivière, 1975, pp. 1097-1134 ; Louis Pérouas, « L'émigration des maçons creusois avant le XIXe siècle », *Revue d'histoire moderne et contemporaine*, janv.-mars 1976.

3 Alain Corbin, *op. cit.*, p. 177 *sq*.

4 國家檔案中心，書目F^{12} 502。

5 路易·舍瓦利耶在如今已成經典的下列著作中，以相當篇幅詳述該主題：*Classes laborieuses et classes dangereuses à Paris pendant la première moitié du XIXe siècle,* Paris, Plon, 1958.

6 語出克勒茲省省長，國家檔案中心，書目F^{20} 437。

7 下列書中對此有詳細論述：Abel Châtelain, *Les Migrants temporaires en France de 1800 à 1914*, Lille, PUL, 1976, p. 846.

8 請　見：Martin Nadaud, *Mémoires de Léonard, ancien garçon maçon*, Paris, Hachette, 1976, p. 146.

9 Alain Corbin, *Archaïsme* [⋯], t. 11, pp. 784 et 938.

10 關於這一點，下列文章深具意義：Émile de La Bédollière, *Les Industriels. Métiers et professions en France à Paris pendant la première moitié du XIXe siècle*, Paris, Janet, 1842, « Le maçon », p. 227.

11 Louis Bandy de Nalèche, *Les Maçons de la Creuse*, Paris, Dentu, 1859, p. 71.

12 H. A. Frégier, *Des classes dangereuses de la population dans les grandes villes, et des moyens de les rendre meilleures*, Paris, J.-B. Baillière, 1840.

13 請參考前述之商會調查。

14 1847年的商會調查第83頁：九名居住於市政廳街（rue de l'Hôtel-de-Ville）的砌石工人，要求房東驅逐一名「不守紀律」的鋪路工人，並同意代他支付遲繳的房租。

15 Le comte d'Haussonville, « La misère à Paris. La population nomade, les asiles de nuit et la vie populaire », *Revue des Deux-Mondes*, oct. 1881, p. 612. 流露這份擔憂。同樣的焦慮亦顯露於：Henri Clément, *Etudes marchoises, les émigrants du*

(1772)的作者，後者的知名著作*Tableau de l'amour conjugal*初版發行於1687年，之後經常重新發行，直到1955年。

奧斯曼改造巴黎前的工業公害之相關輿論與政策方針

1 *Histoire, économie et société*, 1, 1983.

2 Bruno Fortier et *al.*, *Les Politiques de l'espace parisien à la fin de l'Ancien Régime*, Paris, Corda, 1975.

3 Daniel Roche, *Le Siècle des Lumières en province. Académies et académiciens provinciaux*, Paris-La Haye, Mouton, 1978.

4 內政部長之報告：1810年10月15日頒布法令之原因說明。引用自：Maxime Vernois, *Traité pratique d'hygiène industrielle et administrative*, 1860, p. 14.

5 *Ibid.*, p. 28.

6 警察檔案庫，衛生委員會（常用書籍區）。

7 Monfalcon et Polinière, *Traité de la salubrité dans les grandes villes*, 1846, p. 172.

8 B. Lécuyer, « Démographie, statistique et hygiène publique sous la monarchie censitaire », *Annales de démographie historique*, 1977, p. 242.

9 Monfalcon et Polinière, *op. cit.,* p.229.

10 *Ibid.*, p. 177.

11 *Ibid.*, p. 176.

12 資料來源為衛生委員會之紀錄。

13 *Classes laborieuses et classes dangereuses* [...], p. 173 *sq.*

14 Jacques Léonard, *Les Médecins de l'Ouest* [⋯], p. 1151.

巴黎的農村子弟

1 *Ethnologie française*, X, 1980, 2.

2 相關書目請見：La bibliographie figurant dans l'ouvrage d'Abel Châtelain, *Les*

1980 ; Yvonne Kniebiehler, « Les médecins et l'amour conjugal au XIXe siècle », *Aimer en France*, Clermont-Ferrand, 1980 et *La Femme et les médecins*, Paris, Hachette, 1983 ; Angus Mac Laren, « Medical Attitudes Towards Sexual Behavior », *Sexuality and Social Order*, *op. cit.*, ; Laure Adler, *Secrets d'alcôve*, Paris, Hachette, 1983.

3 Dr L.-F. Bergeret d'Arbois, *Des fraudes dans l'accomplissement des fonctions génératrices*, Paris, J.-B. Baillière, 1868.

4 Michel Foucault, *Histoire de la sexualité*, t. I, *La Volonté de savoir*, Paris, Gallimard, 1977.

5 Paris, Flammarion, 1885.

6 Docteur Louis Seraine, *De la santé des gens mariés ou physiologie de la génération de l'homme et hygiène philosophique du mariage*, Paris, 1865.

7 Dr Alexandre Mayer, *Des rapports conjugaux considérés sous la triple point de vue de la population, de la santé et de la morale publique*, Paris, J.-B. Baillière, 1857.

8 Dr P. Garnier, *Le Mariage dans ses devoirs, ses rapports et ses effets conjugaux*, Paris, 1879.

9 *Op. cit.*

10 Dr Bergeret, *op. cit.*

11 Dr L. Fiaux, *La femme, le mariage et le divorce. Etude de physiologie et de sociologie*, Paris, 1880.

12 Cité par Yvonne Kniebiehler, « Les médecins et l'amour conjugal au XIXe siècle », *in Aimer en France,* université de Clermont-Ferrand, 1980.

13 Auguste Forel, *La Question sexuelle exposée aux adultes cultivés,* Paris, G. Steinheil, 1906.

14 *Cf.* supra, p. 148.

15 *Histoire des passions françaises*, t. I, Paris, Seuil, « Points », 1978.

16 Dr Coriveaud, *Le Lendemain du mariage*, Paris, J.-B. Baillière, 1884.

17 前者是*De l'homme et de la femme considérés physiquement dans l'état du mariage*

106 醫師亨利・勒杜克（Henri Leduc）表示，患上遺傳梅毒的胎兒與幼兒死亡率高達71%（*La Syphilis à la maternité de l'hôpital Tenon. 1905 – 1906*）。此外，亦請參考：A. Corbin, *L'Haleine des faubourgs*, *Recherches,* pp. 248-249.

107 Paul Raymond, *L'Hérédité morbide,* p. 2. 艾德蒙・隆格勒貝醫生之著作*La Syphilis dans ses rapports avec le mariage*與阿爾弗雷德・富尼耶*Syphilis et mariage*皆全面聚焦於該主題。

108 E. Fournier, *Recherche et diagnostic* [...], p. 25.

109 A. Fournier, *La Syphilis héréditaire tardive,* p. 171.

110 但我們並不否認這些療法對梅毒本身的療效，以及這些醫師們治療性病患者的人性化態度。

111 A. Fournier, *A propos de la prophylaxie et du traitement de l'hérédosyphilis. Quatre fautes à ne pas commettre*, 1900, p. 100.

112 *Ibid.*, p. 31.

113 語出歐杰訥（Ozenne）醫生，*ibid.*, pp. 99-100.

114 E. Fournier, *Stigmates dystrophiques* [...], p. 359.

115 A. Fournier, *A propos* de [...], p. 130.

116 *La Syphilis héréditaire tardive,* pp. 488-489.

117 *Ibid.*, p. 491.

118 伴隨當時大獲成功的巴斯德式醫學理論而來的「國家衛生計策」，由於遺傳梅毒學說而大大證明其合理性。（請見：J. Léonard, *La France médicale, médecins et malades au XIXe siècle*, Archives, Gallimard-Julliard, 1978, p. 152 *sq.*）

119 A. Fournier, *La Syphilis héréditaire tardive*, p. 447.

新婚夫妻小聖經

1 *L'Histoire,* 63, janvier 1984.

2 僅舉幾個案例，如：J.-P. Peter, « La femme et le médecin », *Misérable et glorieuse, la femme du XIXe siècle*, présenté par Jean-Paul Aron, Paris, Fayard,

binaire）」所造成的病變，該用詞指的是由一名從未出現梅毒病徵的遺傳梅毒患者染上的梅毒；此外尚有高雪與侯斯坦尼（Rostaine）口中的「雙重梅毒（syphilis doublée）」，意指幼年已曾出現病變的遺梅者後來再度染上的梅毒。

95 E. Fournier, *Hérédosyphilis de seconde génération,* p. 60.

96 *Ibid.*, p. 61.

97 *Ibid.*, p. 4. E. Fournier cité T. Barthélemy, Congrès de Moscou, p. 391.

98 *Ibid.*, p. 5.

99 Henri Hallopeau et Charles Fouquet, *Traité de la syphilis*, 1911, notamment pp. 33-35 et 412-431.

100 E. Fournier（*Hérédosyphilis* [...], p. 78）曾列舉二十六位認同二代遺傳梅毒理論的梅毒專家，以及十位不認同的學者。

101 自1890年起，巴赫士（Barasch）醫生便在一本幾乎無人注意的論文（*Hérédité syphilitique*, Thèse, Paris, 1890）中試圖反駁當時的主流論述。1901年，嘉利浦（V. Galippe）醫生拒絕將遺傳梅毒視為牙齒畸變甚至哈欽森牙的病因（« Etude sur l'hérédité des anomalies des maxillaires et des dents », *Revue de médecine*, 1901, pp. 1027–1058）。隔年，布魯內（Brunet）醫生亦提出相同意見（Malformations maxillo-dentaires dans l'hérédosyphilis, *Gazette des hôpitaux*, 1902, pp. 190–191）。雷蒙醫生於1906年出版的《遺傳病因》（*L'Hérédité morbide*）一書中，僅以寥寥數頁探討梅毒遺傳，並將該章節收錄於透過感染而患上的先天性疾病一章當中；反之，他卻以相當可觀的篇幅，詳細論述由於酒精成癮、菸癮、神經系統疾病以及毒物影響而導致的遺傳病變。

102 A. Fournier, *L'Hérédité syphilitique*, p. 144. 患有先天性梅毒的孩子們，人們確實會說他們一出生就爛掉了（*Ibid.*, p. 301）。直到二十世紀中葉，該詞仍為常見的厘俗用語。

103 *Ibid.*, p. 265.

104 請參考：J.-P. Aron, *Le Pénis et la démoralisation de l'Occident*, Grasset, 1978, *passim.*

105 A. Fournier, *L'Hérédité syphilitique,* p. 316.

「病源之印記」。（p. 307）

80 *Op. cit.*, p. 64.

81 *Ibid.*, p. 352 *sq.*

82 Valentin Magnan et Paul-Maurice Legrain, *Les dégénérés (Etat mental et syndromes épisodiques*), Paris, Rueff, 1895.

83 *L'Hérédité syphilitique*, p. 126.

84 *Ibid.*, p. 265. 歐墨勒（Homolle）醫生在*Nouveau dictionnaire de médecine et de chirurgie pratiques,* p. 693〈Syphilis〉一節，亦表示相同看法。

85 L. Jullien, *Hérédosyphilis. Descendance des hérédosyphilitiques*, 1901, p. 5.

86 Atkinson, « An Account of a Case of Syphilis Inherited Through two Generations », *Archives of Dermatology*, 1876, p. 106. 在這理論最早的擁護者當中，尚有：E. King, « Syphilis héréditaire transmise à travers deux générations », *France médicale*, 1889, pp. 1337 – 1340 ; Cesar Boeck, « Syphilis héréditaire à la seconde génération », *Annales de dermatologie et de syphiligraphie*, 1889, pp. 782 – 784 ; Dezanneau, « Observation d'hérédosyphilis à la seconde génération », *Annales de dermatologie*, 1888, pp. 162 – 166.

87 Victor Augagneur, *Etudes sur la syphilis héréditaire tardive.*

88 *L'Hérédité syphilitique,* pp. 319-325.

89 T. Barthélemy, « Essai sur les stigmates des para-hérédosyphilis de seconde génération. Indices de dégénérescence de race », *Compte rendu du XIIe Congres international de médecine*, Moscou, 1897, section VIII, p. 391.

90 « La descendance des hérédosyphilitiques. Rapports du Pr. Finger, du Dr. Jullien, du Pr. Tarnowsky », *Compte rendu du XIIIe Congres international de médecine*, Paris, 1900.

91 C. Hochsinger, *Studien über die hereditäre syphilis*, Leipzig, 1898.

92 該理論的支持者尚有奈伊瑟（Neisser）本人、阿米西斯（Amicis）、胡提內（Hutinel）、勒皮厄（Le Pileur）。

93 1908年於巴黎醫學會（Société de médecine de Paris）。

94 此外，性病學者還費心論述本雅明．塔爾諾斯基所謂「二段梅毒（syphilis

65 A. Fournier, *La Syphilis héréditaire tardive,* p. 516.

66 *Ibid.*, p. 459.

67 E. Fournier, *Recherche et diagnostic de l'hérédosyphilis tardive*, p. 204 .

68 請參考易卜生《群鬼》的相關討論。

69 E. Fournier, *Recherche et diagnostic...*, p. 210.

70 *Ibid.*, p. 205. 圖桑・巴爾泰萊米的一項觀察報告經常被引用，他描述一名被認為是遺傳梅毒患者的年輕女性，小時候「便開始以外陰搔癢方式手淫，並陷入狂熱，接著便自然而然地發生了一場猛烈的歇斯底里症。年紀稍長之後，也就是當她剛滿十七歲時，她（…）再也無法沒有男人（…）她一再墮落，既懶惰又拒絕工作，最後淪入公娼娼館。」（E. Fournier, *Syphilis héréditaire de l'âge adulte*, 1912, p. 294.）

71 在此有必要強調，在心理學與社會學方面，如同烙印的退化症狀這概念，是多麼重要。嘉斯圖醫生在馬尼雍醫生啟發之下，就此做出了簡明扼要的定義：心理學方面的印記，指的不只是「精神異常」，亦是所有「精神上的不適應，以及對於公認正常的觀念的不適應」；至於社會學方面的烙痕，則是所有「社會上的不適應」，譬如「集體生活所需素質的減弱或喪失」（*op. cit.*, p. 12）。

72 E. Fournier, *Syphilis héréditaire de l'âge adulte*, 1912, p. 289.

73 A. Fournier, *La Syphilis héréditaire tardive,* p. 24.

74 E. Fournier, *Recherche et diagnostic* [...]. 這本著作當中的照片可清楚表明其論點。

75 A. Fournier, *La Syphilis héréditaire tardive,* p. 23.

76 *Ibid.*, p. 26.

77 *Ibid.*, p. 29.

78 艾德蒙・富尼耶的學說全力探討這些營養障礙或是畸胎方面的症狀（*Les Stigmates dystrophiques de l'hérédosyphilis,* 1898）。 另 見：E. Fournier, *Recherche et diagnostic* [...], p. 257 *sq.*：« Tératologie hérédosyphilitique » ou « Les folies du développement ».

79 例如E. Fournier, *Recherche et diagnostic* [...], p. 304. 他認為這類營養障礙便是

52 A. Fournier, *La Syphilis héréditaire tardive*, 1886, p. 7.

53 *Op. cit.*, p. 140.

54 *La Syphilis héréditaire tardive*, p. 5.

55 這整套天馬行空的理論當中，並未提及德國生物學家奧古斯特・魏斯曼（August Weismann，）關於生殖質（plasma germinatif）的延續性的論點（*Essais sur l'hérédité et la sélection naturelle*, traduit en 1892）；富尼耶等人的臨床醫學著作甚少提及英國學者史賓賽（Herbert Spencer）或高爾頓（Francis Galton）、抑或德國學者菲爾紹（Rudolf Ludwig Karl Virchow）的研究。魏斯曼的理論將體質（soma）與種質（germen）區別開來，賈克・李奧納多認為，該理論接受度極低，是因為遺傳疾病的威脅在當時所造成的恐慌流傳太廣。此外，法國醫界亦無視德國生物學家華爾瑟・弗萊明（Walther Flemming）對於染色體的假說。

56 A. Fournier, *L'Hérédité syphilitique*, p. 20.

57 *Ibid.*, p. 17.

58 A. Fournier, *La Syphilis héréditaire tardive*, p. 55.

59 A. Fournier, *L'Hérédité syphilitique*, p. 19.

60 「諸如紅血球流失所造成的貧血、衰弱症、神經官能症、情緒不穩定；梅毒有時便是這些（狀態與本質都極為不同的）疾病不可辯駁的原因。例如淋巴體質（lymphatisme）、淋巴結核、肺結核、狼瘡、佝僂病、脊髓癆、全身癱瘓等等。」（*La Syphilis héréditaire tardive*, p. 31）

61 E. Fournier, *Stigmates dystrophiques de l'hérédosyphilis*, 1898, p. 252 *sq*.

62 居耶諾・德・穆西（Guéneau de Mussy）的用語，由 A. Fournier 引述於 *L'Hérédité syphilitique,* p. 23.

63 除了淋巴結核的相關論述之外，先前已有一些臨床醫師將其他數種疾病歸因為梅毒影響，但他們的說法並未引起太大反應，而且他們的論點相當分歧。請見：Rollet, *op. cit.,* p. 956 et Ch. Boersch, *Essai sur la mortalité à Strasbourg,* 1836.

64 然而，帕侯與阿爾弗雷德・富尼耶的不同之處在於，帕侯認為佝僂病的發病進程，源自理論悠久的突變說。

35 L. Jullien, *Traité pratique des maladies vénériennes*, 1879, p. 512.

36 *Op. cit.*, p. 179. 這群梅毒專家尚且熱衷於另一項較不重要的疑點：懷孕期間，胎兒在哪個階段可能遭到感染。不同作者做出的結論，差異極大。關於這一點，請見：H. Mireur, *op. cit.*, p. 65 *sq*.

37 請見：P. Lucas, *op. cit.*, pp. 264-268. 湯瑪斯・曼的《浮士德博士》中，亦可發現這項理論的影響：伊涅絲・般斯提托利斯（Inès Institoris）的孩子們和父親較為相似，因為他們的母親在親熱之際，始終處於消極被動的狀態。

38 *Op. cit.*, pp. 76-78.

39 請見P. Diday書中內容。里科爾並不十分重視遺傳因素，因此並未在他於1856年發表的重要著作《論梅毒》（*Lettres sur la syphilis*）當中提及相關論點。隆格勒貝曾指出，里科爾對此不感興趣（*op. cit.*, p. 201）。

40 Melchior Robert, *Traité des maladies vénériennes* [⋯] *d'après les documents puisés dans les leçons de M. Ricord*, p. 288 et Rollet, *op. cit.*, p. 955.

41 V. Augagneur, *op. cit.*, p. 61. A propos de la métamorphose du vice syphilitique, voir A. Portal, *op. cit.*, p. 52.

42 Rollet, *op. cit.*, p. 956.

43 *Op. cit.,* p. 971 ; *Op. cit.*, p. 538.

44 *Op. cit.*, p. 12.

45 請參考醫界高層針對晚發型遺傳病因所舉辦的數場會議：巴黎醫院醫學會（Société médicale des hôpitaux de Paris）（1865年）、外科醫學會（Société de chirurgie）（1871年）。

46 里科爾本人便支持這說法，另外尚有達瓦斯（Davasse）、皮厄耶（Prieur）、圖梭、卡茲納弗與梅爾碩・波內（Melchior Bonnet）。

47 H. Mireur, *op. cit.*

48 *Op. cit.*, p. 3.

49 請見 J. Borie, *Zola et les mythes, op. cit.,* p. 215 相關評語。

50 E. Fournier, *Recherche et diagnostic de l'hérédosyphilis tardive*, 1907, p. 295.

51 請見馬尼雍（Magnan）或費荷（Féré）的理論，並對照貝內迪克特・莫雷爾的理論。

la syphilis, 1867, p. 33 *sq.*, p. 79.

21 H. Mireur, « Recherches sur la non-inoculabilité syphilitique du sperme », *Annales de dermatologie et de syphiligraphie*, 1876-1877, pp. 423-435.

22 A. Fournier, *L'Hérédité syphilitique,* 1891, p. 51.

23 *Ibid.*, p. 246. 值得注意的是，梅赫曾長期舉棋不定。而隆格勒貝在證實梅毒二期症候的傳染性之後，拒絕認同妊娠梅毒的說法。繼隆格勒貝之後，曾表示相同意見的有伊波利特・米爾，以及後來的保羅・雷蒙（Paul Raymond）醫生（*L'Hérédité morbide*, 1905, p. 249）。另一項疑點是，若一名孕婦的性伴侶患有梅毒，他能否在不傳染孕婦的情況之下，將梅毒傳染給胎兒；杭特於十八世紀認可上述「間接傳染」，但這觀點後來引發許多對此持保留態度的意見（請見：L. Belhomme et A. Martin, *Traité pratique et élémentaire de pathologie syphilitique et vénérienne*, 1864, p. 384.

24 *Op. cit.*, pp. 233-236.

25 P. Diday, *Traité de la syphilis des nouveau-nés et des enfants à la mamelle*, 1854, p. 33.

26 請見：Jean Borie, *Zola et les mythes, ou de la nausée au salut*, Le Seuil, 1971, pp. 53 et 59.

27 *Op. cit.*, pp. 35-36. 該理論曾遭伊波利特・米爾反對（*op. cit.*, p. 53），並被保羅・雷蒙駁斥（*op. cit.*, p. 7）。

28 他們只區分遺傳性梅毒與接觸感染的梅毒。

29 A. Bertherand, *Précis des maladies vénériennes, de leur doctrine et de leur traitement*, 1852, p. 22.

30 J. Rollet, *Traité des maladies vénériennes*, 1865, p. 954.

31 P. Mauriac, *Nouvelles leçons sur les maladies vénériennes.* « Syphilis tertiaire et syphilis héréditaire », 1890, p. 1074 *sq.*

32 *Op. cit.*, p. 12.

33 P. Gastou, *La Syphilis héréditaire et l'hérédité syphilitique,* 1906, p. 14. Et P. Raymond, *op. cit.*, p. 236.

34 L. Belhomme et A. Martin, *op. cit.,* p. 65.

Helmont）、多勒的居庸（Guyon-Dolois）、布勒尼（Blégny）、穆希丹（Musitan）與加尼葉（Garnier）等人。十八世紀亦有知名醫師傾向支持該理論（法勃〔Fabre〕、波耶哈耶弗〔Boerhaeve〕、范·史威頓〔Van Swieten〕、亞斯提克〔Astruc〕、布魯訥〔Brunner〕，尤以侯蘭〔Raulin〕與桑切斯〔Sanchez〕）為甚。相關討論請見：Etienne Lancereaux, *Traité historique et pratique de la syphilis*, 186, pp. 533-557；Victor Augagneur, *Etude sur la syphilis héréditaire tardive*, 1879, pp. 7-10；E. Fournier, *Hérédosyphilis de deuxième génération*, 1905, pp. 10-18。侯蘭的論點將於十九世紀末不斷被後人引述，他如此譴責梅毒患者的婚姻：「生下無法報效祖國的孩子，是對國家不敬；建立家庭，卻在創造新生命的同時，亦傳給他們注定早死的病因，這病如利刃威脅所有家庭成員，禍延數代子孫，導致將來必然面對永恆的不安焦慮，是對自己不敬。」（*De la conservation des enfants*, t. I, pp. 228-229）

10 Voltaire, *Les oreilles du comte de Chesterfield.*

11 請見：Lucas, *op. cit.,* pp. 533-559.

12 *Ibid.*, p. 868. 安格·蓋潘（Ange Guépin）醫生在*Nantes au XIXe siècle*一書中亦如此深信（p. 644）。

13 P. Lucas, *op. cit.,* p. 862.

14 *Ibid.*, p. 862.

15 這是史學家賈克·李奧納多（Jacques Léonard）所作的評語。

16 除了里科爾的研究之外，貝爾醫生（Benjamin Bell）的著作於1802年的翻譯、以及米歇爾·庫勒希醫生（Cullerier）的研究，亦是功臣之一。

17 二元論學派認為淋病與梅毒是兩種不同的疾病實體，他們的見解是正確的；反對陣營則認為這些傳染因子是由單一疾病導致：維爾波、德韋吉（Devergie）與吉伯特（Gibert）便屬於落後於時代的單一論者。

18 這並不令人訝異。請見：Michel Foucault, *Naissance de la clinique*, PUF, 1963, *passim.*

19 十九世紀早期的知名臨床醫生當中，曾研究梅毒的有馬宏（Mahon）、杜伯列（Doublet）、貝赫亭（Bertin）、庫勒希與侯傑（Roger）。

20 關於偏見如何扭曲醫學理論與診斷，請見：H. Mireur, *Essai sur l'hérédité de*

p. 179.

59 Edward Shorter, *Naissance de la famille moderne, XVIIIe-XXe siècle*, Paris, Le Seuil, 1977. 達提格醫生自1885年開始譴責「夫妻假戲」時，亦曾指出同樣現象。他以相反方式來看待問題核心，認為「夫妻假戲」可能使女性將來從事賣淫。

遺傳梅毒，或永無可能的救贖

1 *Romantisme*, 31, 1981.

2 譬如波塔爾（Portal）、阿利貝（Alibert）、韋宏（Varren）所著之*Bull. Acad. De médecine*, t. XVIII, p. 1044.

3 沃日拉爾（Vaugirard）醫院的多項臨床觀察報告，在他的著作中，僅是附帶性地支持遺傳病因的理論（t. I, p. 599）。另外，在安端·波塔爾（Antoine Portal）醫生1808年1月25日於機構內宣讀的《論家庭疾病之本質與治療》（*Considérations sur la nature et le traitement des maladies de famille*）當中，「梅毒之惡」已不再是注目焦點。

4 *Op. cit.,* p. 865.

5 *De l'hérédité morbide progressive*, Paris, 1867.

6 H. Ibsen, *Les Revenants*, *et* Thomas Mann, *Le Docteur Faustus*.

7 A. Corbin, « Le péril vénérien au début du siècle : prophylaxie sanitaire et prophylaxie morale », *L'Haleine des faubourgs*, *Recherches*, déc. 1977, pp. 245-283.

8 普羅斯珀·盧卡斯（*Traité philosophique* [...], p. X-XI）明智地指出，當時的醫生們對於遺傳採取的態度相當二元化。他表示，部分醫師決定只採信臨床觀察與數據統計。

9 其中最著名的醫師包括1529年的帕拉塞爾蘇斯（Paracelse）、1553年的奧古斯特·費席耶（Auguste Ferrier）、1554年的皮耶·歐荷夏（Pierre Horschard）、1560年的洪德列（Rondelet）、以及安布魯瓦茲·帕雷（Ambroise Paré）。十七世紀承認梅毒遺傳性的醫師包括范·海爾蒙特（Van

業的邏輯當中，性交易理應聳人聽聞（1983年於都爾大學一場研討會之發表內容）。這樣的論點印證了我們所提及種種典型範本的流動的複雜多樣、以及社會整體內部的享樂主義實踐，同時亦能幫助我們理解逃離社會的渴望如何誘惑人們。當我們著手研究性產業在無關生育目的之情欲推廣當中所扮演的角色時，不應忽略這些論點。

46 相反地，英國與美國的歷史學家則對這享樂實踐的歷史研究毫不遲疑。關於資產階級，可參考彼得．蓋伊（Peter Gay）最近剛出版的前引著作。

47 J.-L. Flandrin, *op. cit.,* pp. 214-217. 此論點遭受 Angus Mac Laren 批評（*op. cit.,* p. 16），但 Peter Gay 表示認同（*op. cit.*, t. I, p. 272）。

48 Docteur Dartigues, *op. cit.*, p. 102.

49 Docteur Thulié, *La femme. Essai de sociologie physiologique*, Paris, 1885, p. 319.

50 Auguste Forel, *La Question sexuelle exposée aux adultes cultivés*, Paris, 1906, p. 475.

51 Le docteur Dartigues, le docteur Homo, *op. cit.*, pp. 69-70.

52 Docteur L.-F. Bergeret, « La prostitution et les maladies vénériennes dans les petites localités », *Annales d'hygiène publique et de médecine légale*, 1866.

53 Docteur Dartigues, *op. cit.,* p. 174 ; et, déjà, dans le livre du docteur Francis Devay, *op. cit.*, p. 179.

54 Docteur Dartigues, *op. cit.,* p. 147. 關於期望避孕的夫妻之間的共識是多麼重要，以及這些避孕手法可能造成的心理上因人而異的兩極後果（導致快感遭受抑制、或使感官享受更加蓬勃活躍），請見：Peter Gay, *op. cit.,* p. 274.

55 Docteur P. Diday, *op. cit.*, p. 519.

56 這是醫師皮耶．嘉尼葉（Pierre Garnier）在*Le Mariage dans ses devoirs, ses rapports et ses effets conjugaux*（1879）中的用語。

57 關於女性在十九世紀末引發的恐懼，請見下列書中的精采著述：Claude Quiguer, *Femmes et machines de 1900. Lecture d'une obsession modern style*, Paris, Klincksieck, 1979. 此外，關於整個西方世界的情形，請見：Peter Gay, p. 169 *sq.*

58 此用語尤其出自：Dartigues, *op. cit.*, p. 174, et le docteur Francis Devay, *op. cit.*,

一文中的見證。收錄於：*Annales de la société de médecine de Lyon*, 2e série, t. XXV, 1877.

32 Docteur Chéry, *Syphilis, maladies vénériennes et prostitution*, 1912, p. 531.

33 直到十九世紀末，橡膠始終是一種例外。請見：Bertherand et Duchesne, art. cité.

34 Bertherand et Duchesne, art. cité, p. 207.

35 出自夏爾—路易·菲力普（Charles-Louis Philippe）的小說《蒙帕那斯的布布》（*Bubu de Montparnasse*）。

36 Docteur Jacques Bertillon, *La Dépopulation de la France*, 1911, pp. 98-99.

37 請 見：Gustave Lagneau, « Mémoire sur les mesures hygiéniques propres à prévenir la propagation des maladies vénériennes », *Annales d'hygiène publique et de médecine légale*, janv.-avril 1856 ; et Londe, *op. cit.*, t. II, p. 565.

38 Ratier, art. cité, p. 290.

39 Docteur Hippolyte Homo, *Étude sur la prostitution dans la ville de Château-Gontier*, 1872, p. 102.

40 成分是「含有銅離子與鐵離子的明礬芳香溶液」。

41 Docteur Jeannel, *op. cit.*, pp. 321-322.

42 Docteur Chéry, *op. cit.*, p. 513.

43 這些宣傳者的口吻充滿道德教條，他們竭力避免名譽受損、不願招致法律懲罰，或許因此絕口不提妓女們的例子，儘管她們應已長期遵循前人的建議來避孕。相關例子請見：Doctor Brennus, *op. cit.*

44 關於這主題，請見：Angus Mac Laren, *op. cit.,* p. 140 *sq*.

45 致米歇爾·馬菲索利的研究主題。馬菲索利認為，性產業提醒我們一種宇宙建築原理的所有權，情欲乃屬其中的元素之一。性產業尤其鼓舞了一種集體的生存意志，並能暫時緩和社會共同體的崩潰危機；它是一種人類學上的抵制，對抗主體性的禁令與私有化。他認為，女性的循環流動加深了一種「總體存在」。在性行為試圖私有化的時刻，社會的整體性，因為女性的流動而回到人們的記憶之中。性產業使人得以透過順勢療法般的輕微劑量，來體驗結構性的暴力，人民大眾的極致淫亂，勾勒出社會本能的一道背景。在性產

17 Alphonse Esquirol, *Les Vierges folles*, Paris, 1840, p. 25.

18 Léon Bizard, *Prostitution et dépopulation*, 1923.

19 即將完成高等教育第三階段論文的賈克・戴莫（Jacques Termeau），以十九世紀法國中西部的性交易作為研究主題，卻絲毫未曾發現這方面的暗示。這正符合我的觀察意見。

20 請見：André Armengaud, *Les Français et Malthus*, Paris, PUF, 1975, p. 18 ; et Francis Ronsin, *La Grève des ventres*, Paris, Aubier, 1979.

21 巴黎大學之報告書，引用自：Parent-Duchâtelet, *De la prostitution dans la ville de Paris, op . cit.,* t. Il, p. 536.

22 Julien-François Jeannel, *De la prostitution dans les grandes villes au XIXe siècle*, 1868, p. 320.

23 Docteur Londe, *op. cit.,* t. II, p. 565.

24 Félix-Séverin Ratier, « Mémoire [···] quelles sont les mesures de police médicale plus propres à arrêter la propagation de la maladie vénérienne », *Annales d'hygiène publique et de médecine légale*, juil.-oct. 1836.

25 在博努斯醫師（Docteur Brennus）的*Amour et sécurité*（1895, p. 57）一書中仍是如此。

26 該用詞引用自：Parent-Duchâtelet, *De la prostitution dans la ville de Paris*, *op. cit.,* t. I, p. 542.

27 關於這一點，請見：Angus Mac Lare, *op. cit.*, p. 23.

28 請見：A. Corbin, « L'hérédosyphilis ou l'impossible rédemption », *Romantisme*, 31, *Sangs*, 1981, pp. 131-149 et *cf. infra*, pp. 141-169.

29 經過長期調查之後，美國醫學教育學家亞伯拉罕・弗萊克斯納（Abraham Flexner）於1913年寫道：買春可視為普遍狀況（*La prostitution en Europe*, p. 31）。

30 Paul Diday, *Exposition critique et pratique des nouvelles doctrines sur la syphilis*, 1858, p. 511.

31 Emile Bertherand與 Léon Duchesne於 « Des boyaux dits préservatifs, de leur fabrication et de leur influence sur le développement de la maladie vénérienne »

Experience. Victoria to Freud, t. I, *Education of the Senses,* Oxford University Press, 1984, p. 272.

5 Léo Taxil, *La Prostitution contemporaine*, s.d.（vers 1890）, p. 110.

6 請見：Alexandre Parent-Duchâtelet, *La Prostitution à Paris au XIXe siècle*, Paris, Le Seuil, 1981, pp. 135-143.

7 Charles Londe, *Nouveaux éléments d'hygiène*, t. II, 1838, p. 564. 1888年，面對私人衛生議題之屏障，醫師伊波利特・米爾（Hippolyte Mireur）又退了一步（*La Syphilis et la Prostitution*, p. 339），他拒絕就此方面給予建議，並寫道：「某些資訊若維持其私密性質，則還算合理；一旦正式公開，則變得可憎。」

8 A. Parent-Duchâtelet, *De la prostitution dans la ville de Paris*, 1836, t. I, p. 230 *sq.*（de l'éd. de 1837）. 此外，記述者亦注意到，投身賣淫的「年輕母親」們的受孕率亦同樣低，因此可以排除「原本就不孕者，更容易決定賣身」的假設──若這項假設為真，相關調查數據則會毫無價值。

9 Montesquieu, *L'Esprit des Lois*, liv. XVI, chap. XII, « De la pudeur naturelle », GF-Flammarion, t.1, p. 418.

10 *De la prostitution dans la ville de Paris, op. cit.,* t. 1, pp. 241-242.

11 *Ibid.* , p. 242.

12 Judith R. Walkowitz, *Prostitution and Victorian Society. Women, Class, and the State*, Cambridge University Press, 1980, p. 19.

13 J.– P. Dartigues, *De l'Amour expérimental, ou des Causes d'adultère chez la femme au XIXe siècle*, Paris, 1887, p. 8.

14 關於這一點，請見：A. Corbin, « Le péril vénérien au début du siècle : prophylaxie sanitaire et prophylaxie morale », *Recherches, L'Haleine des faubourgs*, déc. 1977, 29, pp. 245 – 283.

15 關於這個問題，請見：Parent-Duchâtelet, *De la prostitution dans la ville de Paris, op. cit.,* t. I, pp. 230 et 236 *sq.*

16 Velpeau, *Embryologie ou ovologie humaine*, *Paris*, 1833），cité par Parent-Duchâtelet.

5 Alexandre Parent-Duchâtelet, *De la prostitution dans la ville de Paris*, Paris, 1836, 2 vol. et l'édition abrégée sous le titre : *La Prostitution* à *Paris au XIXe siècle,* Paris, Le Seuil, 1981.

F.-F.-A. Béraud, *Les Filles publiques et la police qui les régit*, Paris, 1839.

Louis Canler, *Mémoires de Canler, ancien chef du service de sureté*, Paris, Mercure de France, 1968.

6 H. de Balzac, *Splendeurs et misères des courtisanes*, Paris, Gallimard, « La Pléiade », p. 682.

7 Jean Borie, *Le Célibataire français,* Paris, Le Sagittaire, 1976, p. 47.

8 巴黎第五大學米歇爾・馬菲索利教授 1984 年於都爾大學一場探討性產業社會功能的研討會上之發言。請見：« Education of the Senses » et « The Tender Passion », premiers tomes de *The Bourgeois Experience, Victoria to Freud*（Oxford, University Press, 1982-1986）之間的對照。

9 關於這一點，請見：Jacques Termeau, *Maisons closes de province*, Le Mans, éd Cenomane, 1986, pp. 229-230（édition d'une thèse de 3e cycle, Tours, 1984）.

十九世紀妓女與「毫無價值的廣大精力」

1 *Communications*, 44, 1986.

2 本用詞引用自：Francis Devay, *Traité spécial d'hygiène des familles : particulièrement dans ses rapports avec le mariage, au physique et au moral*, Paris, 1858, p. 180.（譯註：德維醫師於該章節強烈抨擊已婚配偶之間不為生殖、只以享樂為目的的性行為。）

3 Mathurin Régnier, « Les Satyres », *Œuvres complètes*, Paris, 1958. Satyre XII, pp. 160 – 161. 主角在一名妓女家中發現三個裝有硝酸溶液的藥瓶、一支小小的注射式沖洗器、一塊海綿，以及一條導管。

4 Jean-Louis Flandrin, *Familles : parenté, maison, sexualité dans l'ancienne société,* Paris, Hachette, 1976, pp. 214-217 ; Angus Mac Laren, *Sexuality and Social Order,* New York, Croom Helm, 1983, pp. 22-23 et 137 ; Peter Gay, *The Bourgeois*

38 尚－路易・弗隆德罕（Jean-Louis Flandrin）在*Les Amours paysannes (XIXe - XXe siècle)*（Paris, Juilliard, 1975）一書中以此用語形容鄉村青年處境。

39 路易・舍瓦利耶（Louis Chevalier）在其著作*Montmartre du plaisir et du crime*（Paris, Robert Laffont, 1980）第29頁批評此概念。

40 請見：Jean-Paul Aron, *Le Pénis et la démoralisation de l'Occident*, Paris, Grasset, 1978.

41 伊莉莎白・克拉芙西（Elisabeth Claverie）與皮耶・拉梅松（Pierre Lamaison）*L'Impossible Mariage*（Paris, Hachette, 1983）關於救濟機構（Assistance）之少女性侵案。

42 這方面最具代表性的研究，包括威廉・賽爾曼（William Serman）、貝爾納・史奈柏（Bernard Schnapper）、吉恩・維達蘭克、羅蘭・安德烈亞尼（Roland Andréani）與朱爾・莫杭（Jules Maurin）等歷史學家。

43 卡納瓦雷博物館（le musée Carnavalet）與藝術論壇（Forum des Arts）近期舉辦藝術家古斯塔夫・多雷（Gustave Doré）之作品展，勉人勿忘1870年普法戰爭的駭人恐怖，尤以巴黎圍城戰（Siège de Paris）為最。

44 〈研究〉（*Recherches*）期刊之32 – 33期（1978年9月號）以此為標題。

45 本用詞取自波特萊爾。1983年，一名廣播節目製作人向十幾位法國歷史學家提出以下問題：「十九世紀的男性，他們為了什麼而哀悼？」非常有意思的調查。

十九世紀妓女的失敗教育

1 *Bulletin de la Société d'histoire moderne*, n° 34, 1987.

2 H. -A Frégier, *Des classes dangereuses de la population dans les grandes villes*, Paris, 1840.

3 範例取自阿爾方斯・埃斯基羅（Alphonse Esquiros）*Les Vierges folles*（Paris, 1844）之段落。

4 *La Prostitution et la police des mœurs au XVIIIe siècle*, Paris, Lib. académique Perrin, 1987.

1979, p. 65.

26 Philippe Perrot, « Quand le tabac conquit la France », *L'Histoire*, 46, 1982.

27 關於這一點，請見：Walter Benjamin, *Charles Baudelaire, un poète lyrique à l'apogée du capitalisme,* Paris, Payot, 1983, « Le Flaneur », pp. 55-98.

28 關於這一點，Villiers de l'Isle-Adam所著*Contes cruels*當中之 « Sentimentalisme » 關於W伯爵自殺的短篇，饒富深意。

29 女性對於動物的惻隱之心，亦被視為一種給男性的溫柔教導；請見：Valentin Pelosse, « Imaginaire social et protection de l'animal. Des amis des bêtes de l'an X au législateur de 1850 », *L'Homme*, oct.-déc. 1981 et janv.-mars 1982.

30 密雪樂・佩侯於 « Sur la ségrégation de l'enfance au XIXe siècle »（Psychiatrie de l'enfant, 1982, n°1）一文中詳加闡述這點。

31 Maurice Agulhon, introduction aux *Mémoires de Léonard, ancien garçon maçon,* de Martin Nadaud, Paris, Hachette, 1976.

32 Françoise Mayeur, *Histoire générale de l'enseignement et de l'éducation en France*, t. 3, « De la Révolution à l'école républicaine », Paris, Nouvelle librairie de France, 1981.

33 埃曼紐・勒華拉杜里（Emmanuel Le Roy Ladurie）*Parmi les historiens*（Paris, NRF, 1983）文中對該主題的關懷，別具意義。（譯註：亨利－佛雷德利・阿米爾〔Henri-Frédéric Amiel〕，瑞士作家暨哲學家，其日記於1882年開始陸續出版。）

34 弗朗索瓦・卡龍（François Caron）在*Histoire économique de la France - XIXe - XXe siècle*（Paris, Colin, 1981）中強調這一點。

35 阿朗・吉哈（Alain Girard）在*Le Journal intime*（Paris, PUF, 1963）中，對此有所闡述。

36 相關理論，以及美國社會學家塔爾科特・派森斯（Talcott Parsons）的主張，請見理查・桑內特（Richard Sennett）所著*La Famille contre la ville*（Paris, Recherches, 1980）以及菲利浦・阿利埃斯為該書撰寫的前言。

37 *Histoire des passions françaises – 1848-1945*, Paris, Le Seuil, collection « Points », 1981, t. V.

Borie, *Le Célibataire français,* Paris, Le Sagittaire, 1976.

14 Judith Belladona（本名Fanny Bichon）之書名：*Folles femmes de leur corps*, Paris, *Recherches*, 26, 1977.

15 請見：Alexandre Parent-Duchâtele, *La Prostitution à Paris au XIXe siècle,* Paris, Le Seuil, 1981.

16 關於本主題，Frances Finnegan所著之*Poverty and Prostitution. A Study of Victorian Prostitutes in York*（Cambridge University Press, 1979）深具意義。

17 一項針對最近二十年來通過口試的博士論文之調查結果。

18 這項保留可在專研文學史的學者身上察覺，甚至連研究薩德侯爵的專家亦不可避免；反其道而行的例子，請見Jean-Marie Goulemot在 « Beau marquis, parlez-nous d'amour »（發表於瑟里西鎮的研討會〈Sade, écrire la crise〉）一文中的勇敢自白。

19 米歇爾．馬菲索利（Michel Maffesoli）1983年於都爾（Tours）大學一場關於性產業的研討會中，對本書作者以口頭表達此責難。

20 Anne Martin-Fugier, *La Bourgeoise*, Paris, Grasset, 1983.

21 毛席斯．阿古隆指導之博士論文。

22 其中最傑出的著作包括：歷史學者杰哈．瓦哲曼（Gérard Wajeman）*Le Maitre et l'Hystérique*（Paris, Navarin, 1982）、藝術史學家喬治．迪迪－于貝爾曼（Georges Didi-Huberman）*Invention de l'hystérie. Charcot et l'iconographie photographique de la Salpêtrière*（Paris, Macula, 1982）、精神醫師格拉迪斯．斯萬恩（Gladys Swain）« L' Ame, la Femme, le Sexe et le Corps »，收錄於*Le Débat*期刊1983年3月號與*Pénélope*期刊1983年春季出版之第8期 « *Questions sur la folie* »。

23 此乃美國學者珍．馬特洛克（Jann Matlock）關於十九世紀歇斯底里症之研究假設。

24 請參照安．文森（Anne Vincent）的高等深入研究文憑（DEA）論文*Les Transformations des manifestations de l'émotion. Projet d'une histoire des larmes – XVIIIe - XIXe siècle*（Paris-VII, 1981）。

25 Gisèle Freund, *Photographie et Société*, Paris, Le Seuil, collection « Points »,

「哀悼的性別」，以及十九世紀女性史

1 收錄於 *Une histoire des femmes est-elle possible ?* (sous la direction de Michelle Perrot), Marseille, Rivages, 1984.

2 關於這一點，請見：Michelle Perrot, « Les images de la femme », *Le Débat,* 3, 1980, et l'ouvrage de Claude Quiguer, *Femmes et machines de 1900. Lecture d'une obsession modern style,* Paris, Klincksieck, 1979.

3 Martine Segalen, *Mari et femme dans la société paysanne,* Paris, Flammarion, 1980.

4 此指Yvonne Kniebiehler針對本主題的所有研究，尤其是*La Femme et les Médecins,* Paris, Hachette, 1982.

5 Jean-Pierre Peter, « Entre femmes et médecins. Violence et singularités dans les discours du corps et sur le corps d'après les manuscrits médicaux de la fin du XVIIIe siècle », *Ethnologie française,* 1976.

6 範例可見詩人阿爾弗雷德．德．維尼（Alfred de Vigny）之態度，以及米什萊、福樓拜、雨果……

7 斯湯達身上可觀察到這一點。

8 關於本主題，請見：Y. Kniebiehler, « Les médecins et l'amour conjugal au XIXe siècle », *Aimer en France - 1760-1860,* Presses universitaires de Clermont-Ferrand, 1980, et A. Corbin, « La petite bible des jeunes époux», *L'Histoire,* 63, 1984, *cf. infra,* pp. 171-183.

9 *Un choix sans équivoque,* Paris, Denoël-Gonthier, 1981, publication d'une thèse de 3e cycle soutenue à l'université de Paris-VII, sous la direction de Michelle Perrot, 1979.

10 *Les Malheurs de Sapho*, Paris, Grasset, 1981.

11 Michelle Perrot, « De la vieille fille à la garçonne : la femme célibataire au XIXe siècle», *Autrement*, mai 1981, pp. 222–231.

12 *La Bourgeoisie parisienne de 1815 à 1848,* Paris, Sevpen, 1963.

13 Maurice Agulhon, « L'historien et le célibataire », *Romantisme,* 1977, 16, et Jean

87 波旁復辟時期乃是屬於重大使命的時代，若能綜合歸納這些起源於劇場內部的紛亂行動與大型占領事件，譬如1821年3月24日在蒙彼利埃發生的（請見：Gérard Cholvy, *Religion et société au XIXe siècle. Le Diocèse de Montpellier,* université de Lille-III, 1973, i, 506）這類衝突，應該會是相當有益的事。諸如此類的公開示威，能夠表達這些心儀自由主義的年輕世代的衝動與渴望。

88 Agricol Perdiguier《一名伙計的回憶錄》第272頁如此形容里昂的策肋定劇院（le Théâtre des Célestins）正廳：「劇院變成一片海洋，任四面八方狂風吹襲，波濤洶湧，呼嘯著、咆哮著，而我不只一次見到船隻遇難」。

89 Victor Hallays-Dabot, *Histoire de la censure théâtrale en France,* E. Dentu, 1862, p. 261 提及，實施納稅選舉制的王朝時期的劇場騷動之中，相較於美學問題引起的論戰，由政治因素引發的衝突是才是人們最關注的。外省顯然確實如此。

女傭之考古學，與資產階級之遐想

1 *Critique,* juin-juillet 1980, 397-398.

2 Pierre Guiral, Guy Thuillier, *La Vie quotidienne des domestiques en France au XIXe siècle,* Paris, Hachette, 1978. Anne Martin-Fugier, *La Place des bonnes. La Domesticité féminine à Paris en 1900,* Paris, Grasset, 1979. Geneviève Fraisse, *Femmes toutes mains. Essai sur le service domestique,* Paris, le Seuil, 1979.

3 J.-P. Chaline, *La Bourgeoisie rouennaise au XIXe siècle,* Thèse, Paris-IV, 1979.

4 *The Domestic Revolution,* Londres, Croom Helm, 1976.

5 G. Fraisse, *op. cit.,* p. 142.

6 A. Martin-Fugier, *op. cit.,* p. 146.

7 Y. Knibiehler, « Les médecins et la nature féminine au temps du Code civil », *Annales ESC,* 4, 1976, et « Le discours médical sur la femme : constances et ruptures », *Mythes et représentations de la femme au XIXe siècle,* Paris, Champion, 1977.

Krakovitch, « Les Romantiques et la censure au théâtre », *Romantisme,* 38, 1982, pp. 33-43 . 雖然該文之研究對象主要為七月王朝時期。

65 1823年3月24日，隆河河口省省長致內政部長。

66 1822年7月17日，上加龍省省長致內政部長。

67 1823年5月9日，土魯斯市長致總檢查長。

68 1823年5月14日，上加龍省省長致內政部長。

69 請見：Pierre Riberette, « De la police de Napoléon à la police de la Congrégation », *in l'Etat et sa police en France (1789-1914),* Genève, Droz, 1979.

70 1825年5月4日，下賽納省（la Seine-Inférieure）省長致內政部長。

71 1825年5月2日，下賽納省省長致內政部長。

72 1826年5月27日，夏朗德省省長致內政部長。

73 1826年1月30日，克萊蒙－費朗之憲警致內政部長。

74 1827年11月13日，加爾省（le Gard）省長致內政部長。

75 Jean Vidalenc, *Le Département de l'Eure sous la monarchie constitutionnelle,* Paris , Marcel Rivière, 1952 , p. 619.

76 《坦克雷迪》（*Tancrède*）（譯註：伏爾泰1760年之戲劇作品）劇中台詞。1819年1月7日，第十師軍隊指揮官致戰爭部長之報告。

77 1820年6月2日，省長致警察總指揮（directeur général de la police）。

78 1822年6月12日，大西洋岸羅亞爾省憲警騎兵隊指揮官致內政部長。

79 Cité par Jean Vidalenc, p. 618.

80 1828年12月29日，憲兵團指揮上校致內政部長。

81 1825年4月在盧昂，一張長椅的靠背被拔起並用力拋向廳內，造成一名十六歲的紡紗工人受傷。這起事件是少數例外。

82 1827年，波爾多一名舞者的肋骨被一顆鉛彈擊中，被迫離開舞臺，但這是一起獨立事件。

83 1817年11月29日，上加龍省省長致警察總長之一系列報告。

84 1824年12月2日，上加龍省省長致內政部長。

85 關於這起事件，請見1825年4月22日警長致檢察官的報告。

86 1825年4月20日，憲警指揮官致內政部長。

面臨遭受惡意排擠的危險。戲劇演出之夜成了他們對資產階級的報復良機，或許因此化解了一些可能發生於劇院外的、極為恐怖的衝突。上加龍省省長對這一點完全理解，他在1824年5月寫道：唯有打開戲院之門，才能使土魯斯城內由學生造成的衝突得以抒發。

46 1818年5月16日，致內政部長之信件。我們不可忘記，此時鄉村正發生一種和我們的研究主題得以相提並論的現象：青年群起強化他們的強勢力量，從今而後，將由青年試圖掌控人們遵守規範、並負責承擔當時不再團結的各個團體的價值觀。這現象解釋了法國鄉間在遭受經濟轉型威脅、同時又受惠於經濟轉型的情況下，民間活力到達顛峰的原因。

47 1817年11月29日，上加龍省省長致警察總長。

48 1818年2月18日，隆河河口省（les Bouches-du-Rhône）省長致警察總長。

49 1819年3月11日，維埃納省（la Vienne）省長致內政部長。

50 1818年2月15日，致警察總長之請願書。

51 1821年11月17日，隆河河口省省長致警察總長。

52 1824年5月16日，上加龍省省長致內政部長。

53 1828年5月12日，隆河河口省省長致內政部長。

54 致埃羅省（Hérault）省長之信件。

55 1825年4月25日，省長致內政部長之信件。

56 1827年6月9日，埃羅省省長致內政部長。

57 1826年6月24日，上維埃納省省長致內政部長。

58 1823年7月16日，瓦茲省（Oise）省長致內政部長。

59 1823年3月15日，貝雲專區區長。

60 1827年2月5日，維埃納省憲警報告。

61 1829年8月31日，索米爾市副市長致曼恩－羅亞爾省省長。

62 Contamine, I, p. 84.

63 1827年10月11日，大西洋岸羅亞爾省省長致內政部長。

64 Claude Duchet et Paul Gerbod, « La scène parisienne et sa représentation de l'histoire nationale dans la première moitié du XIXe siècle », *Revue historique,* 539, juillet-septembre 1981. 關於戲劇作品之審查制度，請見：Odile

部長將法學院遷移至波爾多！

27 1818年2月9日，警長致土魯斯市長。

28 事發於1818年4月15、16日晚間。（1818年4月21日，省長致警察總長）

29 關於這些事件：1824年12月2日，省長致內政部長。會員會費為6星期20法郎。

30 1825年12月6日，大西洋岸羅亞爾省省長致內政部長。

31 1825年4月21日，吉倫特省（Gironde）省長發給內政部長之電報。四人遭到逮捕。

32 1825年4月22日，吉倫特省省長發給內政部長之電報。

33 關於這些鬧事團體，請見：Jean Duvignaud, *L'Acteur, op. cit.,* p. 101.

34 1826年12月26日，警長致波爾多市長之報告。

35 1829年6月29日，吉倫特省省長致內政部長。

36 1828年5月25日，上加龍省（Haute-Garonne）省長致內政部長。

37 Chaline, *op . cit.,* p. 215.

38 1894年10月14日《盧昂日報》（*Journal de Rouen*）；引用自J.-P. Chaline. 值得注意的是，此處如同南部劇院，正廳觀眾乃是站著看戲。

39 Henry Contamine. *Metz et la Moselle de 1814 à 1870,* Nancy, 1932, i, p. 84.

40 1824年5月21日，佩皮尼昂警察局之報告。

41 1824年11月22日，特魯瓦市長致省長。1822年12月13日，艾克斯城的警長與一名憲警因為試圖驅離正廳一名來自法學院的觀眾，而遭到一群法學院學生毆打。

42 關於此概念，請見：Jean Duvignaud, *L'Acteur, op. cit.,* p. 101.

43 « Réflexions sur l'histoire de l'homosexualité », *Communications,* 35, 1982, p. 59 *sq.*

44 請見歷史學家安德烈·阿曼戈（André Armengaud）於其著作*Les Populations de l'Est aquitain au début de l'époque contemporaine*, Paris-La Haye, Mouton, 1961, p. 284 論及土魯斯大學的外地學生，阿曼戈認為這些學生構成了「鄉郊的社會典型」。

45 1817年12月4日，上加龍省省長寫道：不遵守決議的學生必須繳納罰金，並

點。外省的戲劇學校不再培養學生；在這樣的情況之下，在離巴黎極遠之處，演員不得不過苦日子。

10 1817年11月29日，省長致警察總長之信件。

11 1826年6月24日，上維埃納省（la Haute-Vienne）省長致內政部長。

12 Victor Gelu, *Marseille au XIXe siècle,* Plon, 1971, p. 192.

13 1819年12月13日，下萊茵省（le Bas-Rhin）省長致內政部長。

14 莫里斯．德寇在《劇場觀眾與其歷史》中不甚明確地指出：在實施納稅選舉制的王朝期間，該現象在巴黎乃是表示資產階級觀眾族群回歸劇場、進而占據優勢。

15 Bibl. nat. ms. fr. n.a., 3056.

16 J.-P. Chaline, *op. cit.,* p. 215.

17 盧昂便有其他專為一般大眾設置的場所，尤以「葛安格雷戲劇」（le spectacle Gringalet）最為著名。

18 Bibl. nat., manuscrit cité.

19 Agricol Perdiguier, *Mémoires d'un compagnon,* éditions 10/18, 1964, pp. 166, 228, 272.

20 1826年10月25日，佩皮尼昂省府警察報告。

21 1827年10月11日，大西洋岸羅亞爾省（Loire-Inférieure）（譯註：法文為舊名，該省於1957年改名為Loire-Atlantique）省長致內政部長。

22 1826年5月27日，夏朗德省省長致內政部長。

23 容後詳述。

24 關於實施納稅選舉制的王朝期間之法國中西部劇場歷史，可參照兩本極為詳盡的法國舊制碩士論文：Anne-Marie Rollandeau, *La Vie théâtrale dans le Ve arrondissement (Ille-et-Vilaine, Maine-et-Loire, Mayenne, Sarthe) 1824-1863* et Geneviève Dauvin, *La Vie théâtrale dans le Xe arrondissement, 1824-1864,* mémoires de maîtrise, Tours, 1971, 1972.

25 參照：1826年6月9日，蒙彼利埃兩名富商致內政部長之請願書。

26 1818年，土魯斯的大學生於是群起抗議娼妓出現於劇院之中（1818年12月1日，憲兵指揮上校致警察總長）。這些學生以戲院中的娼妓作為藉口，要求

Selon cet auteur, le théâtre cesse, à partir de la Révolution, d'être l'« illustration culturelle d'un groupe de privilégiés», il devient un « objet commercial comme les autres » (p. 376). Voir aussi Jean Duvignaud, *l'Acteur, op. cit.,* p. 136, et, plus récemment, Dominique Leroy, « Réflexions autour des processus d'élitisation, à propos de l'évolution de la production et de la consommation théâtrales à Paris au XIXe siècle », in *Oisiveté et loisirs dans les sociétés occidentales au XIXe siècle,* Amiens, 1983.

A propos d'un théâtre parisien au public populaire, Michel Baude, «Un théâtre populaire : le théâtre du Montparnasse, d'après le journal inédit de P. H. Azais », *Romantisme,* 38, 1982, pp. 25-33.

6 確實亦有幾座大城市屬於例外，譬如波爾多、南特（Nantes）或盧昂。在盧昂，建於 1776 年的藝術戲院（le théâtre des Arts）是專屬貴族族群的劇院，亦吸引資產階級的觀眾蒞臨；而 1792 年建於舊市場的法蘭西戲院（le Théâtre français）觀眾則屬中間階層。這兩座劇場乃屬共同經營，二者之間總保持一定的「社會與文化差距」（J.-P. Chaline, *Les Bourgeois de Rouen. Une élite urbaine au XIXe siècle,* Fondation nationale des sciences politiques, 1982, p. 214）。我們將會看見，波旁復辟時期的階級區隔，和該書作者所聲稱的程度相較之下，事實上並非如此嚴格。

7 法國國家圖書館，法國手稿新藏書區3056。« Inspection des théâtres de province », 1818. 在貴族階級的圈子裡，私人劇場成形；例如：Charles de Rémusat, *Mémoires*, Paris, 1958, i, 40. 皮耶－路易·侯德赫伯爵（le comte Roederer）在其位於比爾薩爾（Bursard）鄉間的莊園建造了一座劇場，他本人即為該劇場之導演。Blanche de Corcelle, *Notice et souvenirs de famille*, Bruxelles, 1899.

8 尤其是收藏於國家檔案館（Archives nationales）的大批文獻，索書號F7 6692－6693；本文所有未加註釋的引用，皆援引自這批檔案。

9 波旁復辟時期外省劇院的視察報告極盡擁護之能事，這些報告認為外省的戲劇品質顯然極為低劣，相較於舊制度的最後一段歲月，巴黎與外省之間的鴻溝如今又加深了；巡迴演出的巴黎演員們所獲得的巨大成功，正揭示了這一

75 關於大眾階級的部分，參見：Chantal Martinet, « Objets de familles, objets de musée. Ethnologie ou muséologie ? », *Ethnologie française.* XII, 1, 1982, pp. 61-72 .

76 在這個問題上，參見：*Déchets. L'Art d'accommoder les restes,* Paris, Centre Georges Pompidou, 1984, notre contribution, intitulée :
« Généalogie des pratiques », pp. 130-136.

77 Agnès Fine, art. cité, p. 180. 接下來的兩個段落，筆者仍會從Agnès Fine此一研究成果引用資料。

78 參見：Anne Martin-Fugier, « La douceur du nid. Les arts de la femme à la Belle Epoque », *Urbi,* t. V, 1982 .

79 參見：Philippe Perrot, *Le Travail des apparences ou les transformations du corp féminin, XVIIIe-XIXe siècle,* Paris, Seuil, 1984, pp. 206-207.

波旁復辟時期的外省劇場騷動

1 *Stanford French and Italian Studies,* 35, 1985.

2 自華特・班雅明書寫關於波特萊爾的研究，至社會學家理查德・桑內特（Richard Sennett）與社會心理學家塞爾日・莫斯科維奇（Serge Moscovici）的近期作品，有大量文獻探討這場「人世戲劇」（*theatrum mundi*）之消亡、以及群聚巴黎這座現代都市的人潮之散去。

3 關於由執政府（le Consulat）時期（1799~1804）開始日漸猖獗的規章主義，請參見所有受到米歇爾・傅柯啟發的歷史著作。

4 尤見：Maurice Descotes, *Le Public de théâtre et son histoire,* PUF, 1964 ; Jean Duvignaud, *L'Acteur, esquisse d'une sociologie du comédien,* Gallimard, 1965 ; Claude Duchet ; « Théâtre, histoire et politique sous la Restauration », *in Romantisme et Politique, 1815- 1851,* A. Colin, 1969, pp. 281-302 et, dans une optique comparatiste, Danièle Pistone, « Réflexions sur l'évolution du public musical parisien », *Romantisme,* 38, 1982. p. 19 *sq.*

5 Jean Duvignaud, *Sociologie des ombres collectives,* PUF, 1965, pp. 368, 371.

1979.

57 Odile Arnold, thèse citée, pp. 118 et 177.

58 *Ibid.,* pp. 269-270.

59 Marie-Françoise Lévy, thèse citée, p. 27

60 *Le Journal intime de Caroline B,* enquête de Michelle Perrot et Georges Ribeill, Paris, Arthaud-Montalba, 1985, 1er juin 1865, p. 73.

61 Krafft-Ebing (Dr R. von), *Psychopathia sexualis,* Paris, G. Carré, 1895, p. 224.

62 Cité par Krafft-Ebing, *ibid.,* p. 223 .

63 *Ibid.,* p. 222.

64 左拉小說《家常事》（*Pot-Bouille*）的一個角色。

65 Charcot et Magnan, *Archives de neurologie,* n° 12, 1882. 當時，義大利精神醫學家、醫生、作家、犯罪學家龍布羅梭（Cesare Lombroso）也提出了同樣類型的觀察。

66 G. Macé, *La Police parisienne: un joli monde,* 1887, pp. 263-272.

67 Alfred Binet, *Etudes de psychologie expérimentale,* Paris, Doin, 1888, « Le fétichisme dans l'amour », chapitre II : « Le culte des objets matériels », p. 39.

68 Krafft-Ebing, *op. cit.,* p. 228.

69 請參前引拙文：« Le sexe en deuil », *infra,* pp. 91-105.

70 Eunice Lipton, *A Radical Invitation : Seeing in Paris in the Paintings of Degas,* Berkeley-Los Angeles Univ. of Califonia Press, 1986.

71 猶待了解的乃是：是不是在民俗學者的影響下，這些慣俗不僅完全沒有衰微，甚至還出現在十九世紀末的許多地區。根據歐蒂樂．美岱－托侯的調查（請參前引碩士論文），布耶－婁黑茨的女裁縫似乎是個比洗衣婦還要謹慎低調的角色。人們甚至樂於肯定：女裁縫謹遵某種保守祕密的職業道德。

72 這一點及其後所有的詳細說明，皆參考：Gannal, *Charpie vierge,* s. 1., 1831.

73 Odile Arnold, thèse citée, p. 112.

74 關於法國詩人馬拉美（Stéphane Mallarmé）對白色織品的這種著迷，參見：Jean-Pierre Richard, *L'Univers imaginaire de Mallarmé,* 1961, Le Seuil, pp. 61 et 92.

譯註：Fille de noce為娼妓的舊稱。

43 Michelle Perrot, *Sorcières,* art. cité, p. 129.

44 Marie-Cécile Riffault, art. cité, p. 262.

45 Stendhal, *Lamiel,* Paris, Gallimard, « Bibliothèque de la Pléiade », 1983, chapitre III, pp. 55-62.

譯註：本小說為斯湯達未完成之遺作，以 Lamiel 這位醉心冒險小說、大膽追愛、周旋於一眾男人之間探究何謂愛情的女孩為主角，茲譯為《辣妹》。

46 Zola, *L'Assommoir.*

譯註：潔兒維絲為本小說的主人翁，原為勤奮善良的洗衣婦，靠自己拚出一間洗衣店，卻遭意外受傷而含恨酗酒的丈夫與寄生蟲般的舊情人拖入萬劫不復之境，最後淪為乞丐，死於赤貧之中。

47 Jules Cardoze, *La Reine du lavoir,* Paris, Rouff, 1893.

48 Michelle Perrot, art. cité, *passim.*

49 Alain Faure, *op. cit.,* p. 136.

50 Michelle Perrot, *Sorcières,* art. cité, p. 128.

51 維克多．雨果在其詩集《歷代傳說》（*La Légende des siècles*）中提到，波阿次（Booz）披掛著「天真的正直與白色的亞麻」。

52 Jules Corblet, *Histoire dogmatique, liturgique et archéologique du sacrement de l' Eucharistie,* Paris, Soc. générale de librairies catholiques, 1886, t. II, article XII ; « Des linges d'autel », p. 174 et p. 180. 筆者引用本著作對於聖布的狀態之評注。

53 *Ibid.,* p . 181.

54 Marie-Françoise *Lévy, De mères en filles, L'éducation des Françaises. 1850-1880,* Paris, Calmann-Lévy, 1984, p. 27.

55 在這方面，請見：Marie Zylberberg-Hocquard, « L'ouvrière dans les romans populaires du XIXe siècle », *in Les Femmes du Nord,* n° spécial de la *Revue du Nord,* université de Lille-III, tome LXIII, n° 250, juillet-septembre, 1981, p. 614 *sq.*

56 此乃娟薇耶．艾勒（Geneviève Heller）著作之名，她研究十九世紀時在瑞士佛德州（Vaud），種種衛生相關實踐的擴散流傳史。Genève, éd. d'En-Bas,

魂》(*Le Corps et l'Ame*),Paris, Seuil, 1984.

31 請見:Michelle Perrot, « Femmes au lavoir », *Sorcières,* n° 19, 1979. Et Marie-Hélène Signoret-Guillon, *Le Lavoir: espace féminin à Paris dans la deuxième moitié du XIXe siècle,* mémoire de maîtrise, Paris-VII, 1980.

32 全部的這些統計數據請參:Marie-Hélène Signoret-Guillon, mémoire cité, *passim,* et Alain Faure, *Paris, Carême prenant. Du Carnaval à Paris au XIXe siècle, 1800-1914,* Paris, Hachette, p. 133. 請注意,上述兩位作者的數據並非全然相同。

33 「計件女工」(piéçarde)乃是以按件計酬的方式為洗燙女工工作的女性工人。

34 亞爾薩斯(Alsace)地區市鎮的情形,請見:Anny Bloch-Raymond « Bateaux-lavoirs, buanderies et blanchisseries en Alsace du XIXe au XXe siècle », *Ethnologie française,* 3.1986, pp. 311-318.

35 Alain Faure, *op. cit.,* p. 133.

36 Frédéric Le Play, *Les Ouvriers européens,* 2e éd., Paris, Dentu, 1877-1879, t. V, p. 373 *sq.*

37 Frédéric Le Play, *Les Ouvriers européens,* édition citée, t. VI, p. 302 *sq.*

38 參見:Georges Augustins, « Maison et société dans les baronnies au *XIXe* siècle », *in* Isac Chiva et Joseph Goy (sous la direction de), *Les Baronnies des Pyrénées,* t. 1, « Maisons. Modes de vie. Société », Paris, Mouton, 1981, p. 53.

39 這一整段,請參Odile Métais-Thoreau之前引碩士論文。

40 *Op. cit.,* notamment pp. 157 à 258.

41 請參:*Une histoire des femmes est-elle possible? (op. cit.),* « Le sexe en deuil, et l'histoire des femmes aux XIXe siècle », *passim, infra,* pp. 91-105.

42 就是這樣,一八七一至一八八一年在馬賽,一千兩百五十一名申報曾經做過其他職業的公娼中,兩百六十五位表示自己曾經是織品女工、洗漂女工或熨燙女工。一九零二年時,在法國東南方市鎮塞訥(Seyne)執業的公娼中,百分之三十點五的獨立執業公娼與百分之十點三依附公娼館的公娼表示自己曾是針線女工;請參:Alain Corbin, *Les Filles de noce,* Paris, Aubier, 1978, pp. 79-80.

譯註：尚一安端·沙普塔（Jean-Antoine Chaptal），法國化學家，將化學引入工業生產。德尼媽媽（Mère Denis），本名珍·瑪希·勒卡樂維（Jeanne Marie Le Calvé），曾為洗衣婦，因緣際會拍攝了洗衣機廣告，以鮮明的形象躍為全法國家喻戶曉的名人。

19 19Art. cité, p. 264. *Dialogue entre la maîtresse et la blanchisseuse,* 1805.

20 在這方面，請參拙作 *Le Miasme et la Jonquille,* Paris, Aubier, 1982, p. 143 *sq.* , « La révolution des chlorures ».

21 請參 Suzanne Tardieu-Dumont « Le trousseau et la 'grande lessive' », *Ethnologie française,* 3.1986, p. 281 *sq.,* et Marie-Cécile Riffault, art. cité, p. 263.

22 在這方面，加斯東·巴謝拉（Gaston Bachelard）在下述作品裡有精彩的發揮：*La Poétique de l'espace,* Paris, PUF, 1957, pp. 32 et 83.

23 筆者正致力於此一研究。

24 Guy Thuillier, *Pour une histoire du quotidien au XIXe siècle en Nivernais,* Paris-La Haye, Mouton, 1977, p. 14 *sq.*

25 Yvonne Verdier, *Façons de dire, façons de faire,* Paris, Gallimard, 1979, pp. 122-128.

26 Jean-Pierre Goubert, *La Conquête de l'eau. Analyse historique du rapport à l'eau dans la France contemporaine,* Thèse d'Etat, Paris-VII, oct. 1983. Notamment tome II, p. 493 *sq.* 在此方面，筆者強調，各地區的情況是紛歧多元的。法國東部，還有巴黎及其周遭地區，顯得比法國北部更受惠於上述的新事物；山地區域也比石灰岩高原更受其惠，白堊香檳（Champagne pouilleuse）地區在這方面的落後就證明了這一點；然而，Jean-Pierre Goubert 則強調種種文化因素在各地受上述新事物之惠程度不一裡所扮演的角色。

27 Marie-Cécile Riffault, art. cité, p. 263.

28 Anne Martin-Fugier, *La Place des bonnes. La Domesticité féminine à Paris en 1900,* Paris, Grasset, 1979, p. 111.

29 Et cité par Anne Martin-Fugier, *op. cit.,* p. 100.

30 Odile Arnold, *La Vie corporelle dans les couvents de femmes en France au XIXe siècle,* Thèse de 3e cycle, EHESS, 1982, p. 114. 此博論局部出版為：《身體與靈

Rivages, 1984, p. 165. Les contrats du Lauragais ont été analysés par M. R. Sabathier.

4 Martine Segalen, *Mari et femme dans la société paysanne,* Paris, Flammarion, 1980, *passim,* rééd. coll. « Champs », 1986.

5 Arlette Schweitz, *L'Espace domestique rural en Touraine septentrionale, 1850-1930. Les Archives notariales et leurs apports documentaires,* Thèse de 3° cycle, EHESS, 1984.

6 Philippe Perrot, *Les Dessus et les Dessous de la bourgeoisie,* Paris, Fayard, 1981, p. 80.

7 Alain Corbin, *Archaisme et modernité en Limousin au XIXe siècle,* Paris, Marcel Rivière, 1975, t. I, p. 81.

8 Agnès Fine, *art. cité, ibid .*

9 由紀・杜伊耶（Guy Thuillier）引用在其作品 *Pour une histoire du quotidien au XIXe siècle en Nivernais,* Paris-La Haye, Mouton, 1977.

10 Frédéric Le Play, *Les Ouvriers européens,* 2e édition, Paris, Dentu, 1877-1879, t. I, p. 348 et t. IV, pp. 459-463.

11 Agnès Fine, art. cité, p. 171.

12 Odile Métais-Thoreau, *La Femme dans la société traditionnelle : l'exemple de la commune de Bouillé-Loretz à la veille de 1914,* mémoire de maîtrise, Tours, 1984 .

13 堯安科在其研究尚未發表前就非常樂意提供其初步成果，我對此深深鳴謝。

14 所謂的「服飾妝容」產業究竟在製造、販賣什麼，尚待精確定義。只有對破產文件（dossier de faillite）進行細緻研究才能弄清楚。

15 Jeanne Gaillard, *Paris, la ville 1852-1870,* Paris, Champion, 1977, p. 246.

16 勒普雷以里爾（Lille）市中心為例，強調里爾市中心的織品業亦甚具規模。

17 Abel Châtelain, *Les Migrants temporaires en France de 1800 à 1914,* Lille, PUL, 1976, t. I, p. 463 *sq.*

18 Marie-Cécile Riffault, « De Chaptal à la Mère Denis : histoire de l'entretien du linge domestique », *Culture technique,* Neuilly-sur-Seine, CRCI, n° 3 (spécial), 15 sept. 1980. Riffault 此文秀逸非凡，我以下的書寫大量借用其文的觀點。

拿．拿竇致敬，以父名為本書之題，惟本書實為拿竇自身的回憶錄，內容除了其生於克勒茲省鄉郊、少時為建築工人、日後步入政壇的風浪一生，更讓人一窺十九世紀的社會運動與工人生活。

13 Anne Martin-Fugier, *La Place des bonnes. La Domesticité féminine à Paris en 1900,* Grasset, 1979.

14 Anne Martin-Fugier, *La Bourgeoise,* Paris, Grasset, 1984.

15 Bonnie Smith, *Ladies of the Leisure Class. The Bourgeoises of Northern France in the 19th Century,* Princeton University Press, 1981, et Anne-Marie Thiesse, *Le Roman du quotidien,* « Lecteurs et lectures à la Belle Epoque », Paris, Le Chemin vert, 1984.

16 Marguerite Perrot, *Le Mode de vie des familles bourgeoises, 1873-1953,* Paris, A . Colin, 1961.

17 Claude Savart, *Le Livre catholique, témoin de la conscience religieuse en France au XIXe siècle,* Thèse, Paris-IV, 1981.

18 參見 Alain Girard, *Le Journal intime et la notion de personne,* Paris, PUF, 1963 et Béatrice Didier, *Le Journal intime,* Paris, PUF, 1976.

19 Yvonne Kniebiehler et autres, *De la pucelle à la minette. Les Jeunes Filles de l'âge classique à nos jours,* Paris, Temps actuels, 1983, et *Le Journal intime de Caroline B.,* enquête de Michelle Perrot et Georges Ribeill, Paris, Arthaud-Montalba, 1985.

20 Walter Benjamin, *Charles Baudelaire. Un poète lyrique à l'apogée du capitalisme,* Paris, Payot, 1982.

織品的偉大時代

1 *Ethnologie française,* 1986.

2 Michelle Perrot , « La ménagère dans l'espace parisien au XIXe siècle », *Les Annales de la recherche urbaine,* n 9, oct. 1980, p. 15.

3 Agnès Fine, « A propos du trousseau : une culture féminine », *in Une histoire des femmes est-elle possible ?* (sous la direction de Michelle Perrot), Marseille,

註釋

十九世紀的時光算術

1 *Traverses*，1985。

2 Jean-Paul Aron, *Essai sur la sensibilité alimentaire à Paris au XIX siècle,* Paris, A. Colin, 1967.

3 Alain Corbin, « Les paysans de Paris. Histoire des Limousins du bâtiment au XIXe siècle », *Ethnologie française,* avril-juin 1980, cf. *infra,* pp. 199-214.

4 「庶民資產階級」一語乃是借自 Adeline Daumard, *La Bourgeoisie parisienne de 1815 à 1848,* Paris, Sevpen, 1963.一書中的說法。

5 Honoré de Balzac, *Mémoires de deux jeunes mariées* et *La Vieille Fille* ; Barbey d'Aurevilly, *Le Chevalier des Touches.*

6 Daniel Roche, *Le Siècle des Lumières en province. Académies et académiciens provinciaux,* Paris-La Haye, Mouton, 1979.

7 Werner Sombart, *Le Bourgeois,* Paris, 1926 ; Norbert Elias, *La Dynamique de l'Occident,* Paris, Calmann-Lévy, 1975.

8 Stephen Kern, *The Culture of Time and Space, 1880-1918,* Harvard University Press, 1983.

9 Claude Quetel, *Le Bon Sauveur de Caen. Les cadres de la folie au XIXe siècle,* Thèse, 1976.

10 Dominique Laporte, « Contribution pour une histoire de la merde : la merde des asiles, 1830-1880 », *in Ornicar? Analytica,* juill. 1977.

11 *Les Mineurs de Carmaux, 1848-1914,* Paris, Sevpen, 1971.

12 *Mémoires de Léonard, ancien garçon maçon,* Paris, Hachette, 1976, présenté par Maurice Agulhon.譯註：作者馬當·拿賓為了向亦是建築工人的其父里雍

國家圖書館出版品預行編目 (CIP) 資料

時間、欲望與恐懼：如何再現最真實的歷史樣貌,阿蘭.柯爾本的感官史講義 / 阿蘭.柯爾本(Alain Corbin)著；林佑軒, 周桂音譯. -- 初版. -- 新北市：臺灣商務印書館股份有限公司, 2022.12
面；　公分. -- (從感官史看世界)
譯自：Le Temps, le désir et l'horreur : Essais sur le XIXᵉ siècle
ISBN 978-957-05-3460-3(平裝)
1.CST: 文化史 2.CST: 社會生活 3.CST: 法國

742.3　　　　111017665

從感官史看世界

時間、欲望與恐懼：
如何再現最眞實的歷史樣貌，阿蘭・柯爾本的感官史講義
Le Temps, le désir et l'horreur: Essais sur le XIXᵉ siècle

作　　者—阿蘭・柯爾本（Alain Corbin）
譯　　者—林佑軒、周桂音
發 行 人—王春申
審書顧問—林桶法、陳建守
總 編 輯—張曉蕊
責任編輯—徐　鉞
特約編輯—江　灝
版　　權—翁靜如
封面設計—兒日設計
版型設計—菩薩蠻

營 業 部—王建棠、張家舜、謝宜華
出版發行—臺灣商務印書館股份有限公司
231023 新北市新店區民權路 108-3 號 5 樓（同門市地址）
電話：（02）8667-3712　傳真：（02）8667-3709
讀者服務專線：0800056196
郵撥：0000165-1
E-mail：ecptw@cptw.com.tw
網路書店網址：www.cptw.com.tw
Facebook：facebook.com.tw/ecptw

局版北市業字第 993 號
初版一刷：2022 年 12 月
印刷廠：沈氏藝術印刷股份有限公司
定價：新台幣 480 元
法律顧問—何一芃律師事務所